U0089527

古代歷史文化研究輯刊

四 編

王 明 蓀 主編

第30冊

哥老會的起源及其發展

徐安琨 著

國家圖書館出版品預行編目資料

哥老會的起源及其發展／徐安琨 著 — 初版 — 台北縣永和市：
花木蘭文化出版社，2010〔民 99〕
序 4+ 目 2+222 面；19×26 公分
（古代歷史文化研究輯刊 四編；第 30 冊）
ISBN：978-986-254-250-7（精裝）
1. 幫會 2. 黑社會 3. 中國
546.94 99013202

ISBN - 978-986-254-250-7

古代歷史文化研究輯刊
四 編 第三十冊 ISBN：978-986-254-250-7

哥老會的起源及其發展

作 者 徐安琨
主 編 王明蓀
總編輯 杜潔祥
印 刷 普羅文化出版廣告事業
出 版 花木蘭文化出版社
發行所 花木蘭文化出版社
發行人 高小娟
聯絡地址 台北縣永和市中正路五九五號七樓之三
電話：02-2923-1455／傳眞：02-2923-1452
電子信箱 sut81518@ms59.hinet.net
初 版 2010 年 9 月
定 價 四編 35 冊（精裝）新台幣 55,000 元

哥老會的起源及其發展

徐安琨　著

作者簡介

徐安琨
1959 年 1 月 15 日出生於台北市
1979 年至 1997 年間就讀於國立政治大學歷史學系，其間分別取得學士、碩士與博士學位。
1992 年任教於國立屏東科技大學通識教育中心，迄至目前，現職副教授。
對中國底層社會群眾有濃厚興趣。

提　要

哥老會的起源，自始於如同謎樣般困惑著世人，主要在於太平軍亂後，湘軍裁撤，造成湘軍中大量哥老會成員流蕩於長江下游。適時，與大運河淤塞不通而致遣撤的漕運水手相遇，使得其中的青幫、洪幫份子和哥老會彼此滲透、混淆不清。

本文主要就哥老會的初起來探討，跳脫出過去常以發展中的情形，一窺其源的弊端——到果為因，以期發掘出真實的起因。並就其在近代發展過程中所扮演的角色，加以分析，明瞭其全貌。

目次

戴 序

哥老會是晚清新崛起的秘密會黨，其會員之多，多到無法統計，其勢力之大，大到遍及全國，遠非近代秘密會黨主流天地會僅限於大江以南者所能望其項背；雖然引起滿清政府的重視，但是關於它的源流、發展，除偶見於封疆大吏的奏摺外，則很少有人去研究。有之，亦僅是皮毛之論，不能深入，如同治元年刻印，同治十年重刻天下第一傷心人所著之《辟邪記實》；宣統二年陶成章所著之《教會源流考》皆然。民國初年，研究中國秘密社會史者，除日人平山周著《中國秘密社會史》外，國人之研究者有馮自由的《革命逸史》、溫雄飛的《南洋華僑通史》、羅爾綱的《水滸傳與天地會》、蕭一山的《天地會起源考》，但是，並未引起史學界的重視。要之，學者視「秘密社會」爲下層社會之組織，乃妖謀邪道，難登大雅，不值得去研究，更不屑去研究。中國有句俗話說：「三十年風水輪換轉」，又說：「三十河東轉河西」。近十幾年來，「民眾運動」之研究，成爲各國史學界研究的新方向，中國民眾運動中的秘密結社之研究，尤領風騷，海峽兩岸，亦不例外。因此，秦寶琦先生在其新著《清前期天地會研究》一書中（一九八八年七月出版），將「七十年代至八十年代海峽兩岸學者研究的熱潮」列爲第一章中的第四節。在大陸，近年於研究熱潮中，名家輩出，除秦寶琦先生外，有蔡少卿、胡珠生、赫治清等諸位先生，研究哥老會者有陳湛若、朱金甫、沙鐵凡、張珊等諸位先生。他們利用《宮中硃批》、《軍機處錄副奏摺》、《上諭檔》、《刑科題本》、《外紀簿》等珍貴的原始資料，研究出極爲豐碩的成果。在台灣，徐安琨先生爲研究中國秘密社會後起之秀，利用故宮博物院典藏的清代檔案，如《宮中檔》、《軍機處檔》、《內閣檔案》以及國史館和清史館檔爲依據，將清代秘密社會的研究脫離「傳說附會」的範圍，可與大陸名家的研究成果相比美。他認為哥老會起源於四川的嘓嚕，經歷長期而複雜的轉化過程，先是依附勢力龐大的白蓮教，繼而跟莠民、盜匪、會黨勾結呼應，最後與會黨、散勇、游民合流，成為分子多元化的秘密會黨，擁有深厚的勢力。但因其團體渙散，沒有一定的立場與宗旨，雖在辛亥革命中貢獻了莫大的力量，却未獲得勝利的成果，淪為悲劇性的角色。徐先生博覽羣書，辨其眞相，落筆嚴謹，立論公允，將哥老會的起源及其發展作整體性的分析，一言破的，識力超卓，極為難能可貴，這是值得稱許的。

另外，值得稱道的是該書的附錄，即附錄一、乾隆四十六年四川、湖南、貴州、陝西拏獲嘓嚕子一覽表；二、哥老會案件內容一覽表；三、哥老會內屬於游勇之成員一覽表；四、哥老會成員內容一覽表；五、哥老會山堂分佈一覽表。每一種表，都是根據：軍機處月摺包、月摺檔、奏摺檔、清實錄、東華錄、諭旨彙存、宮中檔，以及各封疆大吏之奏稿、奏議等原始資料，花費很多時間與心血完成的，對今後研究哥老會的學者，會有很大的幫助，功不可沒，是為序。

戴玄之序於香江珠海大學文史研究所

中華民國七十八年三月

自 序

歷來歷史工作的研究者，多著重於上層社會的運作功能，往往忽視對下層社會活動的探討，特別是秘密社會，似乎總處於化外之境，無法獲得肯定的地位。清代的秘密社會，尤其是秘密會黨的出現，可以說是中國歷史上極爲特殊的一環，爲何同樣型式的團體在清代以前未嘗得見？有人以爲這是異族統治下的結果，是種族意識的表徵。但是，蒙古人入主中國，又爲何沒有適時出現這種種族衝突下的反外族產物？可見這絕非單純的種族對立所能解釋得通的，其間必然有其特殊的因素存在。也正是這個原因的驅使，引發了筆者想要一探究竟的最初動機。

清代的秘密會黨組織龐雜，牽涉問題之廣，絕非一個初入學門的學徒所能掌握。筆者之所以選擇哥老會爲題，一方面是因爲在清代的秘密會黨中，哥老會的正式登場，無疑是較爲晚近的。然而在下層社會的影響力卻並未因此而減低，同時，其範圍分布之廣，著名的天地會與之相較，似乎也有見絀之感。另一方面則是筆者希望透過個別會黨的研究，以爲日後對整個清代秘密會黨的探討作一個較穩固的基礎。

最後促使筆者以哥老會作爲研究對象的眞正動力，實應感謝恩師戴玄之教授。民國七十三年，筆者在國立政治大學歷史研究所選修戴師講授的「中國近代社會史研究」課程，獲益殊深，奠下了對秘密會黨的一些基本概念。同時，課餘之暇也不斷向戴師請益。在其鼓勵下，更加深了對哥老會的研究興趣。並蒙故宮博物院研究員莊吉發師的慨然允諾，悉心指點、導正研究方向、灌輸以新的觀念、詳審原稿、糾正謬誤，筆者受益匪淺，乃使本文得以順利完成。飲水思源，永銘肺腑。

在觸及哥老會這樣一個問題時，首先遭遇到的就是史料上的困擾。倒不是因爲史料的過於缺乏，而在於史料的瑣碎分散。幸賴台北故宮博物院保存了相當數量的清代官方檔案文書，並且對外開放，使筆者能夠加以梳理，以彌補一般圖書館所藏史料之不足。故宮收藏的清代檔案，不僅保存了地方官對哥老會的實際調查，對於探究哥老會的發展脈絡助益甚大；同時，根據若干哥老會成員的口供，更有助於對哥老會內部組織的了解。若非故宮檔案的對外開放，本文恐難順利完成，謹致以萬分謝意。

本書承台灣省立博物館楊館長仕俊先生概允，予以出版，使之忝列省立博物館人文科學叢書之一，實銘感於心，也在此致最高的謝忱。

筆者個人才疏學淺，猶如初入佛門的小沙彌，許多地方尙待學習，故本書缺陋之處自是難免，正謬訂誤，容俟他日，還望各方高明不吝賜正，尤爲筆者之深幸也！

徐安琨序於台北狒盧

中華民國七十七年十一月二十三日夜

第一章　緒　論

談到秘密社會的問題，則牽涉到所謂大傳統與小傳統的區別，亦即文化的層次性質。到底歷史的發展是循著官紳教化創造的高級文化而運行？抑或依照以基層社會爲主流的常民文化即次級文化而循環？其實所謂大傳統和小傳統並非不相統屬、背道而馳的，而是相互交流的。基本上而言，分析小傳統爲主流的基層社會，不但能了解常民文化的實質，同時也可藉以探究大傳統的文化價值與理念。

秘密社會的存在是有其社會基礎的，絕非是單純的在一種突發的狀態下產生的，也就是說他們的存在具有某些社會功能，不論是正面或是反面的功能，都有其一定的價值。正因爲如此，秘密社會在一個不是所謂大傳統文化所能控制的制度中維持運作。他們的成員之間有著極強的主觀認同以及向心力，不是一般尋常的社會團體所能比擬。而他們這種強烈的集體性，却也提供了他們所擁有的雄厚資本。清末保皇派和革命派所尋求會黨賴以合作的目的，就是會黨異於其它團體在地方上所具有的潛在的龐大力量。職是之故，吾人不應該因爲文化層次的差別而以異色眼光看待秘密社會的歷史，甚至如過去以其鄙俗不雅馴難登大雅之堂而不屑研究。

初期開展的秘密社會的研究，多在於資料的徵集以及史跡之著錄，〔註1〕尚未有具體的成果。坊間所刊行的一些秘密社會的書籍，全係影印民初以來之舊作，其中雖也略具參考價值，然大多係幫會組織、規則等資料的彙集，

〔註1〕王爾敏，〈秘密宗教與秘密會社生態環境及社會功能〉，《中央研究院近代史研究所集刊》，第十期（臺北，中央研究院近代史研究所，民國70年7月），頁33。

甚至東拚西湊，了無新義。至於會黨的起源，每多神化傳說，或穿鑿附會，渺無實際，或推求影射，捕風捉影，缺乏史實根據，俱非信史，且這些書籍迨出於會黨中人之手筆，文字不佳，同時又難免本位主義，感情色彩濃厚，或專就會黨優點立論，或將會黨與近代革命關係過分渲染，缺乏公正客觀的分析和批評。故搜集史料，發掘檔案，比較公私記載，排比史實，從事有系統的分析與敘述，才是研究哥老會源流的正確途徑。〔註2〕本文得以完成，最主要就是根據國立故宮博物院典藏的清代檔案，這些檔案大體上分爲四大類：第一類是宮中檔，即京外臣工定期繳回宮中置放於懋勤殿等處的御批奏摺及其附件。其內容不受公題私奏的限制，報導範圍極其廣泛；第二類是軍機處檔，其中以月摺包和檔冊爲數較多，前者主要是宮中檔奏摺錄副存查的抄件，按月分包儲存，後者則是分類記載各種文書的簿冊，軍機處承宣諭旨及經辦文移，皆分類繕錄，裝訂成冊，以便考查；第三類是內閣檔案，包括上諭簿、外記簿、各科史書、歷朝實錄和起居注冊等；第四類是國史館和清史館檔，除紀、志、表、傳稿本外，在傳包內保存了經歷單、事蹟冊、年譜、行述、奏稿等珍貴的傳記資料。以上四大類檔案，計約四十萬件，俱爲研究清史不可或缺的重要資料，〔註3〕而清代密秘社會的研究欲脫離傳說附會的範圍，這些更是最佳依據。

鑑於過去對秘密會黨所抱持的誤解態度，在台灣，經戴玄之先生、莊吉發先生等人新方法以及新方向的研究；在大陸，雖然多少不易脫出階級鬥爭的範圍，但是却也突破了以往神話式的臆測，祕密會黨不足爲外人道的神祕面紗已逐步揭露開來，同時也使得過去頗爲流行的一些揣測之辭不攻自破。近年劉錚雲先生於留美期間，撰寫論文探討哥老會，兼及動態活動與靜態組織，是一本較有系統研究哥老會的論文。〔註4〕總之，在重視羣眾運動的歷史趨勢下，經過有心學者的鑽研，已逐漸取得應有歷史地位。

關於清代的秘密組織，因其生態環境、組織型態、思想信仰以及社會功

〔註 2〕莊政，《國父革命與洪門會黨》，三民主義研究所博士、碩士論文獎助出版叢書，第二輯（臺北，正中書局，民國 70 年），頁 6。莊吉發《清代天地會源流考》，（臺北，故宮博物院，民國 70 年 1 月初版），頁 4。

〔註 3〕莊吉發，〈從國立故宮博物院典藏清代檔案談天地會的源流〉，《故宮季刊》，第十四卷第四期（臺北，故宮博物院，民國 69 年夏季），頁 63。

〔註 4〕Cheng-Yun Liu, *The Ko-Lao Hui in Late Imperial China,*（Ph. D University ofPittsburgh, 1983）

能，彼此不同，各有其特殊條件，爲了研究上的方便，將祕密社會劃分爲祕密宗教與祕密會黨兩個範圍，是有其必要的，然而中外史家對於由異姓結拜組織發展而來的祕密會黨的名稱，頗不一致，或稱祕密會社，或稱祕密幫會，或稱祕密結社。如果檢視清代官書及地方大吏奏摺中常見有「結會樹黨」字樣，因此，由異姓結拜組織發展而來的祕密團體，使用祕密會黨一詞，較爲妥當，既符合歷史發展，亦能充分顯出民間異姓結拜的特殊性質。〔註5〕

哥老會名稱的出現，就清代祕密會黨的歷史而言，算是相當晚近的。不過，哥老會與其它多數會黨最大不同的一點，在於一般會黨多以其結合的特徵或某項認記而得名，像嘉道年間的百子會、拜香會、良民會、明燈會、同年會等等，〔註6〕哥老會並非如此。探討哥老會的問題，不能忽視所謂區域研究，哥老會的起源與四川移墾社會以及川陝鄂三省交界山區的地理環境有著極爲密切的關係，特別是牽涉到人口流動的問題。由於四川本身與川陝鄂三省交界山區的移墾時間有先後，故哥老會的最初胚型——嘓嚕子——在此二處興起的因素不盡相同。在同樣未趨整合的移墾社會中，四川主要以人口壓力爲經，外來無業游民的移入爲緯，兩相結合下，嘓嚕子由是興起。而山區方面，特殊的地理環境乃是嘓嚕子的適存地區，在尚未感到人口問題前，嘓嚕子早已在此活動頻繁。此外，我們應該從哥老會的發展中來證明是否哥老具有濃厚的排滿意識與政治意味。同時，哥老會與天地會系統有著極大的分別，無論是活動地區或是組織內容，都顯示出雙方自成體系的差異，故欲探討哥老會的歷史，首先必須替其正名，否則易在天地會的涵蓋下陷於誤導中。

本文的時間斷限，上起乾隆初期，下迄宣統末年。在這將近二百年的時間裡，哥老會由一個地區性的異姓結拜組織發展到超地域性的全國性祕密會黨，其間的因素，絕非單一的現象所能解釋。探討哥老會的源流，不但可以了解部分清代下層社會的結構，並且也有助於了解生活在所謂另一個世界的人們與傳統社會間的關係。本文撰寫的旨趣即在就現存的清代檔案文書，向上追溯哥老會的起源，並歸納綜合史料，以探討其活動發展與組織等概括性問題。其中就哥老會的起源與擴張問題而言，一個祕密會黨的出現，必定有

〔註 5〕莊吉發，〈清代社會經濟變遷與秘密會黨的發展：台灣、廣西、雲貴地區的比較研究〉，《近代中國區域史研討會論文集》，抽印本（臺北，中央研究院近代史研究所，民國 75 年 8 月），頁 1～3。

〔註 6〕莊吉發：《清代天地會源流考》，頁 106～107。

其孕育的環境，本文以人口流動方向來說明哥老會的起源和移民的關係。同時，藉營勇的招募與裁撤，並配合哥老會本身具備的內在條件，來解釋哥老會擴張的因素。其次，關於哥老會內部結構方面，主要是探討哥老會的組織內容，並藉其成員的社會階層狀況與領袖羣的結構說明哥老會本身的性質。最後，則論述哥老會的外在行爲。哥老會在清官方文書常稱在哥匪，相信必與其行爲有直接的關係。本文除了敘述哥老會成員平時的一般行徑外，更經由他們的暴亂行爲來探討其宗旨理念。另外，再就近代政治思想的滲入方面，解釋哥老會本質是否眞正的蛻變。

由於牽涉的時空範圍甚廣，因此本文的目的，僅希望藉此對哥老會作一個整體性的分析，勾勒出哥老會的輪廓概觀，以爲日後深入研究的基礎。

第二章　哥老會的起源

第一節　近人對哥老會起源研究之異說

秘密會黨是下層社會的產物，過去學者每多因而不屑研究，以其難登大雅之堂。而涉及者又多以「洪門」涵蓋之，在「洪門」是反清復明的團體既有認知下，祕密會黨遂成爲具有強烈反滿意識的組織。殊不知祕密會黨派別甚多，其宗旨性質亦自有不同。大陸學者往往站在階級鬥爭的立場來解釋，視之爲階級鬥爭的產物；同時在農民革命之命義下研討，因而限制了正確的認識與探討，不免流於固定格式與必然結論。〔註 1〕外國學者 Fei-Ling Davis 更視其爲「原始的革命者」。〔註 2〕其實這些均曲解了秘密會黨的歷史型態及其本質。基本上秘密會黨在性質上屬於一種異姓結拜團體，是多元性組織，並非始於一時，始於一地，更非創自某一人。其起源，與社會經濟和地理背景有極密切的關係，〔註 3〕自有其獨特的生態環境與社會功能。

關於哥老會的起源問題，至今仍是眾說紛耘，莫衷一是。過去比較流行而爲一般史家相信的說法，則是以爲哥老會乃天地的支派，至少這種說法流行了一段不短的時間。民國元年（1912），陶成章先生指出太平天國末年，李

〔註 1〕王爾敏，〈祕密宗教與祕密會社之生態環境及社會功能〉，《中央研究院近代史研究所集刊》，第十期（臺北，民國 70 年 7 月），頁 34。

〔註 2〕Fei-Ling Davis, Primitive Revolutionaries of China: A Study of Secret Societiesin the Late Nineteenth Century（Honolulu, 1977）.

〔註 3〕莊吉發，〈四海之內皆兄弟——歷代的祕密社會〉，收入《中國文化新論社會篇——吾土吾民》（臺北，聯經出版事業公司，民國 71 年，初版），頁 284。

秀成、李世賢等見大勢已去，逆知湘軍日後必能左右中國，乃隱遣福建、江西洪門兄弟投降於湘軍，藉以引導之，並避去三點、三合之名稱，因會黨首領有老大哥之別稱，遂易名為哥老會。〔註4〕蕭一山先生在《清代通史》一書中，也贊成陶成章先生的看法。〔註5〕事實上，陶成章先生的論點純屬臆度，並無史實根據，不足徵信。〔註6〕朱金甫先生認為哥老會的源頭就是天地會，他撰有〈清代檔案中有關哥老會源流的史料〉一文，主要依據的資料是大陸故宮所藏的清代上諭檔、軍機處錄副奏摺、刑部檔案和宮中硃批奏摺，而不涉及其它文獻。文中對於哥老會活動的地區、最初的成員以及與天地會、仁義會、江湖會、太平天國的關係，做了一個概括的論述和分析。〔註7〕由於文獻的局限性對於哥老會的起源由天地會到仁義會再到江湖會而至哥老會的看法，則過於武斷。

另有一些學者，則以為哥老會是源於乾隆年間活躍於四川、湖北、陝西三省交界山區的嘓嚕。持這種看法的主要有戴玄之、莊吉發、胡珠生以及蔡少卿等諸位先生。戴玄之先生認為在道光年間，嘓嚕仍為嘓嚕，尚未與會黨混合，性質沒有轉變。直到咸豐年間，太平軍興，清廷無暇顧及嘓嚕，嘓嚕遂與會黨、散兵、游勇勾結，聯合一致，混為一體，而後乃有哥老會的出現。〔註8〕莊吉發先生認為哥老會是嘓嚕的音轉，而胡珠生先生則以為嘓嚕二字是客家方言哥老會的發音，同時，他們仍然將哥老會歸於天地會系統之中。〔註9〕蔡少卿先生〈關於哥老會的源流問題〉一文，廣徵史料，將嘓嚕與哥老會之間組織型態與活動方式的異同加以比較。並且指出哥老會不是嘓嚕組織的簡單重現或名稱的變異，而是以嘓嚕為胚型，其間經歷川楚白蓮教起事

〔註4〕陶成章，〈教會源流考〉，收入蕭一山編《近代祕密社會史料》（臺北，文海出版社，民國69年5月），卷二，〈附錄〉，頁5。

〔註5〕蕭一山，《清代通史》（一）（臺北，商務印書館，國民74年，修訂本台六版），頁907。

〔註6〕戴玄之，〈天地會名稱的演變〉，《南洋大學學報》，第四期（新加坡，1970年），頁161。

〔註7〕朱金甫，〈清代檔案中有關哥老會的起源資料〉，《故宮博物院院刊》，1979年第二期，頁65～71。

〔註8〕戴玄之，〈啯嚕子〉，《慶祝朱健民先生七十華誕論文集》，民67年4月，頁87～801。

〔註9〕莊吉發，〈清代哥老會源流考〉，《食貨月刊》，第九卷第九期（臺北，民國68年），頁6～14。胡珠生，〈天地會起源初探〉，《歷史學》，1979年第三期，頁62～79。

時期嘓嚕與白蓮教的融合，以及太平天國時期天地會與白蓮教的融合過程。他又強調哥老會的前身是江湖會，而江湖會是從嘓嚕變化而來，和天地會沒有什麼關係。〔註 10〕

黃芝岡先生在所撰〈明鑛徒與清會黨——四川哥老會考證〉文中指出，哥老會原是明朝萬曆年間河南的鑛徒組織，當正名爲「角腦」。「角腦」即是龍頭，龍頭也就是「硐頭」，到後來轉爲「嘓嚕」、「哥老」，漸與原義相失了。〔註 11〕

平山周先生《中國祕密社會史》一書，認爲哥老會成立於乾隆時期，同治年間，太平軍平定後，湘勇裁撤，窮於衣食之途，乃組織各團體，于是哥老會始盛。〔註 12〕平山周先生肯定哥老會成立於乾隆年間，頗值得重視，但是缺乏有力論證。

此外，一些國外學者也提出了其它的看法。Jerome Chen 指出哥老會於一八五〇年代在湖南取代了瀕於崩潰邊緣的天地會，而在組織上也吸取了若干天地會的特色。不過，他同時也指出，哥老會與天地會都崇拜各自的祖師爺，因此在某種程度上來看，這兩個體團原爲一家的說法是互相矛盾的。〔註 13〕酒井忠夫先生認爲哥老會與天地會的分布地區不同，前者活躍於四川、湖南、湖北、貴州等地，而後者於華南、華東地區勢力強大。他指出哥老會源於白蓮教之餘孽，他們同治年間與一些洪門分子結合後，吸收了部分天地會特色。〔註 14〕渡邊惇先生則指出嘓嚕是哥老會的最初型態，而錢匪、簽匪亦與之同類，分布地區大體相同，同時組織內容也與哥老會相類似。〔註 15〕

〔註 10〕蔡少卿，〈關於哥老會的源流問題〉，《南京大學學報》，1982，第一期，頁 50～57。

〔註 11〕黃芝岡，〈明鑛徒與清會黨——四川哥老會考證〉，《歷史教學》，第一卷第三期，1951 年，頁 20～22。

〔註 12〕平山周，《中國祕密社會史》（臺北，古亭書屋，1975 年 5 月），頁 76。

〔註 13〕Jerome Ch'en, "Rebels between rebellions-secret societies in the novel, P'engKung An," Journal of Asian Studies Vo129, No4, 1970, P. P 810～815。

〔註 14〕酒井忠夫，〈紅幫じついて〉，《社會文化史學》，1971 年第七期，頁 12～28。見劉錚雲，〈湘軍與哥老會 —— 試析哥老會的起源問題〉，《近代中國區域史研討會論文集》，抽印本（臺北，中央研究院近代史研究所，民國 75 年 8 月），頁 2。

〔註 15〕渡邊惇，〈清末哥老會の成立——1891 年長江流域起事計畫の背景——〉，東京教育大學亞洲歷史研究會編《近代中國農村社會史研究》（東京，1973 年 2 月），頁 109～198。

在以上諸多分歧意見之外，最近劉錚雲先生另闢蹊徑，嘗試以哥老會與湘軍的關係為主軸，視哥老會為一獨立個體來研究，並將同光年間當時人對哥老會起源的看法重新作一全盤檢討，期能更進一步了解哥老會的起源問題。他認為哥老會的產生是因為曾國藩為提高戰力，利用湘軍中異姓結拜的關係組織「兄弟兵」，其後逐漸變成軍中的互助組織，且進而倣效當時川湘一帶的會黨組織，而有了江湖會、哥老會的名稱。事實上，這種說法與哥老會的起源以及演變發展有其不符之處。他同時以地理環境的不同認為是哥老會與天地會之間差異的最重要因素。〔註 16〕

綜合上述，就如劉爭雲先生所言，大致上各家的爭論焦點在於：哥老會是否為天地會的支派。〔註 17〕其實由於清末革命派的認知，認定哥老會是一反清的秘密團體，因此將其歸於反清會黨的鼻祖天地會的支派。事實上，哥老會與天地會的活動地區並不相同，硬將兩者牽強地湊在一起，似乎有違史實。若檢視清代的檔案文書可以發現，哥老會自出現以來，幾乎沒有什麼反滿的種族意識存在，即使有，也不過如風毛麟角般，而且眞正用意何在，無法得知。假如因為清末革命派的運動，使哥老會有所轉化，如此而斷定哥老會一開始即是反清的祕密會黨，則是倒果為因的說法。因此，在以往既有的政治宗旨的認定下研究，有陷於誤導的趨向。為突破以往窠臼，從地緣方面著手，並將當時的檔案文書作一通盤解析，不難發現，這樣確實有助於透視哥老會的起源問題，實不失為一條可行之途。

第二節　移民入川與嘓嚕子的興起

社會變遷的因素包含甚廣，而人口的消長與流動，無疑是其中重要的一環。單就四川省來看，外省人口的移入，乃是促使其社會結構產生變化的主要因素。四川經過明末張獻忠屠戮後，幾致城郭鞠為茅草，市集盡成廢墟，〔註 18〕因此清初四川幾乎成為一片眞空地帶。〔註 19〕《歐陽氏遺書》中對其時情況有很深

〔註 16〕劉錚雲，〈湘軍與哥老會 —— 試析哥老會的起源問題〉，《近代中國區域史研討會論文集》，抽印本（臺北，中央研究院近代史研究所，民國 75 年 8 月）。

〔註 17〕同上註，頁 2。

〔註 18〕呂實強，〈近代四川的移民及其所發生的影響〉，《中央研究院近代史研究所集刊》，第六期（臺北，民國 66 年 6 月），頁 223。

〔註 19〕王業鍵、全漢昇，〈清代的人口變動〉，《中央研究院歷史語言研究所集刊》，第三十二本（臺北，民國 50 年），頁 161。

刻的敘述：

> 蜀中昇平時從無虎患，自獻賊起營後，三四年間，遍地皆虎，或一二十成羣，或七八隻同路，踰牆上層，浮水登船爬樓，此皆古所未聞，人所不信者。內江奔潰，余途次草中，月下見四虎過於前；又於敘南舟中，見沙際羣虎如牧羊，皆大而且多；過瀘州，舟中見岸上虎數十，逍遙江邊，魚貫而行，前一虎渾身純白，頭面長毛，頸上披鬚，長徑尺。大抵蜀人死于賊者十之八，死于飢者十之二，僅存者又死虎之口，而蜀人幾無噍類矣。〔註20〕

又《四川通志》引《蕁鄉贅筆》也說：

> 蜀保寧、順慶二府多山，遭獻賊亂後，煙火蕭條，自春徂夏，忽羣虎自山中出，約以千計，相率至郭，居人移避，被噬者甚眾。縣治學宮，俱爲虎窟，數百里無人蹤，南充縣尤甚。〔註21〕

由老虎成羣爲患的情形，可以想見當時四川社會的慘況。四川人口在明神宗萬曆六年（1578）約爲三百一十萬，〔註22〕至順治十八年（1661），根據戶口統計，全川僅有一萬六千九百六十九人，〔註23〕此人數雖然並不可靠，但是，不難想像經過大亂後的四川人口凋零土曠人稀的景象，直到康熙十年（1671），四川仍是「有可耕之田，而無耕田之民」的窘境。〔註24〕

四川古稱「天府之國」，自然環境優沃，大亂蹂躪後，人口銳減，成爲其它人口較爲稠密省分人民移居的樂土，特別是當外省發生荒歉時，前往四川的移民也相對增多。雍正五年（1727）九月，川陝總督岳鍾琪疏稱：「湖廣、江西、廣東、廣西等省之民，逃荒不下數萬戶。」〔註25〕廣東地方大吏亦曾具摺指出，「粵東，雍正五年以前迭遭水患，無籍貧民頗多移往廣西、四川二省及渡海至閩省台灣謀生。」〔註26〕不過，另有一股強烈的「趨利」之心在

〔註20〕黎光明，〈明末清初之四川〉，《東方雜誌》，1934年1月，第三十一卷，第一號，頁178。

〔註21〕《四川通志》，卷二〇二，〈雜類志〉，〈外紀〉，頁48a。

〔註22〕一波，〈四川人口的消長〉，《四川文獻》，第三十八期（臺北，民國54年10月1日），頁20。

〔註23〕《清朝文獻通考》，卷十九，〈户口〉一，頁5024。

〔註24〕《聖祖仁皇帝實錄》，卷三六，頁7b，康熙十年五月乙未。

〔註25〕《世宗憲皇帝實錄》，卷六一，頁29a，雍正五年九月己卯。

〔註26〕《宮中檔雍正朝奏摺》，第二一輯，頁546，雍正十一年五月初十日，廣東總督鄂彌達奏摺。

推動移民湧入四川。雍正六年（1728）正月，廣州將軍署理廣東巡撫石禮哈指出粵民紛紛飄入四川的緣由，乃「川省浮於地，粵省滿於人，川地米肉多賤於粵，所以無識愚民趨利日至眾多。」〔註27〕所謂「趨利」，實即追求易於生活的環境。廣東曲江山邨民人自川省回籍後，聲稱川米三錢一石肉一錢七觔，以致鄉民紛紛變產欲去川省。〔註28〕這還單指廣東一省而言，雍正六年（1728）二月「上諭」說得更清楚：

> 上年江西收成頗好，即湖廣、廣東亦非歉歲。不過近水之地，略被淹損，何至居民輕去其鄉者，如此之眾也。因時時留心體察，今據各省陸續奏聞，大約因川省曠土本寬，米價多賤，而無知之民平日既懷趨利之見；又有傳說者，謂川省之米，三錢可買一石；又有一種包攬棍徒，極言川省易於度曰，一去入籍，便可富饒。愚民被其煽惑，不獨貧者墮其術中，即有業者，亦鬻產以圖富足。〔註29〕

由此視之，江西、湖廣民人入川的情形也與廣東相同。更重要的就是這四省在雍正五年，不但不歉收，江西省還收成頗豐。這大約是各該省人口與土地的關係已有失調的症候，造成米貴的現象，引起社會上的反響，乃藉荒歉之名，不斷地移往四川，尋求「富足」的生活。

根據王業鍵先生所撰〈清代經濟芻論〉（Some Reflections on the Economy of China under the Ch'ing 1644～1911）一文，將清代中國畫分成三個區域：一爲東部人口最多的「已開發區域」（the "developed area"），包括直隸、河南、山東、山西、江蘇、浙江、安徽、江西、福建、廣東等十個省分；一爲「開發中區域」（the "developing area"）包括陝西、甘肅、湖北、湖南、廣西、四川、雲南、貴州、台灣、東北。一爲「未開發區域」（the "undeveloped area"），包括西北部廣大邊陲地帶的內、外蒙古、新疆、青海、西藏。「已開發區域」的特色是農業資源已大爲開發，人口與土地的比例甚高，手工業頗爲發達。「開發中區域」的特色是人口與土地的比例較低，以及自然資源的不斷開發。〔註30〕經過十七世紀下半期將近五十年的休養生息，使整個中國人口迅

〔註27〕《宮中檔雍正朝奏摺》，第九輯，頁553，雍正六年二月初八日，廣州將軍署理巡撫石禮哈奏摺。

〔註28〕同上註。

〔註29〕《世宗憲皇帝實錄》，卷六六，頁23a～b，雍正六年二月甲辰。

〔註30〕王業鍵，〈清代經濟芻論〉，《食貨月刊》，復刊第二卷第十一期（臺北，食貨月刊社，民國62年2月），頁546。

速恢復，並影響到十八世紀長期人口的迅速上升。〔註 31〕人口稠密的「已開發區域」由於具有上述的特點，於是在整個清代不斷地朝「開發中區域」移居。雍正二年（1724）二月「上諭」:「國家休養生息，數十年來，戶口日繁，而土田祇有此數，非率天下農民竭力耕耘，兼收倍穫，欲家室盈寧，必不可得。」〔註 32〕反映出當時全國許多地區，由於人口的增加，已經引起了耕地緊張與民生困難的情形。江西、廣東二省均屬「已開發區域」，而湖廣固然屬於「開發中區域」，亦爲接受移民的地區。但是湖廣人多地少，人口壓力較爲沈重，四川因爲土廣人稀，具有容納外省過人口的能力，加上彼此毗鄰，四川乃成爲湖廣舒解人口壓力的對象。由康熙五十二年八月的「湖廣、陝西人多地少，故百姓皆往四川開墾」的上諭，〔註 33〕即可了解人口壓力實爲當時湖廣等省人民移殖四川最大的推動力。〔註 34〕又據「湖廣塡川」之諺，更可得知湖廣人民大量移往四川的事實。

爲了開墾四川荒蕪的土地，以及緩和其它地區的人口壓力，清政府採取積極政策，鼓勵移民入川墾荒，並且給予各種優待。順治十年（1653），規定「四川荒地，官給牛、種、聽兵民開墾，酌量補還價值。」〔註 35〕康熙十年（1671），訂定四川墾荒升用例:「如該省現任文武各官招徠流民三百名以上，安插得所，墾荒成熟者，不論俸滿即升。其各省候選州同、州判、縣丞及舉貢監生有力招民者，授以署縣職銜；係開墾起科，實授本縣知縣。」〔註 36〕獎勵招民墾荒得力的官民。同時放寬免賦年限，以五年起科。康熙二十九年（1690），更規定「凡流寓願墾荒居住者，將地畝給爲永業。」〔註37〕同年，及議定入籍四川例:「嗣後流寓之民，情願在川省墾荒居住者，即准其子弟入籍考試。」〔註38〕嘉惠墾戶子弟。雍正初年（1723），丁隨地起制度實行後，將丁銀攤入地糧內徵收，徭役完全由土地負擔，免除了無地貧民的丁銀，取

〔註31〕王業鍵、全漢昇，〈清代的人口變動〉，《中央研究院歷史語言研究所集刊》，第三十二本（臺北，民國 50 年），頁 145。

〔註32〕《世宗憲皇帝實錄》，卷十六，頁 14b，雍正二年二月癸丑。

〔註33〕《聖祖仁皇帝實錄》，卷二五六，頁 14b，康熙五十二年八月丙子。

〔註34〕羅維綱，〈太平天國革命前的人口壓迫問題〉，《中國社會經濟史集刊》，第八卷第一期（南京，民國 38 年 1 月），頁 53。

〔註35〕《清朝文獻通考》，卷一，〈田賦〉一，頁 858。

〔註36〕《清朝文獻通考》，卷二，〈田賦〉二，頁 865。

〔註37〕同上註，頁 4866。

〔註38〕《清朝文獻通考》，卷十九，〈戶口〉一，頁 5025。

消了人頭稅，人身依附土地的關係減輕了，准許無地貧民自由遷徙。〔註 39〕同時雍正皇帝繼續推行自清初以來即已積極鼓勵的墾荒政策，並且條件更見優渥。雍正六年（1628），清世宗同意四川巡撫憲德的建議，入川人民「以一夫一婦爲一戶，給水田三十畝，或旱田五十畝。如有兄弟子姪之成丁者，每丁增給水田十五畝，或旱地二十五畝。若一戶內老小丁多，不敷養贍者，臨時酌增。」〔註 40〕因此人口與土地糧食逐漸發生失調的地區，由於食指愈繁，人口壓力日見嚴重，爲謀生計，特別是一些靠近四川的省分，移往四川者遂與日俱增。

在四川天然條件的吸引，以及政府政策鼓勵下，外省人民不斷大量移入。單就乾隆八年至十三年（1743～1748）間，廣東、湖南二省人民，經由貴州赴四川就食者，共二十四萬三千多人。然由陝西、湖北前去者，更不知凡幾。固然「天下沃野，首稱巴蜀。在昔田多人少，米價極賤，雍正八、九年間，每石尙止四、五錢，今則動至一兩外，最賤亦八、九錢。」〔註 41〕因此，四川生活已不如已往寬裕。同時，經過幾十年的安定生活，全國生齒日繁，食指眾多。自康雍之際已呈現出來的人口與糧食失調的趨勢，到了乾隆時期已成爲顯著的事實。〔註 42〕乾隆五十八年（1973）二月的一次「上諭」中，高宗即曾憂慮的指出這種情形，帝云：

> 百餘年太平天下，化澤涵濡，休養生息，承平日久，版籍日增，天下户口之數，視昔多至十餘倍。以一人耕種而供十數人之食，蓋藏已不能如前充裕，且民户既日益繁多，則廬舍所占田土，不啻倍蓰。生之者寡，食之者眾，於閭閻生計，誠有關係。若再因歲事屢豐，粒米狼戾，民情游惰，田畝荒蕪，勢必至日食不繼，益形拮据。〔註 43〕

事實上，隆乾初期，就已有人道出其中的隱憂。〔註 44〕在一定的生產力水平上，「生齡日繁」確實會給社會帶來壓力，造成人民謀生的困難。〔註 45〕一些迫於人口壓力，生活無路的貧民，乃游離出來，成爲生活在社會邊緣的流民。

〔註 39〕莊吉發，《清世宗與賦役制度的改革》，（臺北，學生書局，民國 74 年 11 月），頁 14。

〔註 40〕《世宗憲皇帝實錄》，卷六七，頁 25～26a，雍正六年三月丁丑。

〔註 41〕《高宗純皇帝實錄》，卷三一一，頁 44a～b，乾隆十三年三月癸丑。

〔註 42〕羅爾綱，〈太平天國革命前的人口壓迫問題〉，頁 32。

〔註 43〕《高宗純皇帝實錄》，卷一四四一，頁 14b～15a，乾隆五十八年三月戊午。

〔註 44〕郭松義，〈清代的人口增長和人口流遷〉，《清史論叢》，第五輯，頁 108～109。

〔註 45〕同上註，頁 109。

當時有人曾說：「今天下……占田者十之一、二，佃田者十之四、五，而無田可耕者十之三、四。」〔註 46〕同時，民間也有「在家做飢民，不如出外做流民」的傳言。〔註 47〕這些無田可耕的流民，離鄉背井，紛向各處就食，四川自然成爲他們前往求生的目標之一。

在清政府有計畫的開發政策與優越的自然條件吸引下，四川人口增加迅速，康熙末年時，已達四十萬。自雍正元年（1723）迄於乾隆五十年（1971），約七十年間，更增至九百五十萬，爲康熙末年的二十餘倍。道光三十年（1850），又增至四千四百餘萬，約爲乾隆五十年的五倍。川省人口的增加速率，遠超過一般自然人增率標準，自是移民進入的結果。〔註 48〕然而，清朝前期四川社會整合遠跟不上人口增加的速度，社會上有著明顯地流動性與不穩定性；同時，不斷湧入的外來移民，良莠不齊，使得四川人民的素質呈現龐雜的現象，加上人口問題的嚴重性愈來愈迫切，人口與土地比率失調，「居民密比，幾於土滿，流來如故，無業可棲，一經失所，同鄉同類相聚爲匪，」〔註 49〕威脅整個社會秩序，構成四川社會中的一股不安定力量。

嘓嚕子正是在四川這種社會基礎尚未穩固的移墾社會中，由於外來流民的衝擊，而產生的一種異姓結拜組織。乾隆八年（1743）十月，四川巡撫紀山奏稱：「川省數年來，有湖廣、江西、陝西、廣東等省外來無業之人，學習拳棒，并能符水架刑，勾引本省不肖奸棍，三五成羣，身佩兇刀，肆行鄉鎮，號曰嘓嚕子。」此時尚無懲辦嘓嚕子之律例，故紀山奏請朝廷「將著名巨魁拏獲到案，即照光棍例治罪。」至於脅從之外來流棍則「遞回原籍，永遠不許出境。」本省奸民則「責令鄉保管束，朔望點名稽查。」〔註 50〕但仍舊阻止不了流民入川，因此乾隆十年（1745）明令「嗣後搬眷入川之人，由川省查覆，實有親屬產業方許本地給照。」〔註 51〕此項限制，依然無效。於是疆吏有鑑於此屢請嚴格防範無業貧民入川，乾隆皇帝認爲「此等搬移入川民人，其不法奸徒，及往爲嘓嚕子等類，固應盡法究治，並飭一切卡隘加意稽查。

〔註 46〕曠敏本，〈復范撫軍論城工〉，轉引自郭松義，〈清代的人口增長和人口流遷〉，頁 106。

〔註 47〕《乾隆朝東華錄》，卷九，頁 15a，乾隆一三年五月己丑。

〔註 48〕呂實強，〈近代四川的移民及其所發生的影響〉，《中央研究院近代史研究所集刊》，第六期（臺北，民國 66 年 6 月），頁 224。

〔註 49〕邱仰文，〈論蜀嘓嚕狀〉，《皇朝經世文編》，卷七五，〈兵政〉，頁 10b。

〔註 50〕《高宗純皇帝實錄》卷二〇三，頁 24a～b，乾隆八年十月乙卯。

〔註 51〕《高宗純皇帝實錄》卷二五一，頁 6a，乾隆十年十月戊午。

至於貧民遠圖生計，亦不可持之太峻，蓋伊本籍如有產業，必不肯輕去其鄉，何用阻截。」〔註 52〕不准所請，流寓四川之人乃有增無減，而「外省民人入川，往往習為匪類，」〔註 53〕社會秩序愈亂，竊盜之案愈多。乾隆十八年（1753）十一月，四川總督策楞具摺奏稱：「再川省近年，湖廣、江西、廣東等省入川民人造冊咨明者，一歲已不下萬計，而私行潛往者，更不可勝數。兼之兩次用兵川後，不能回籍失業留川之人，亦復不少。流寓日眾，因而命盜強竊之案亦倍多於前。」〔註 54〕這些失業流民，很顯然地產生其擾亂社會秩序的作用，加深了四川社會的危機，同時也成為嘓嚕子誘結的基本羣眾。

乾隆晚期，曾任貴州學政的洪亮吉，早已看出當時各地生活資源與人口之間不成比例的緊張狀態，因而提出了卓越的見解，他在「治平篇」中論道：

> 要之，治平之久，天地不能不生人，而天地之所以養人者，原不過此數也。治平之久，君相不能使人不生，而君相之所以為民計者，亦不過前此數法也。且一家之中有弟子十人，其不率教者常有一二。又況天下之廣，其游惰不事者何能一一遵上之約束乎？一人之居，以供十人已不足，何況供百人乎？一人之食以供十人已不足，何況供百人乎？〔註 55〕

因此，「終歲勤動，畢生惶惶，而自好者居然有溝壑之憂，不肖者遂至生攘奪之患矣。」〔註 56〕按照羅爾綱所說，人口壓迫是個「因」，天災人禍是個「果」，社會上既然種下了人口壓迫的「因」，自然免不了造出天災人禍的「果」來。〔註 57〕準此，四川社會組織不健全，人口問題得不到正常疏導，「各省無業之民，麇聚其間，好要結朋黨，」〔註 58〕遂與由當地游離出來的不肖分子結合在一起，擴大了殘酷的自然法則下的人禍產物——擾害四川甚深的嘓嚕子。嘉慶十年（1805）三月，四川總督勒保即曾奏稱：「川省五方雜處，游手最多，往往結黨成以，流蕩滋事，日久即成嘓匪。」〔註 59〕而乾隆二十九年（1764）

〔註 52〕《高宗純皇帝實錄》卷三五七，頁 5a，乾隆十五年六月戊子。

〔註 53〕《高宗純皇帝實錄》卷七八四，頁 19a，乾隆三十二年五月壬申。

〔註 54〕《宮中檔乾隆朝奏摺》，第六輯，頁 868，乾隆十八年十一月二十七日，四川總督策楞奏摺。

〔註 55〕洪亮吉，〈治平篇〉，《洪北先生遺集》，卷施閣文甲集，卷第一，頁 9a～b。

〔註 56〕洪亮吉，〈生計篇〉，頁 10a～b。

〔註 57〕羅爾綱，〈太平天國革命前的人口壓迫問題〉，頁 70。

〔註 58〕嚴如熤，〈平定教匪總論〉，《皇朝經世文編》，卷八九，〈兵政〉二十，頁 1a。

〔註 59〕《錄副奏摺》，嘉慶十年三月二十九日，四川總督勒保奏。轉引自蔡少卿，〈關

四月四川總督阿爾泰有關嘓嚕子的調查報告，更可爲以上所述提出一個很好的註腳，阿爾泰云：

川省民風龐雜，罔知勤儉，蓋藏率多嗜酒好賭，兼以外來無業流民竄處其間，遊蕩爲匪，無惡不作，因而本地游手好閒之輩漸染成習，踵相效尤，此嘓嚕賊匪所在多有。〔註 60〕

由「民風龐雜」亦可見四川社會整合薄弱之一般。

除了四川本身的社會條件，四川、湖北、陝西三省交界山區，也爲嘓嚕子的生存提供了絕佳的地理條件。三省交界的高山老林是所謂的南山老林與巴山老林，由陝西之略陽、鳳縣東經寶雞等縣，至湖北鄖西，中間高山深谷，統謂之南山老林；由陝西之寗羌、褒城東經四川之南江等縣、陝西紫陽等縣，至湖北之竹山等縣，其間高山深谷，統謂之巴山老林。〔註 61〕老林層巒疊嶂，犬牙交錯，往往跨兩三省難以畫界，人跡罕至，〔註 62〕實爲坤輿之奧區，失業游民與避飢棚民多以此區爲逋逃之淵藪。〔註 63〕由於行政區域深入山區，且轄地甚廣，官兵稽防實難周到，「遇有事必數日聞報，數日始至其處，糾結者既難以輕動，遠颺者又莫可追捕。且省各有界，賊或踰境而免，官難越境而謀。」〔註 64〕同時，賊匪潛藏在山中，官兵無由得見，是故每每「浸淫釀成大案。」〔註 65〕例如，湖北恩施縣之「西南北與四川接境，徑僻山深，嘓匪不時竄入，嗛結本地游民，號曰皮家，常以賭博窩藏醜類，或於僻地奪取人物。」〔註 66〕本區的地理形勢遼闊複雜，官府在此無法有效行使公權力，使本區長久以來，即是動亂之藪，早已爲嘓嚕子的活動提供了一個優越的環境。

乾隆中期以後，四川及其鄰近省分的許多平原易墾之地，已經完全墾

於哥老會的源流問題〉，頁 52。

〔註 60〕《宮中檔乾隆朝奏摺》，第二一輯，頁 266，乾隆二十九年四月二十二日，四川總督阿爾泰奏摺。

〔註 61〕《宣宗成皇帝實錄》，卷一〇，頁 20b，嘉慶二十五年十二月壬辰。

〔註 62〕嚴如煜，《三省山內風土雜識》，收於王雲五主編，《叢書集成簡編》第七八一號（臺北，商務印書館，民國 55 年），頁 1。

〔註 63〕張鵬飛，〈增刻三省邊防備覽〉，《皇朝經世文續編》，卷九七，〈兵政〉，〈剿匪〉五，頁 4a～b。

〔註 64〕《大清十朝聖訓》，宣宗成皇帝，卷八十靖奸宄，頁 1b，嘉慶二十五年十二月壬辰上諭。

〔註 65〕嚴如煜，〈規畫南巴棚民論〉，《皇朝經世文編》，卷八二，〈兵政〉十三，頁 9b。

〔註 66〕湖北，《恩施縣志》（清・多壽等纂修，同治三年，民國二十年鉛字重印本），卷七，〈風俗志〉，地情習尚，頁 3。

復，再不能容納外省的移民了。此人口却在不斷增長，於是轉向山區移墾，〔註 67〕而三省交界之高山老林區域，正是他們移墾的目標。前往墾荒的多是無業貧民，乾隆三十三年（1768）七月，湖北巡撫程燾指出：「近年以來，楚省各郡民人以及江西、安徽等處無業貧民潛入其內，穴土而居，伐掘林木，薙刈草萊。」〔註 68〕乾隆四十七年（1782），陝西巡撫畢沅在〈覆奏民生吏治疏〉中說：「竊見漢中、興安、商州各府州屬，延互南山內外，水土饒益，邇年楚、蜀、隴、豫無籍窮黎，扶老携幼，前來開墾者甚眾。」尤其乾隆四十三、四年（1778、1779），兩湖被災，流徙「開荒男婦，不下十餘萬人。」〔註 69〕這些入山開墾之無業貧民，時常成爲國嚕子邀結對象，像川東、川北一帶深山老林，向來嘓嚕子最多，由於土著甚少，流寓實繁，遂致無業之民流入嘓嚕之列，〔註 70〕爲嘓嚕子注入強有力的新血。

根據現存資料來看，無業流民大量移入山區當在嘉慶年間（1796～1820）。嘉慶五年（1800）四月，清廷規定將陝西南山老林一帶荒地撥給流民墾種，〔註 71〕至嘉慶晚期，「江、廣、黔、楚、川、陝之無業者，僑寓其中，以數百萬計，」〔註 72〕反映出移墾之盛況，他們扶老携幼，千百爲羣，絡繹於途，遇有鄉貫便寄住墾種，架椽棲身，地薄不收則徙居他處，統謂之「棚民」。〔註 73〕因爲「無族姓之聯綴，無禮教之防維，呼朋引類，動稱盟兄；姻婭之外，別有乾親，往來住宿，內外無分，奸拐之事，無日不有，人理既滅，事變所以顏仍也。」〔註 74〕一般人非但沒有血緣認同的基礎，即使「衣衿紳士之族，亦鮮有譜牒可稽。」〔註 75〕就連以祖籍地緣爲認同的整合條件，也未顯現出重要性，雖然遇有鄉貫便寄住墾種，不過因爲山區五方雜處，棚民又遷徙不定，即其已造房舍，亦是

〔註 67〕郭松義，〈清代的人口增長和人口流遷〉，頁 122。
〔註 68〕《宮中檔乾隆朝奏摺》，第三一輯，頁 366，乾隆三十三年七月十八日，湖北巡撫程燾奏摺。
〔註 69〕畢沅，〈覆奏民生吏治疏〉，《皇清奏議》，卷六四，頁 45a～b。
〔註 70〕《宮中檔乾隆朝奏摺》，第一九輯，頁 830，乾隆二十八年十二月初八日，四川總督阿爾泰奏摺。
〔註 71〕《皇朝掌故彙編》，〈內編〉，卷十一，〈田賦〉三，頁 11b。
〔註 72〕《宣宗成皇帝實錄》·卷十，頁 21a，嘉慶二十五年十二月壬辰。
〔註 73〕嚴如熤，《三省山內風土雜識》，頁 21～22。
〔註 74〕嚴如熤，〈三省山內邊防論〉三，安流民，《皇朝經世文編》，卷八二，〈兵政〉十三，頁 3b。
〔註 75〕陳慶鏞，〈與舒雲溪制府書〉，《皇朝經世文續編》，卷九七，〈兵政〉，〈剿匪〉五，頁 33a。

零星分散，非比鄰而居。〔註 76〕而且「所稱鄰地，往往嶺谷隔絕」，〔註 77〕「距能朝夕稽查，而造民牌取戶結。」〔註 78〕在這種組織不健全，社會未趨整合的環境中，平時除墾地外，多資木廂、鹽井、鐵、紙、煤各廠傭工爲生。由於生齒日繁，人眾積聚，遂致良莠莫辨，不安本分者，時有攘竊之行。一遇旱澇，糧食昂貴，廠商停工，則傭作無資以生。〔註 79〕加上山內差役無風生浪，遇棚民有事，敲骨吸髓，弁兵也多相附爲奸，故一二奸徒倡率，爭相景從，禍變成矣。〔註 80〕這些肇事者，在陝西罪發即竄入四川，在四川罪發則遁入陝西，在屢經漏網之後，其胆益大而心益野，游蕩既久，遂入於嘓嚕行列。〔註 81〕同時，更有所謂「閒打浪」之流，平時閒游城市，遇軍興則充鄉勇營夫，值兵役亦相幫索捕。特別是當「川楚教亂」平定後，他們留落山區，謀生失所，雖欲回籍，而力有不能，祇得三五成羣，在山內到處游蕩。無事則爲閒打浪，遇嘓嚕子則相從刦掠，閒打浪既久，便成嘓嚕。〔註 82〕誠如嚴如熤所說「能令地無游民，則盜賊自彌矣」這句話，確是一針見血，道出外來以及當地的游離分子和嘓嚕子之間的密切關係。

四川本身與四川、陝西、湖北三省交界山區由於移墾的時間有先後，故嘓嚕子在此二處興起的因素不盡相同。在同樣的未趨整合的移墾社會中，四川主要以人口壓力爲經，外省無業貧民的移入爲緯，兩相結合下，嘓嚕子由是興起；而山區方面，特殊的地理環境，乃是嘓嚕子的適存地區，在尚未感受到人口問題前，嘓嚕子早已在此活動頻繁。另外，配合外來游民，嘓嚕子更因此而大盛。不過，值得注意的是，這個已具有部分秘密會黨形式的異姓結拜組織，它的出現，並不如閩台、廣西、雲貴等地祕密會黨是藉著血緣或地緣的準則而產生。固然有些嘓嚕子是藉著同鄉關係勾引游民入夥，〔註 83〕

〔註 76〕嚴如熤，〈三省山內邊防論〉三，安流民，頁 3a。

〔註 77〕嚴如熤，《三省山內風土雜識》，頁 23。

〔註 78〕嚴如熤，〈三省山內邊防論〉三，安流民，《皇朝經世文編》，卷八二，〈兵政〉十三，頁 3a。

〔註 79〕嚴如熤，〈規畫南巴棚民論〉，《皇朝經世文編》，卷八二，〈兵政〉十三，頁 9a。

〔註 80〕嚴如熤，《三省山內風土雜識》，頁 26。

〔註 81〕陳慶鏞，〈與舒雲溪制府書〉，《皇朝經世文續編》，卷九七，〈兵政〉，〈剿匪〉五，頁 33a～33b。

〔註 82〕嚴如熤，《三省山內土風雜識》，頁 25。《那文毅公初任陝甘總督奏議》，卷八，頁 30a～31a。

〔註 83〕《宮中檔乾隆朝奏摺》，第四九輯，頁 27，乾隆四十六年九月二十二日，湖南巡撫劉墉奏摺。

但以整體來說，所佔比例甚小，不足以顯示出鄉貫的重要性，因而沒有族性與濃厚的鄉土的觀念，就糾集的基本型態而言，彼此是大異其趣。至於四川以及山區所具備的社會條件，亦即移墾社會的環境背景，則與上述地區大致相同。〔註 84〕

第三節　嘓嚕子的組織型態及其性質

嘓嚕子或作啯嚕子、嘓嘍子，以其糾夥搶刦，又稱之爲「嘓匪」。乾隆五十三年（1788）五月，上諭：「川省向有無藉棍徒糾夥搶刼，名爲嘓嚕。歷經降旨嚴拏究辦，該省奏摺率寫嘓匪字樣，但嘓字音聲與國字相近，嗣後遇有此等案件，俱著改爲嘓嚕匪犯。」〔註 85〕至於說嘓嚕子爲何會有如此的稱呼？乾、嘉年間，包括了幾種不同的說法。其一，乾隆皇帝對嘓嚕的涵意作過專門的詢查，在上諭中曾明確指出：「嘓嚕乃罵詈之語。」〔註 86〕其二，乾隆四十六年（1781），湖南巡撫劉墉認爲嘓嚕乃其夥黨對頭人的稱呼。〔註 87〕其三，乾嘉時期，李調元根據四川方言，認爲嘓嚕乃「賭徒」之義，李調元云：「嘓嚕本音國魯，蜀人呼賭錢者通曰嘓嚕，皆作平聲，如曰辜奴。」〔註 88〕其四，四川當地對盜匪惡棍之流的稱呼。乾隆四年（1739）十月癸卯，署四川巡撫布政使方顯指出：「川省惡棍，名爲嘓嚕子。結黨成羣，暗藏刀斧，白晝搶奪，乘夜竊刦。」〔註 89〕《清史稿》文綬傳云：「四川多盜，民間號嘓嚕子。」〔註 90〕另外，邱仰文〈再論嘓嚕狀〉，更直接指出嘓嚕木乃四川「匪類之總名」。〔註 91〕以上四種說去中，第二種說法並無其它證據以資證明，正確與否，不得而知。至於第三種法說，乾隆十七年（1753）四月二十日，四川總督策楞

〔註 84〕莊吉發，〈清代社會經濟變遷與祕密會黨的發展：台灣、廣西、雲貴地區的比較研究〉，《近代中國區域史研討會論文集》，抽印本（臺北，中央研究院近代史研究所，民國 75 年 8 月），頁 16～17。

〔註 85〕《乾隆朝東華錄》，卷四二，頁 17a，乾隆五十三年五月戊寅。

〔註 86〕《上諭檔》，乾隆五十六年三月二十六日上諭，轉弔自蔡少卿，〈關於哥老會的源流問題〉，頁 51。

〔註 87〕《軍機處月摺包》，第二七〇五箱，一三四包，〇三一四七二號，乾隆四十六年七月二十三日，湖南巡撫劉墉附片錄副。

〔註 88〕李調元，《童山詩集》，卷一，〈嘓嚕曲〉并序。

〔註 89〕《高宗純皇帝實錄》，卷一〇三，頁 29b，乾隆四年十月癸卯。

〔註 90〕《清史稿》，卷三三二，〈列傳〉一一九，頁 10959。

〔註 91〕邱仰文，〈再論嘓嚕狀〉，《皇朝經世文編》，卷七五，〈兵政〉，頁 10b。

奏稱：「（嘓嚕）誘姦良家子弟，以及到處誘賭詐錢。」〔註 92〕由此可知，嘓嚕子確實有賭博的行爲。然而，按第四種說法來看，根本無從看出嘓嚕是對賭徒的專門稱呼。嘓嚕子的成員多屬社會上游離的不安分子，嚴重爲害到地方社會治安，乾隆十年（1745）六月，署四川提督李質粹奏稱：「川省五方雜處，奸良莫辨，外來流匪及本地無業流民，淩虐良善，名曰嘓嚕。」〔註 93〕相關報告，在四川地方大吏的奏摺中均有很多類似的記載。故由此而論第四種說法，其可信度的價值頗高。同時，在這情況下看來，乾隆皇帝所謂「罵詈之語」，或許是有其可能性的。此外，乾隆九年（1744），御史柴潮生具摺指出，進入四川的外來流民，其中「桀黠強悍者，儼然爲流民渠帥，土語號爲嘓嚕」〔註 94〕也就是說，嘓嚕子是四川民間土語對此團體及其成員的一種不屑稱呼。所以，若因嘓嚕子有賭博行爲而斷定嘓嚕是賭徒的話，則有以偏概全之嫌。總之，不論對嘓嚕子的看法如何，由嘓嚕子的行徑，以及分析嘓嚕子成員的社會階層，最足以表明其本質意義。

嘓嚕子究竟起於何時？就目前所見資料，乾隆三年（1738），四川嘓嚕子已經活動頻繁，「動成大獄，而重慶爲甚，積案幾當通省之半。」〔註 95〕根據前一節的論述，我們知道嘓嚕子並不是一個突發性的團體，主要是由外來流民與四川當地的無業游民結合在一起，逐漸形成的一種異姓結拜組織。因此，可以說這個組織必定是發展到具有相當的力量，對地方秩序構成一大威脅，才足以引起政府當局的關注。以官方文書來說，嘓嚕子名稱最早出現於乾隆四年（1739），高宗諭令四川文武官員嚴拏嘓嚕，並稽查保甲，整飭塘汛，以靖嘓嚕「奸匪」。〔註 96〕再以先一年四川嘓嚕子的活動情形合併來看，早在雍乾之際，四川嘓嚕子應當已經出現，衹是缺乏最直接的證據罷了。

雖然嘓嚕子嚴重破壞四川社會秩序，成爲政府公權力的一大挑戰，然而清政府初期僅就地方官的提議懲治嘓嚕子，朝廷尚未明令規定懲辦條例。由於成效不彰，且爲免地方官員不盡心緝捕，乾隆十二年（1747），朝廷乃依川

〔註 92〕《宮中檔乾隆朝奏摺》，第二輯，頁 720，乾隆十七年四月二十日，四川總督策楞奏摺。

〔註 93〕《高宗純皇帝實錄》，卷二四二，頁 30a，乾隆十年六月丙辰。

〔註 94〕《錄副奏摺》，乾隆九年十一月六日，御史柴潮生奏，轉引自蔡少卿，〈關於哥老會的源流問題〉，頁 52。

〔註 95〕四川，《巴縣志》（王鑑清修、向楚等纂，民國 28 年刊本，民國 56 年 10 月景印初版，學生書局），卷九下，〈李厚望傳〉，頁 4a。

〔註 96〕《高宗純皇帝實錄》，卷一〇三，頁 29b，乾隆四年十月癸卯。

陝總督公慶復之議，訂定地方文武官員賞罰辦法。〔註 97〕但是，嘓嚕子並未減少。同年，四川自瀘州以下，嘓嚕搶案甚多。〔註 98〕乾隆十四年（1749）。四川提督岳鍾琪安插懲創擾害川民的嘓嚕子，准其自首免罪，分別安插回籍。〔註 99〕這次似乎產生若干效用，乾隆十五年（1750），在四川自行投首者一百五十多人，部分飭令入伍管束，部分附和流蕩者，若有父兄親族可依，則令取保約束。〔註 100〕固然收一時之效，川省嘓嚕子仍舊出沒無時，〔註 101〕並且在威茂一帶與蠻民相互勾引。〔註 102〕乾隆二十三年（1758），清廷正式明文規定嚴懲四川嘓嚕子條文：

> 嗣後川省嘓匪，有犯輪姦之案，審實俱照強盜律，不分首從皆斬。其同行未經成姦者，仍依輪姦定例，擬絞監候。有輪姦而致殺死人命者，無論成姦與否，俱照強盜殺人例，奏請斬決梟示。嘓嚕搶奪，有糾夥五人以上，在於場市人煙湊集之所，橫行搶刦者，不論曾否得財，爲首者照光棍例，擬斬立決。爲從同搶者，俱擬絞監候。若拒捕兇犯，殺傷兵役及事主場眾者，首犯一面審題，一面即行正法梟示。爲從在場加功，及雖未下手傷人，在旁助勢濟惡者，俱斬立決。同謀搶奪，而拒捕奪犯之時，並不在場者，仍照光棍爲從本例，擬絞監候。至嘓匪搶奪，如止二、三人於曠野攔搶者，若僅照尋常律例辦理，無以示儆。應分別首從，該徒罪以上者，俱發巴里坤等處種地。〔註 103〕

由這規定，可見其時嘓嚕子擾害四川的嚴重性，迫使朝廷不得不以嚴刑峻罰來對付。不過，地方官「一味因循葸葸，於地方全無振作。」〔註 104〕加上嘓嚕子「性慣流蕩，其事犯充徒者，每乘間逃脫，或在配滋事。」〔註 105〕因此

〔註 97〕《高宗純皇帝實錄》，卷二八四，頁 2a，乾隆十二年二月辛酉朔。
〔註 98〕《高宗純皇帝實錄》，卷二八九，頁 46a，乾隆十二年四月己丑。
〔註 99〕《高宗純皇帝實錄》，卷三五一，頁 10a，乾隆十四年十月丁酉。
〔註 100〕《軍機處月摺包》，第二七四〇箱，四三包、〇〇六二二一號，乾隆十五年七月二十九日，四川總督策楞奏摺錄副。
〔註 101〕《高宗純皇帝實錄》，卷五三，頁 27b，乾隆二十二年正月壬戌。
〔註 102〕《宮中檔乾隆朝奏摺》，第三輯，頁 65，乾隆十七年五月十五日，四川總督策楞奏摺。
〔註 103〕《欽定大清會典事例》，卷七八八，頁 13a～b。
〔註 104〕《高宗純皇帝實錄》，卷六九一，頁 22b，乾隆二十八年七月辛巳。
〔註 105〕《高宗純皇帝實錄》，卷六〇七，頁 22a，乾隆二十五年二月乙巳。

律令雖嚴，却無法阻止嘓嚕子的繼續發展，以致黨羽日多，活動益加囂張而肆無忌憚。乾隆二十八年（1763），欽差刑科給事中副都統七十五具摺指出，嘓嚕子的活動範圍甚且擾及蒙古、青海等地，清實錄乾隆二十八年十月癸卯記其事云：

> 嘓匪侵擾青海、蒙古等，來路甚多，其出沒要區，共計五處，請派兵一千名，分守五卡游牧，探賊動靜，合力追勦。奮勉者報部議敘，怠惰者嚴加懲治，扎薩克有不遵行者，指名題參治罪。再查王索諾木丹津、袞楚克達什、貝勒丹巴策凌、貝子那木扎勒策凌、沙克都爾扎布，皆熟識嘓匪情形，尚能辦事，請即令伊等總管五卡兵。〔註 106〕

由「來路甚多，其出沒要區，共計五處」，以及「王索諾木丹津、袞楚克達什、貝勒丹巴策凌、貝子那木扎勒策凌、沙克那爾扎布，皆熟知嘓匪情形」，可知嘓嚕子侵擾青海、蒙古，絕非偶而爲之，而是經常行動，否則蒙古之王、貝勒、貝子不會對其侵擾情形知之甚稔。〔註 107〕另外，嘉慶年間，平定「川楚教亂」有功，後歷任貴州、四川、雲南、湖北提督的羅思舉，於從軍前，即是四川著名的嘓嚕子，與其同夥，在乾隆的最後幾年當中，游蕩於四川、陝西、湖廣、貴州以及山東、河南交界處。〔註 108〕可見，終乾隆一朝，官府始終未能籌得一個眞正的解決辦法。事實上，何止乾隆朝而已，直到光緒年間，嘓嚕子之名依然存在於四川，衹不過和已往相較之下，其活動事蹟大不如前罷了。

嘓嚕子之所以會如此放肆而無法徹底的清除掉，除了本身機動性的活動方式外，存在著一個無法解決的根本問題，由於乾、嘉時期四川和川、陝、鄂三省交界山區是外來流民移往的目標，覓食的對象，而四川及其鄰近省分的人口問題愈來愈嚴重，游離出來的人民亦多，因此，基本上流民、游民問題不得解決，規定的再嚴格也是罔然。嚴辦歸嚴辦，流民移來如故，和當地游民結合在一起，成爲嘓嚕子的生力軍，使得嚴格的法規有如具文一般，並不能發揮嚇阻作用。

以上所述，因爲資料的不完全，衹能就嘓嚕子的發展作一概括性的說明。

〔註 106〕《高宗純皇帝實錄》，卷六九七，頁 8a～b，乾隆二十八年十月癸卯。

〔註 107〕戴玄之，〈啯嚕子〉，頁 793。

〔註 108〕羅思舉，《羅壯勇公年譜》（臺北，廣文書局，民國 61 年），頁 3a～21a。

由於嘓嚕子的氣焰愈熾，震驚了乾隆皇帝，因此於乾隆四十六年（1782）下令徹查。是年，關於嘓嚕子的資料還頗爲豐富，特別是被捕嘓嚕子的口供，提供了彌足珍貴的第一手史料。由嘓嚕子的口供以及四川、湖南、湖北、貴州督撫的奏摺等資料，可以很清楚地鈎畫出嘓嚕子成員的社會階層、組織型態和活動方的輪廓。

表 2-1　嘓嚕子成員籍貫分布表

籍　貫	人　數	百分比
四　川	127	52.3
湖　南	56	23.1
貴　州	29	11.9
湖　北	18	7.4
江　西	11	4.5
廣　東	1	0.4
陝　西	1	0.4
總　計	243	100.0

（以原籍爲準）

表 2-2　嘓嚕子成員職業分布表

職　業	人　數	百分比
無　業	46	51.1
傭　工	25	27.8
小商人	7	7.8
推橈駕顔	6	6.7
耕　種	2	2.2
和　尙	2	2.2
工　匠	1	1.1
卜　算	1	1.1
總　計	90	100.0

（以最初職業爲準）

表 2-3　嘓嚕子成員年齡分布表

年　齡	人　數	百分比
14～20	25	15.1
21～30	77	46.7
31～40	47	28.5
41～50	14	8.5
51～60	1	0.6
61～70	1	0.6
總　計	165	100.0

（以乾隆四十六年時年齡爲準）

以上三表係根據附錄一共二九○人中有資料可查者列表統計

按表 2-1，將四川以外各省人數相加，則佔百分之四七・七，將近半數。根據附錄一所載，雖然並非每個成員均在四川加入嘓嚕子，有些是被在外游蕩的嘓嚕子所引誘，也有些是被爲四川官府追緝流竄至外省的嘓嚕子加以誘迫人夥的，但是絕大多數有案可查者是在金川加入。按表 2-2，無業者超過一半，他們是生存在社會邊緣的游離分子，多與傳統社會的紐帶斷絕關係，過著流蕩、掏摸或者討乞的生活。而其他有職業者，生活也多屬於較低的層面，所謂「販夫走卒」之流，有些還因爲無人僱用，或是收入不足以維生而淪爲在場市游蕩偷竊，甚至向人乞食的失業游民。再者，在二百名職業不詳者中，可以相信無業者應當佔有不小的比例，而屬於有職業的，其性質和表 2-2 所列，想必也應該相差不遠。由此不難發現，正與前一節所述不謀而合，並且也證明了四川嘓嚕子主要是由外來流民以及當地游離的「不肖奸棍」組合而成的團體。另外，根據 2-3，二十一歲至四十歲的成員佔了百分之七五・二，顯示出嘓嚕子是一個主要由年輕人結合的組織。正如洪亮吉所言「一家之中有弟子十人，其不率教者常有一二，又況天下之廣，其游惰不事者何能一一遵上之約束乎？」此輩年輕人，在家鄉生活條件的困難，或是受到人口壓力的影響，游離出來，前往四川發展。固然生計問題是他們進入四川的主因，然而其中必不乏厭事生產者，而四川在當時也出現了社會經濟大不如前的現象，因此，他們依然過著東飄西蕩的日子，強項者則以搶奪爲事，遇有其他「流棍」，互相勾誘，形成四川社會的游離羣，成爲破壞社會秩序，製造社會罪惡的一股暗流。

嘓嚕子在時間上是逐漸發展形成的，吸收成員並無一定的方式，由於他們「性慣流蕩」，因此隨處糾約。而參加者，有些是迫於生計，在別無選擇的情形下自願加入。其中即使籍屬四川的成員，也多不在本籍州縣而是游蕩至其它州縣時入夥，同時過著偷搶的生活（附錄一），毋怪乎嘓嚕子是一個具有「流匪」性質的組織。因爲他們多屬掙扎於社會邊緣的流民，無依無靠，所以採取中國傳統社會中擬親屬的方式，結爲兄弟，互相緣引幫功，用以凝固彼此的關係。另有部分成員則是被脅迫，有的替嘓嚕子背行李鋪蓋，如同傭工一般，按日計酬。同時有些十幾歲的年輕人被嘓嚕子收爲乾兒子，白天幫忙背行李，晚上則成爲性發洩的對象，主要因爲嘓嚕子是一個純男性的組織，多數尚未娶妻，即使娶妻，也往往迫於環境離家外出覓食，故而以年輕男子爲性方面的取象。下舉數例以資證明。胡範年，四川大竹縣人，著名的嘓嚕黨夥頭目，家無恆產，平日在外遊蕩，乾隆四十六年（1781）三月，在本縣楊通廟會遇熟識的籍隸湖南的劉老十及其結盟兄弟十多人，互道窮苦，因些微絡竊不夠吃用，乃糾約搶奪過路客商銀錢，並且隨地誘人入夥。〔註109〕羅添富，湖南邵陽縣人，其父在四川金堂縣開飯店，乾隆四十二年（1777）四月，羅添富前去幫忙，與同在金堂縣開飯店的劉老十因同鄉關係而熟識。是年九月，羅添富之父病故，羅添富即至劉老十店幫工。乾隆四十三年（1778）六月，劉老十沒本錢將飯店閉歇，與羅添富等七人，出外搶奪過客錢財。〔註110〕王興國，十五歲，四川大竹縣人，父親逃荒出外，母親早故，乃在本地討乞爲生。乾隆四十六年（1781）三月，王興國在高灘集場討乞，遇嘓嚕子傅開太等三十多，爲傅開太收爲乾兒子背行李，夜晚則被傅開太在客店雞姦，並隨同到各處搶錢。〔註111〕石添香，湖南祁陽縣人。廖文遠，四川長壽縣人。石、廖二人在四川挑腳爲生，乾隆四十四年（1779）冬間，因在重慶府城內無生意不能度日，前往別處亂食。乾隆四十六

〔註109〕《軍機處月摺包》，第二七〇五箱，一三五包，〇三一八〇八號，乾隆四十六年八月二十日，四川總督文綬奏摺錄副供單。

〔註110〕《軍機處月摺包》，第二七〇五箱，一三六包，〇三一九六七號，乾隆四十六年八月二十六日，湖南巡撫劉墉奏摺錄副。

〔註111〕《軍機處月摺包》，第二七〇五箱，一三五包，〇三一八四五號，乾隆四十六八月十六日，湖廣總督舒常湖北巡撫鄭大進奏摺錄副供單。

年（1781）四月，轉回重慶，在晏家場遇嘓嚕子，因力弱害怕，加入胡範年一夥挑行李，議定每日工錢八十文。〔註112〕雖然有些懾於嘓嚕子的威嚇入夥，實際上多數不出被引誘以及出於自願。固然不能說完全出於自願，然而生活的窮困，自然心中亦非不情願（附錄一）。例如川東一帶的拉把手（即縴夫），由湖北湖江逆流入川，大船需拉把手七、八十人，至重慶府卸載，待下水重載之雇募，其時需量減至近半數。計上水下水每日各以十船為準，以十日總計，河岸之逗留不能行者，常三、四千人，月以萬計。迨錢糧漸次花消，別賣所穿衣服履物，久之，即成無衣履赤身之「精膊溜」。弱則為乞丐，強則入嘓嚕夥黨。〔註113〕顯然生活情況的惡化，是促使無業游民與低階層勞動者組成或加入嘓嚕子的最大基因。另外，同鄉同業的關係雖非彼此認同的主要因素，却也是互相結合的助力。譬如劉榮華，湖南瀘溪縣人，向在四川奉節縣傭工。乾隆四十五年（1780）十月，遇劉雲等人，詢係同鄉，乃結拜合夥。〔註114〕李再瓏幫駕船隻為活，乾隆四十六年（1781）三月，船至四川夔關停泊，與同船水手共九人結拜弟兄，以圖發財。〔註115〕

嘓嚕子本身是一個開放的組織，基本上任何人均可加入，不過並非在結盟之內。有時路遇窮丐，強拉入夥，視同奴僕，住則煮飯打柴，行則背負行李，止給口食，不分錢文，並且被摒除於結拜之內。〔註116〕由於經常是隨路糾集誘脅，故非一定舉行儀式。儀式內容很簡單，為避人耳目，主要選在山多人少的地區，或在棚內、巖洞，或在廟裏燒香結盟。〔註117〕彼此將割下的頭髮燒灰調入酒內共飲，對神盟誓，依齒序認兄弟，期於久聚不逃，被獲不攀，各護其黨，

〔註112〕《軍機處月摺包》，第二七〇五箱，一三五包，〇三一八一三號，乾隆四十六八月十二日，湖南巡撫劉墉奏摺錄副供單。

〔註113〕嚴如熤，《三省邊防備覽》，卷五。轉引自戴玄之，〈啯嚕子〉，頁798～799。

〔註114〕《軍機處月摺包》，第二七〇五箱，一三六包，〇三二二七八號，乾隆四十六年九月二十二日，湖南巡撫劉墉奏摺錄副。《宮中檔乾隆朝奏摺》，第四九輯，頁28，乾隆四十六年九月二十日，湖南巡撫劉墉奏摺。

〔註115〕《宮中檔乾隆朝奏摺》，第四九輯，頁575，乾隆四十六年十一月十一日，湖南巡撫劉墉奏摺。

〔註116〕同上註，頁577。《宮中檔乾隆朝奏摺》，第三五輯，頁329，乾隆三十九年四月十八日，湖廣總督兼署四川總督文綬摺奏。

〔註117〕《軍機處月摺包》，第二七〇五箱，一三五包，〇三一八四五號，乾隆四十六年八月十六日，湖廣總督舒常湖北巡撫鄭大進奏摺錄副。《軍機處月摺包》，第二七〇五箱，一三六包，〇三一九六七號，乾隆四十六年八月二十六日，湖南巡撫劉墉奏摺錄副。

不相混襍。〔註 118〕拜把後不准擅自離去，遇追捕緊急時，共議散去始能各自逃生，若未經議定而一二人先散者，輒共同追擊戮殺。〔註 119〕主要在於加強成員之間的凝固力和向心力。其頭人稱爲「棚頭」或「長年兒的」、「掌年兒的」以及「老大」，向以年紀長的與能幹會武藝者擔任。棚頭之名，可能是因嘓嚕「分棚爲匪」，故有此稱呼。〔註 120〕此外，另有「大爺」名目，地位如何則不得而知。〔註 121〕所得財物交由棚頭分派，按股分贓，或是歸於棚頭及搶奪時用力之人。〔註 122〕在一個人數眾多的夥黨內，棚頭時常更換，並無一定，而且不祇一人，〔註 123〕平日「戴頂坐轎騎馬，到處令百姓逢迎，索酒食夫馬，稍不如意，則大肆刮掠。」〔註 124〕各夥黨互有認記，有以割辮爲記號者，遇場市人多擁擠攫奪之際，易於辨識，同夥望見無辮，亦可擠入遞贓。若事主發現，捉拏時無辮可揪，易於掙脫。棚頭欲出頭露面，故不割辮。〔註 125〕另有以紅繩拴繫手上，將銅戒箍帶在左手中指，或者用白布纏頭、藍布搭包繫腰上，以及在草帽上繫一白帶子以資辨識。〔註 126〕

〔註 118〕《宮中檔乾隆朝奏摺》，第四九輯，頁 577～588，乾隆四十六年十一月十一日，湖南巡撫劉墉奏摺。

〔註 119〕嚴如煜，《三省山內風土雜識》，頁 24。

〔註 120〕《宮中檔乾隆朝奏摺》，第四九輯，頁 209，乾隆四十九年十月十日，湖南鎮筸鎮總兵官黃模奏摺。《軍機處月摺包》，第二七〇五箱，一三四包，〇三一四七二號，乾隆四十六年七月二十三日，湖南巡撫劉墉奏摺錄副附片。

〔註 121〕羅思舉，《羅壯勇公年譜》，頁 30。

〔註 122〕《軍機處月摺包》，第二七〇五箱，一三六包，〇三一九六七號，乾隆四十六年八月二十六日，湖南巡撫劉墉奏摺錄副，《宮中檔乾隆朝奏摺》，第四九輯，頁 29，乾隆四十六年九月二十二日，湖南巡撫劉墉奏摺。《宮中檔乾隆朝奏摺》，第四九輯，頁 577，乾隆四十六年十一月十一日，湖南巡撫劉墉奏摺。

〔註 123〕《軍機處月摺包》，第二七〇五箱，一三五包，〇三一八〇八號，乾隆四十六年八月二十日，四川總督文綬奏摺錄副供單。《軍機處月摺包》，第二七〇五箱，一三五包，〇三一八一二號，乾隆四十六年八月九日，四川總督文綬奏摺錄副供單。《軍機處月摺包》，第二七〇五箱，一三六包，〇三二二七八號，乾隆四十六年九月二十二日，湖南巡撫劉墉奏摺錄副供單。

〔註 124〕《高宗純皇帝實錄》，卷一一三九，頁 18a，乾隆四十六年八月辛卯。

〔註 125〕《軍機處月摺包》，第二七〇五箱，一三六包，〇三二二七八號，乾隆四十六年九月二十二日，湖南巡撫劉墉奏摺錄副供單。《宮中檔乾隆朝奏摺》，第四九輯，頁 577，乾隆四十六年十一月十一日，湖南巡撫劉墉奏摺。

〔註 126〕《軍機處月摺包》，第二七〇五箱，一三五包，〇三一八一三號，乾隆四十六年八月十二日，湖南巡撫劉墉奏摺錄副供單。《軍機處月摺包》，第二七〇五箱，一三六包，〇三一九六七號，乾隆四十六年八月二十六日，〈湖南巡撫劉墉奏摺錄副供單〉。《軍機處月摺包》，第二七〇五箱，一三六包，〇三二二七

大體說來，嘓嚕子是一個組織鬆散且流動性極大的武裝集團，每起人數不定，有隨路輾轉糾約的，也有隨時分散的。〔註127〕雖有不得擅自離散的規定，但是成員時來時去，似乎並無嚴格的約束力量。很多人在加入另一夥前已結拜兄弟成為嘓嚕子，〔註128〕亦即各自獨立的嘓嚕組織之間可以互相結合，使各股勢力得以聯成一氣，加強集中彼此的力量。然而嘓嚕夥黨沒有一定特殊的組成方式，隨時隨地三五一夥即可聚集一塊，並且沒有固定的地盤。就整體來說，彼此之間除非互有熟認之人，否則幾乎多是不相統屬的獨立單位。同時，當一個團體人數眾多時，棚頭對其部分夥眾根本不認識。〔註129〕因此，始終沒有奠定穩固的基礎，無法形成一個眞正具有完整組織體系的龐大集團。根據資料顯示，乾隆時期，嘓嚕子每夥人數並不多，乾隆四十六（1781）破獲的嘓嚕子案件中，每夥超過半數是在二十人之內，二十人至五十人之間的佔百分之二五·四，超過五十人及一百人的衹佔百分之一三·六。〔註130〕直到咸豐十年（1860），才在雲南井底壩發現人數高達二千人以上的嘓嚕夥黨。〔註131〕

嘓嚕子種類繁多，依其活動方式加以分類，大致上有兩種型態。按乾、嘉時人的說法，稍有出入。據邱仰文的說法，凡賭博竊刦、酗酒打降、勒索酒食、姦拐幼童，甚而殺人放火，或同夥自殺，皆謂「紅錢」，自稱亦曰「紅錢兄弟」。

九號，乾隆四十六年九月二十二日，湖南巡撫劉墉奏摺錄副供單。《宮中檔乾隆朝奏摺》，第四八輯，頁597，乾隆四十六年八月二十六日，湖南巡撫劉墉奏摺。《宮中檔乾隆朝奏摺》，第四九輯，頁 575，乾隆四十六年十一月十一日，湖南巡撫劉墉奏摺。

〔註127〕《軍機處月摺包》，第二七〇五箱，一三五包，〇三一八〇八號，乾隆四十六年八月二十日，四川總督文綬奏摺錄副供單。《軍機處月摺包》，第二七〇五箱，一三五包，〇三一八一二號，乾隆四十六年八月九日，四川總督文綬奏摺錄副供單。

〔註128〕《軍機處月摺包》，第二七〇五箱，一三五包，〇三一八〇八號，乾隆四十六年八月二十日，四川總督文綬奏摺錄副供單。《軍機處月摺包》，第二七〇五箱，一三六包，〇三一九六七號，乾隆四十六年八月二十六日，湖南巡撫劉墉奏摺錄副。《軍機處月摺包》，第二七〇五箱，一三六包，〇三二二七九〇號，乾隆四十六年九月二十二日，湖南巡撫劉墉奏摺錄副供單。

〔註129〕《軍機處月摺包》，第二七〇五箱，一三五包，〇三一八〇八號，乾隆四十六年八月二十日，四川總督文綬奏摺錄副供單。《軍機處軍摺包》，第二七〇五箱，一三五包，〇三一八一二號，乾隆四十六年八月九日，四川總督文綬奏摺錄副供單。

〔註130〕Cheng-un Liu, *kuo-lu: a sworn-brotherhood organization in szechwan* Late Imperial China Vo16, No.1, June 1985, P.60。

〔註131〕《文宗顯皇帝實錄》，卷十，頁3a，咸豐十年正月癸未。

其他掬摸、掐包、剪綹已刺面則紅錢不入，別爲「黑錢」。〔註 132〕嚴如熤則謂嘓嚕有「紅錢客」、「黑錢客」之分。黑錢客爲「鬼」爲「蜮」、換包設騙、行踪詭祕，多以術愚人。紅錢客則作會結黨、持刀執槍，白日市廛地方紳耆保正無敢過問，兵役獲其夥件，中途攔截，名曰「打炮火」。〔註 133〕另據湖南巡撫劉墉之奏稱，凡在各鄉集場處所買賣不遂即逞兇搶奪，再恃眾搶奪者，謂之「紅線」。若黑夜行竊，謂之「黑線」。〔註 134〕除此外，湖廣總督舒常與湖北巡撫鄭大進則謂白日綹竊爲「紅線」，黑夜偷竊爲「黑線」。〔註 135〕光緒年間，陝西南山一帶又有所謂「紅、黑簽匪」名稱的出現，彼此糾夥結盟，專以搶刦綹竊爲生，晝爲「紅簽」，夜爲「墨簽」，陝西巡撫馮譽驥指出此和「四川嘓匪無異」。〔註 136〕基本上來說，往往同一人、事、物，可能因口語相傳之故，會以同音異字、或者發音相近的字眼來表達，而以上「錢」、「線」、「簽」之間的差異即是如此，所顯示出的意義是相同的。

嘓嚕子的活動路線很多是根據鄉村集場的場期而定，一縣有幾處場鎮，彼輩都很熟悉。他們常於山多人少可以「坐場」的地區分棚而居，迨人多勢強，分夥至人烟輻輳居民密比之區「趕場」。〔註 137〕清張漢在「請禁四川嘓匪疏」中對嘓嚕子在集場的行徑說得很明白；「每於州縣趕集之區，占住閒房，時於集上糾眾行強，酗酒打降，非賭即刦，殺人非挺即刃，甚至火人房屋，淫人婦女。」〔註 138〕同時，每當秋禾登場，莊民收穫之後，乘間偷刦，甚至搶刦。

〔註 132〕邱仰文，〈論蜀嘓嚕狀〉，《皇朝經世文編》，卷七五，〈兵政〉，頁 9a。

〔註 133〕嚴如熤，《三省山內風土雜識》，頁 24。

〔註 134〕《軍機處月摺包》，第二七〇五箱，一三四包，〇三一四七二號，乾隆四十六年七月二十三日，湖南巡撫劉墉附片錄副。

〔註 135〕《軍機處月摺包》，第二七〇五箱，一三五包，〇三一八四五號，乾隆四十六年八月十六日，湖廣總督舒常湖北巡撫鄭大進附片錄副。

〔註 136〕《軍機處月摺包》，第二七三五箱，十一包，一二一八四八號，光緒八年三月十一日，陝西巡撫馮譽驥附片錄副。

〔註 137〕邱仰文，〈再論嘓嚕狀〉，《皇朝經世文編》，卷七五，〈兵政〉，頁 11a。《軍機處月摺包》，第二七〇五箱，一三五包，〇三一八四五號，乾隆四十六年八月十六日，湖廣總督舒常湖北巡撫鄭大進奏摺錄副供單。《軍機處月摺包》，第二七〇五箱，一三六包，〇三一五六七，乾隆四十六年八月二十六日，湖南巡撫劉墉奏摺錄副供單。《軍機處月摺包》，第二七〇五箱，一三六包，〇三一九六八號，乾隆四十六年八月二十六日，湖南巡撫劉墉奏摺錄副。《軍機處月摺包》，第二七〇五箱，一三六包，〇三二二七八號，乾隆四十六年九月二十二日，湖南巡撫劉墉奏摺錄副。

〔註 138〕鄧之誠，《骨董三記》，(臺北，大立出版社)，卷四，〈嘓嚕子〉，頁 555～556。

〔註 139〕而當官府追緝時，可能是其習慣於到處流蕩，故逃亡的範圍波及很廣。例如胡範年、劉鬍子夥黨，在湖南、湖北、貴州均有其踪跡。沿途抗拒官兵，所到之處仍復搶刦過客，並且誘人入夥，以補充失去的同件。〔註 140〕

在嘓嚕子的諸多不法活動中，特別是在川、陝、鄂三省交界山區內，賭博是一種比較固定的歛財方式。山內地雖荒涼，而賭局絕大，時常數百兩千兩為輸贏之注，許多人無錢以償，流而為盜。其中有所謂「領帳房」，皆嘓嚕子之豪長。遇民間婚喪，則往張帳於其家，號曰「款客」。戚友弔賀，坐其帳中，即入賭局。所輸之數，勒逼主人作保，強搶牛馬，逼賣田產，無所不用其極。〔註 141〕此外，另有一種與賭博關係密切的「窩」，類似嘓嚕子在外游蕩的中繼站。〔註 142〕邱仰文在〈論蜀嘓嚕狀〉一文中，即強調嘓嚕之害起於有窩，邱仰文云：

> 如嘓嚕賭博，店家抽頭是也，有不得不窩者。如荒山孤店，畸零一、二家，嘓嚕成羣，力不能拒，或場鎮心力不齊，若輩結緣，再多兇橫盤踞，隱忍停留，莫敢究詰是也。有礙情面者，如先為嘓嚕，今有貲財，已不入羣，從前同夥經過其家，牽引聚賭，既有挾制，復關顏面，不便却逐。因緣姦拐鬥殺，皆由此起。〔註 143〕

再者，山區遼闊，地理隔絕，保正甲長亦相距數十里，〔註 144〕並且多有嘓嚕充任。〔註 145〕加以「嘓嚕一種，半係革捕，此縣犯案，投充彼縣，類與各捕聲息相通，因緣為姦。」〔註 146〕更助長了嘓嚕子的氣焰。

〔註 139〕《那文毅公二任陝甘總督奏議》，卷二五，頁 3b。

〔註 140〕《軍機處月摺包》，第二七〇五箱，一三五包，〇三一八〇八號，乾隆四十六年八月二十日，四川總督文綬奏摺錄副供單。《軍機處月摺包》，第二七〇五箱，一三五包，〇三一八一二號，乾隆四十六年八月九日，四川總督文綬奏摺錄副。《軍機處月摺包》，第二七〇五箱，一三五包，〇三一八一三號，乾隆四十六年八月十二日，湖南巡撫劉墉奏摺錄副供單。

〔註 141〕嚴如熤，《三省山內風土雜識》，頁 24。

〔註 142〕《軍機處月摺包》，第二七〇五箱，一三六包，〇三一九六七號，乾隆四十六年八月二十六日，湖南巡撫劉墉奏摺錄副供單。

〔註 143〕邱仰文，〈論蜀嘓嚕狀〉，《皇朝經世文編》，卷七五，〈兵政〉，頁 9a。

〔註 144〕嚴如熤，〈三省山內邊防論〉三，安流民，《皇朝經世文編》，卷八二，〈兵政〉十三，頁 3a。

〔註 145〕李調元，《童山選集》，收於嚴一萍選輯，《百部叢書集成》（臺北，藝文印書館），卷三，〈嘓嚕曲〉。

〔註 146〕邱仰文，〈再論嘓嚕狀〉，《皇朝經世文編》，卷七五，〈兵政〉，頁 11a。

雖然嘓嚕子的所做所爲儘是不法勾當，也有少數結拜時講求仁義，誓不害人，各存好心，不許愛人財物，標榜打富濟貧。對行俠仗義以及週濟孤寡貧民之事，不遺餘力。〔註 147〕然而，這些祇能說是少數的特例，證諸嘓嚕子在整個活動過程中的行徑來看，可以說是一種不折不扣的「盜匪集團」，毋怪乎清朝官方文書稱其爲「嘓匪」。

第四節　嘓嚕子的演變與哥老會的出現

乾隆四十六年（1781）四川嘓嚕之案，經四川、貴州、陝西以及湖廣督撫實力搜捕嚴懲後，兇頑之氣爲之一挫。〔註 148〕不過，四川鬥毆搶殺不逞案件仍多，乃襲嘓嚕餘習，積漸相仍而成。〔註 149〕故乾隆皇帝再次諭令四川總督李世傑，遇有此等兇斃多命之案，務當速辦示懲，使嘓嚕等兇匪，永行斷絕根株。〔註 150〕沈寂一段相當時間的嘓嚕子並未淨絕，乾隆五十六年（1791）四川拏獲糾夥肆刧盜犯，帝曰：「此等盜犯，結夥成羣，連日行刧，自即係嘓匪餘黨。」。〔註 151〕嘓嚕子以四川稽查甚嚴，乃有另圖發展的趨勢。同時，醞釀已久的白蓮教亂更促使了嘓嚕型態的轉變。

由於嘓嚕子多是不能謀衣食之無賴惡少，〔註 152〕在重創之餘，不得不依附基礎穩固勢力龐大的白蓮教以圖生存。白蓮教所煽惑者，多係有田產之人。而白連教本身也多深堂大宅，同時輕財好施，加以「入彼黨夥，不携貲糧，衣食相通，不分爾我。」因此，嘓嚕子乃「藉教匪家以藏身。」〔註 153〕事實上白蓮教與嘓嚕子之間相互爲用，彼此截長補短，陳慶鏞在〈與舒雲溪制府書〉中即說到：「教匪愚而詐，嘓匪悍而狂。教恃譸張之小術，嘓恃殺刧之小勇。嘓匪盛則教匪爲之謀主、教匪盛則嘓匪爲之先驅。」〔註 154〕亦可見二者之

〔註 147〕羅思舉，《羅壯勇公年譜》，頁 17、頁 30、頁 36～43、頁 49、頁 44～55。

〔註 148〕《高宗純皇帝實錄》，卷一二〇一，頁 7b，乾隆四十九年三月癸卯。

〔註 149〕《高宗純皇帝實錄》，卷一二六四，頁 25b，乾隆五十一年九月癸未。

〔註 150〕《高宗純皇帝實錄》，卷一三〇七，頁 37b，乾隆五十三年六月丁巳。

〔註 151〕《高宗純皇帝實錄》，卷，卷一三七九，頁 14a～b，乾隆五十六年五月壬寅。

〔註 152〕嚴如熤，〈三省山內邊防論〉三，安流民，《皇朝經世文編》，卷八二，〈兵政〉十三，頁 4b。

〔註 153〕趙雲崧編，《戡靖教匪述編》（臺北，台聯國風出版社，民國五十九年三月，據京都琉璃廠影印刊本），卷一，〈蜀述〉，頁 1b。

〔註 154〕陳慶鏞，〈與舒雲溪制府書〉，《皇朝經世文續編》，卷九七，〈兵政〉，〈剿匪〉五，頁 33a。

間的密切關係。由於平時雙方已建立合作基礎，故嘉慶元年（1796）川楚白蓮教大起，大量嘓嚕子「乘間闌入」，〔註 155〕壯大了白蓮教的陣容。嘓嚕子拳棒刀統技藝頗精，〔註 156〕教首徐添德自達州倡亂，「麼麿鼠子嘯呼而起，戰陣技藝有如素習，」〔註 157〕強化了白蓮教的戰鬥隊伍。嘉慶五年（1800），白蓮教藍號冉添元、黃號徐萬富、青號徐添德之徒汪瀛以及線字號等部入川西時，隊伍由原來三、四千人擴充至三萬多人，其中即包括了甚多投入的嘓嚕子。〔註 158〕總之，一為生存；一為擴張勢力，在合則兩利的情況下，是嘓嚕子和白蓮教得以結合的基因。白蓮教亂平定後，雙方的關係，因為史料的缺乏，無法確定是否繼續存在。不過，嘓嚕子在組織分化上確實受到白蓮教影響而有所改變。

自川楚白蓮教亂平定之後，嘓嚕子再度進入另一個轉型階段，特別是與貴州移墾社會有著密不可分的關係。雍正初年以來實行改土歸流，積極推行墾荒政策，貴州遂成為邊陲開發中區域，湖南、四川、江西、廣東等省窮民多前往開墾。外省移民進入貴州後，以地緣為分界，各成聚落。偏狹的地域觀念極為濃厚，各分氣類，時常呈現出尖銳的對立。〔註 159〕貴州巡撫毛文銓就曾具奏具指出：「貴州一省，多屬江西、湖廣、四川與本地人民參錯而居，彼此嫉妬，不肯相容。」〔註 160〕由於社會流動性和不穩定性十分明顯，人口壓力日增，單身男丁、流民或游離分子比例亦高，動輒走險輕生。加以各村落或人羣未趨整合，社會組織不夠健全，社會問題相對增加，引起社會失調，土客械鬥案件層出不窮，結盟拜會風氣，方興未艾，會黨林立，如雨後春筍。〔註 161〕嘉慶末年起，貴州查獲添弟會、邊錢會；道光年間又拏獲添弟會、三合會、邊錢會，均與人口流動及移墾社會的形成有極密切關係。〔註 162〕正如嘓嚕子在四川興起的社會背景一樣，貴州的社會環境不但提供

〔註 155〕趙雲崧編，《戡靖教匪述編》，卷一，〈蜀述〉，頁 1b。
〔註 156〕嚴如煜，〈平定教匪總論〉，《皇朝經世文編》，卷八九，〈兵政〉二十，頁 1a。
〔註 157〕趙雲崧編，《戡靖教匪述編》，卷一，〈蜀述〉，頁 3b。
〔註 158〕《欽定剿平三省邪匪方略》，正編，卷一五七，頁 12b～13a。
〔註 159〕莊吉發，〈清代社會經濟變遷與祕密會黨的發展：台灣、廣西、雲貴地區的比較研究〉，頁 15～17。
〔註 160〕《宮中檔雍正朝奏摺》，第三輯，頁 623，雍正二年十二月十八日，貴州巡撫毛文銓奏摺。
〔註 161〕莊吉發，〈清代社會經濟變遷與祕密會黨的發展：台灣、廣西、雲貴地區的比較研究〉，頁 17。
〔註 162〕同上註，頁 19～21。

了嘓嚕子生存的有力條件，更促使嘓嚕子由一種較鬆散的型態轉變成相當系統化的組織，此系統化乃指成員在內部稱謂上有了較固定的型式。

嘉慶二十一年（1816）七月，貴州開泰縣人王開機，先後糾集二十四人，同年八月初九日五更時分，齊至古州廳屬塵頭嶺幗華家結拜兄弟，共飲雞血酒，砍香盟誓。會中條款以紅綾分寫，規定在會之人，不許自相欺凌，遇有事故，共相資助，若遇危急，彼此相顧，不許畏縮。懲罰條例亦規定得相當嚴格。因係義氣之爭，故名孝義會。同時將銅錢三枚砍成六半，會中號令以半邊錢爲據。又立名邊錢會。其中聞連貴最有膂力，負責約束會眾，並經管銀錢，稱爲大五。鍾學仁、胡潮英二人年輕善走，負責探探信息，稱爲大滿、小滿。據供王開機等人歃血訂盟立會結拜原意，乃在誘賭竊刼，恃眾逞兇，訛詐苗民之計。〔註 163〕貴州地區，民苗雜處，土客衝突時有所聞。貴州邊錢會就是由移居漢民所倡立的一種自衛性的械鬥團體，並且也是具有互助性質的祕密會黨。事實上這種會中成員的稱謂並非貴州邊錢會所獨有，根據《大清十朝聖訓》的記載，道光七年（1827）正月乙巳有云：「黔省民苗雜處，外來無籍游民，勾結土棍滋事，各有名目，……有帽頂、大五、小五名號。」〔註 164〕這些人應當早已成爲貴州治安大蠹，否則是年清廷不會明文規定懲治條例，《欽定大清會典事例》中就記載得很詳細，其文如下：

> 貴州匪徒，如有帽頂、大五、小五等名號，除犯該死罪者，仍照本律本例問擬外，其犯該軍流徒罪者，無論爲首爲從，各於所犯本罪上，加一等治罪。罪止枷杖者，於枷責後鎖繫鐵杆一枝。如聞拏投首，及事未發而自首者，照例分別減免。儻減免後復犯，不准再首，各於所犯本罪上，加一等治罪；軍流徒罪，分別發配安置；僅止杖責者，仍繫鐵杆。若平日雖無犯法實迹，而係橫行鄉曲，有帽頂、大五、小五名目者，亦鎖繫鐵杆，俱定限一年釋放。〔註 165〕

一如乾隆前期嘓嚕子在四川情形般，嚴厲的懲罰似乎並無效力。道光十五年（1835），有人奏稱，貴州所屬各地，往往聚有「匪徒」，爲首者，黨徒稱爲帽頂，其次稱爲大五，又次者稱爲大滿。成羣結隊，欺壓平民，並時出偏僻

〔註 163〕《軍機處月摺包》，第二七五一箱，十五包，四九九七〇號，嘉慶二十一年十二月十三日，貴州巡撫文寧奏摺錄副。

〔註 164〕《大清十朝聖訓》，宣宗成皇帝，卷八一，靖奸宄，頁 8a，道光七年正月乙巳上諭。

〔註 165〕《欽定大清會典事例》，卷七九四，頁 14a，道光七年議定。

小路肆行刧掠，又時與衙門捕役聲息相通，恃為包庇，益加肆行無所顧忌。而地方官遇有事主呈控搶刦案時，為規避處分起見，多改刧為竊，改多人為少數，所刧之贓，亦必改多為少，然後收呈，票遣捕役追緝，該捕役藉以需索事主規費，臥票不緝，朦混銷差，十案九空，良民受害無窮。〔註166〕咸豐元年（1851），貴州黎平知府胡林翼亦曾指出，黎平「盜匪有老冒、老三哥、大五、大六、大九，為之渠魁，其編號從大一至大十、小十至小一。」〔註167〕

以上所述，最重要且必須解釋的是帽頂、大五、小五、大滿、小滿這些稱謂所顯示的意義。嘉慶二十年（1815）六月「上諭」中有「常明奏，黔省咨查拏獲川匪供出田帽頂、丁大五等，前在川省曾有探生折割二案」的記載。〔註168〕就目前所見資料，這可能是帽頂、大五名稱出現最早的記錄。嚴如熤《三省邊防備覽》曾記載，在道光二年（1822）時，嘓嚕子首領稱為老冒或冒頂，其下管事人員則為大五和大滿。〔註169〕早期以棚頭或掌年兒的為首領稱謂的形式，最晚至此已為老冒或冒頂所取代。事實上大滿、小滿在早期嘓嚕子成員中即有此類名目，例如張小滿、劉小滿以及曹大滿等（附錄一），至於他們在組織中地位如何，是否即是階級的分類，則不得而知。在此，我們可以作一種解釋，嘓嚕子和四川一些不法團體成員本身屬於不安分子，彼此間有其易於結合的基因存在，雙方在四川當地相互影響融合，首先在組織上產生某種程度的變化。由於貴州是移墾區，流動人口活動頻繁，如同當初受外來游民衝擊而致四川嘓嚕子興起的情形，他們進入貴州後，又與當地莠民、盜匪、會黨勾轡呼應，在組織上再度經過一番整合，型態更趨完備，有了系統化的階級區分，其方式為嘓嚕子吸收採用，「為首者曰帽頂，暗言其為主也；其次曰大五、小五，暗言大王、小王也；又其次曰大老么、小老么，言兄弟也以下曰大滿、小滿。其新入夥者曰姪娃娃。」。〔註170〕一些與嘓嚕同樣採用帽頂名稱的組織，一直到同治年間，仍然活躍於四川、貴州，就連貴州荊竹園「教匪」也以老冒為首領稱呼；而四川會黨甚且有以帽頂為會名，到處煽

〔註166〕《宣宗成皇帝實錄》，卷二六九，頁8a～b，道光十五年七月壬辰。

〔註167〕胡林翼，〈與大府論會匪書〉，《皇朝經世文續編》，卷八一，〈兵政〉二十，頁5a。

〔註168〕《方本上諭檔》，頁295，嘉慶二十年六月上諭。

〔註169〕嚴如熤，《三省邊防備覽》，卷十二，頁2b，轉引自 Cheng-un Liu, "*KUO-LU: A SWORN BROTHERHOOD ORGANIZATION IN SZECHWA*N" P.74。

〔註170〕陳慶鏞，〈與舒雲溪制府書〉，《皇朝經世文續編》，卷九七，〈兵政〉，〈剿匪〉五，頁33b。

惑聚眾，肆行刦掠。〔註 171〕不過，這不單是流傳於川、黔二省，道光末年，湖南邵陽縣學訓導彭洋中即指出，湖南會黨「稱名不一，曰綑柴會、曰丁叉會、曰半邊錢，其黨有等級，以老帽最尊，次三、次六、次九、再次大五。」〔註 172〕此外，同治時期，湖南英雄會亦襲用老冒稱呼。〔註 173〕可見民眾結盟拜會時，往往會採用一些當時流行的名目，〔註 174〕並且顯示出會黨之間，互相影響，彼此襲用相同名稱的可能性。因此，在嘓嚕子的整個演變過程中，相信必定與其他組織、會黨間發生關係，而在組織結構上有所增損。

關於嘓嚕子與會黨的結合始於何時？固不可考，但至遲在嘉慶二十五年（1820）御史邱煌奏稱：「（嘉慶二十四年）貴州大定府屬平遠州，有本地莠民及種苗等，招集四川嘓匪、廣西會匪，亡命數百人，歃血拜盟，剋期滋事。」〔註 175〕固然其時僅是個別嘓嚕和個別會黨之個別結合，並非普遍之結合。〔註 176〕不過，道光二十四年（1844），四川金堂、中江等縣一帶，嘓嚕蕭帽頂、周惟三、蔡璜等人，各聚夥類一、二百人，往來城市，各置號旂鎗砲，自稱「忠義大堂」，張貼告示。〔註 177〕此種「忠義大堂」與張貼告示的型態，顯然受會黨影響，而有幾分近似之處。咸豐年間，清廷傾全力與太平軍搏鬥，在此朝代命運交關之際，為嘓嚕子的發展帶來了新的契機。因為清廷無暇顧及其他，加上太平軍的帶動，嘓嚕子在這種背景下有了很大的改變，逐漸和會黨、散勇、游民合流，特別是會黨的影響，促使嘓嚕子的基本型態起了極大的變化，由過去類似「流匪」性質的組織轉變成為近代中國祕密會黨的主流之一。在湘軍出身並曾任陝西巡撫之湖南人劉蓉的〈復李制軍書〉中，即透

〔註 171〕《合肥李勤恪公（瀚章）政書》，頁 177～178，同治五年七月一日，〈李臬司元度收復大小埅摺〉。《軍機處月摺包》，第二七四五箱，八七包，一一二七六七號，同治十二年十一月五日，四川總督吳棠奏摺錄副。《軍機處月摺包》，第二七四五箱，一〇三包，一一六三九四號，同治十三年七月十八日，四川總督吳棠奏摺錄副。《月摺檔》，同治十三年五月，巡視東城掌浙江道監察御史李宏楧奏摺。

〔註 172〕彭洋中，〈復魁蔭庭太守書〉，《皇朝經世文續編》，卷八十，〈兵政〉，頁 29b。

〔註 173〕《毛尚書（鴻賓）奏稿》，卷七，頁 33b，同治元年九月四日，〈酌保拏獲土匪出力官紳片〉。

〔註 174〕劉錚雲，〈湘軍與哥老會 —— 試析哥老會的起源問題〉，頁 8。

〔註 175〕《大清十朝聖訓》，仁宗睿皇帝，卷一〇二，靖奸宄，頁 7a，嘉慶二十五年五月乙亥上諭。

〔註 176〕戴玄之，〈啯嚕子〉，頁 797。

〔註 177〕《月摺檔》，道光二十四年八月十七日，四川總督寶興奏摺。

露出嘓嚕子的轉變與哥老會出現的承襲關係。原書略謂：

> 湖南會匪，其源蓋發於蜀，根株最深，蔓延最廣，蓋青蓮教之餘孽，所謂紅錢會者。其日曰帽頂，總頭目曰大帽頂，最大者曰坐堂老帽，設有管事人員，各列名目，不可勝紀，給予牌符，轉相煽誘，其能招眾百人者，爲百人頭領；招聚千人者，爲千人頭領；招有萬人者，即爲萬人頭領。各位某山某堂字號，以區別之，如曰龍虎山、忠義堂之類，自分支派，不相混淆。聞今且徧於天下，妄分五旂旗，兩湖江西者，爲白旂籍；兩粵閩浙者，爲黑旂籍；皖吳河南者，爲藍旂籍；雲貴陝甘者，爲紅旂籍；獨四川者，爲黃旂，尊其教之所自出也。〔註 178〕

此所謂「湖南會匪」，乃專指哥老會而言，其源於四川紅錢會，而紅錢會即是嚴如熤所說的紅錢客，由於紅錢作會結黨，故劉蓉稱之爲紅錢會。紅錢會本身就是嘓嚕子組織的另一名稱，因此追溯哥老會源頭，必然與嘓嚕子有著密不分的關係。固然不能由雙方首領名稱相同而斷定彼此間的關係，因爲帽頂名目非嘓嚕子所專有。但是這種五旂制的方式，顯然是由嘓嚕子效法白蓮教而傳給哥老會。〔註 179〕此外，另有許多證據顯示出嘓嚕子與哥老會之間的承襲關係。湖南巡撫劉崑於同治六年（1967），以數月時間，詳查卷宗，細加考究，獲得結論：「哥弟會（即哥老會）之起，始於四川，流於貴州，漸及於湖南以及東南各省。」。〔註 180〕王闓運在《湘軍志》中也說道：「哥老會者，本起四川，游民相結爲兄弟，約緩急必相助。」〔註 181〕文中所述，與嘓嚕子興起的社會條件正相符合。至於左宗棠的說法，不僅和劉崑相近，左宗棠云：「哥老會匪，起於川、黔，盛於三江、兩湖。」〔註 182〕更明確指出「哥老會匪，本四川嘓嚕子變稱」、「因土俗口語而訛」，〔註 183〕直接道出哥老會就是嘓嚕之

〔註 178〕劉蓉，〈復李制軍書〉，《皇朝經世文續編》，卷八三，〈兵政〉二二，頁 8a。

〔註 179〕《欽定剿平三省邪匪方略》卷首云：「邪教（白蓮教）……分清、白、黃、藍號而來往糾眾者爲線字號，始不過教中人，積久而無賴不法者闌入其中，如四川之嘓嚕子……乘間作孽，非必盡係教匪。」

〔註 180〕《劉中丞（韞齋）奏稿》，卷二，頁 50a，同治六年九月，〈請飭在籍大員幫辦團防摺〉。

〔註 181〕王開運，《湘軍志》（臺北，成文出版社，民國 57 年 11 月台一版），卷一，頁 25a。

〔註 182〕《左文襄公全集》，書牘，卷十，頁 35a，〈答劉壽卿〉。

〔註 183〕《左文襄公全集》，書牘，卷十一，頁 29b，〈答湘撫劉韞齋中丞〉。同上引書，

別名。就聲韻學來說，「哥老」與「嘓嚕」的發音是相近的，因此左宗棠的說法和聲韻學上的發音正是不謀而合。同時，就地緣關係來看，劉崑、左宗棠所論，與嘓嚕子的演變途徑也是相同的。至於劉蓉所稱「蓋青蓮教之餘孽」一句，可能是根據咸豐元年（1851）二月四川成都府資州惡棍藍泳泰、孫光全等糾集青蓮教頭目梁洪順以及會黨四、五十人於胡家廟歃血滴酒結盟而言。〔註 184〕事實上，青蓮教是白蓮教的支派之一，本與會黨無涉。此次結盟，青蓮教頭目梁洪順是以「歃血滴酒」的會黨儀式結盟，乃為個人利益而加入會黨，並不能代表青蓮教，更不是會黨加入青蓮教，因為結盟時，毫無青蓮教的儀式、組織、思想與信仰。〔註 185〕由於自嘉慶以還，教門與會黨間時有相互影響、接觸的現象，甚至有不易區分的情況。〔註 186〕故而劉蓉或許在不明就裏的情形下，誤認哥老會為青蓮教的餘孽。

哥老會名稱最早是出現在湘軍中，咸豐九年（1859），曾國藩明令禁止湘軍營中結拜哥老會，違者論斬〔註 187〕其次，左宗棠亦說到：「咸豐十年，初開楚軍時，即將哥老會及結拜兄弟一條懸諸戒律。」〔註 188〕據此推斷，咸豐年間，哥老會已盛行於湘軍營中，並且具有相當大的勢力，而難以駕馭，以致曾、左二人不得不嚴行禁止。另外，由左宗棠透露出來的文字中顯示出哥老會組織的出現地點應在四川，同治九年（1870），左宗棠率領湘軍遠征陝甘回亂時，在〈成祿辦理西路軍務情形片〉中說：「西蜀當嘉慶年間，名將輩出，自頃嘓嚕變成哥老會匪，軍營傳染殆徧。……臣初入關時，黃鼎以蜀人帶蜀勇，正苦哥老充斥，軍令難行。」〔註 189〕籍隸四川的鮑超，咸豐年間成立的霆營「所部多悍卒，川、楚哥老會匪亦雜廁其間。」〔註 190〕同時，在左宗棠〈答曾沅浦〉函中，也提及「蜀勇則哥老甚多。」〔註 191〕在此，我們可以作如下的解釋，早在太平軍興前，

書牘，卷二十六，頁 16b，〈與湘撫卞頌臣中丞〉。

〔註 184〕《文宗顯皇帝實錄》，卷七三，頁 5a～b，咸豐二年十月辛巳。

〔註 185〕戴玄之，〈啯嚕子〉，頁 796。

〔註 186〕蔡少卿，〈關於哥老會的源流問題〉，頁 53～54。

〔註 187〕《曾文正公全集》，雜著，卷二，頁 43b，〈禁洋烟等事之規七條〉。

〔註 188〕《左文襄公全集》，批札，卷二，頁 47b～48b，〈延榆綏成道定康稟署理道篆及籌辦安撫事宜由〉。

〔註 189〕《左文襄公全集》，奏稿，卷三七，頁 32b，同治九年十二月十一日，〈懲辦鬧餉為匪各營弁請敕部揀補碾伯營都司片〉。

〔註 190〕《左文襄公全集》，奏稿，卷十五，頁 12b，同治四年八月二十三日，〈提督鮑超所部仍請由該員自為主持片〉。

〔註 191〕《左文襄公全集》，書牘，卷九，頁 44b，〈答曾沅浦〉。

嘓嚕即與其他團體發生關係，直至太平軍起，各省大亂，清廷集中全力和太平軍搏鬥，無暇顧及嘓嚕，四川嘓嚕遂與會黨、散兵、游勇互相勾結，聯合一致，擴大組織，混爲一體。〔註 192〕事實上，不單是四川而已，陝西南山一帶「自軍興以來，散勇游民隨處麕聚，往往私立山堂口號，結拜訂盟，會匪之風日熾。而簽匪遂有與會匪勾結者。亦有既爲簽匪復爲會匪者，彼此效尤，無惡不作。其宰雞滴血，傳授口訣，綽號排行，竟與會匪無二。其公然剽奪，報仇殺人，倡亂謀逆，亦與會匪行徑相似。」〔註 193〕就整個型態來看，嘓嚕子始終沒有形成一個強有力的統一體系，仍是各自爲政沒有密切聯繫的組織。故「能招聚百人者，爲百人頭領；招聚千人者，爲千人頭領；招有萬人者，即爲萬人頭領。」由於人多龐雜，爲應實際需要，原本關係鬆散的缺點，似乎反成易於接受會黨山堂組織型態的優點，各立某山某堂，加以區別，各分支派，不相混淆。不過，值得注意的是，在尚未傳至湖南和湘軍時，哥老之名並未出現，直到流傳過去後，因爲方言上的差異，嘓嚕之名遂輾而爲哥老。其後湘軍轉戰各地，聲名大著，哥老會也隨之蔓延各處，口語之訛的哥老正式取代了嘓嚕之名。雖然哥老會出現後，嘓嚕依舊存在。然而嘓嚕之名却只出現於四川一省，〔註 194〕別省並未發現，這更足以說明方言的不同，造成同一個組織而有不同名稱的現象。另一種可能的說法，就是嘓嚕並非全部轉化成會黨形式，部分仍然保持與早期嘓嚕相同的型態，爲害地方，以致四川當地居民仍以原有稱呼名之。

總之，哥老會的出現，是以嘓嚕爲最初的基本型態，其後吸收、融合了白蓮教和其他會黨、組織的某些特色，經過長期的演變過程，逐漸發展成爲秘密會黨的型態。由於方言口語的差別，因而呈現出名稱上的變異，同治五年（1855）正月，羅惇衍指出：「各營勇紛紛拜會，名曰江附會，又一名幗老會。」〔註 195〕幗老會實指哥老會，「幗」與「哥」發音相近，「幗」與「嘓」乃同音異字。而曾國藩在〈覆左季高〉函中，又有「四川敘州幗匪連陷四縣

〔註 192〕戴玄之，〈啯嚕子〉，頁 797。

〔註 193〕《光緒朝東華錄》，頁 2342，光緒十三年九月己巳。

〔註 194〕《丁文誠公（寶楨）遺集》，卷十三，頁 4b，光緒二年三月二十八日，〈到川附陳大概情形片〉。《劉尚書（秉璋）奏議》，卷七，頁 48a，光緒十八年十月，〈奏辦土税設卡稽查派營勇常川駐紮疏〉。《軍機處月摺包》，第二七四五箱，一〇三包，一一六三九四號，同治十三年七月十八日，四川總督吳棠奏摺錄副。

〔註 195〕《穆宗毅皇帝實錄》，卷一六七，頁 28a，同治五年一月己丑。

郡城」的記載，〔註 196〕此「幗匪」即指「嘓匪」而言。另外，左宗棠在〈陝西裕臬司寬詳嚴潘溢中供詞由〉中，將「哥匪」寫作「戈匪」，〔註 197〕所指的實際上就是哥老會。由上面所述，一方面證明了方言的不同，造成名稱上的差異性；另一方面也說明了同一實體，會以同音異字來表達。當然，再配合嘓嚕子和哥老會出現的時間先後、起源的地點以及演變途徑來看，將更能夠凸顯出雙方相近似甚且相同的諸多方面。

〔註 196〕《曾文正公全集》，書札，卷九，頁 10b，〈覆左季高〉。

〔註 197〕《左文襄公全集》，批札，卷六，頁 52a，〈陝西裕臬司寬詳嚴訊潘溢中供詞由〉。

第三章　哥老會擴展的因素

第一節　勇營的招募

根據同光年間，一些封疆大吏的奏報，多數咸認哥老會起自軍營，或者興於裁撤之後。事實上，這主要是限於時空的分隔，他們只看到哥老會興盛的結果以及複雜問題之一面，未能窺得全貌，而致倒果為因。當然，這並不表示他們的說法沒有價值，他們間接提供了哥老會之所以擴展的線索。由於太平軍興，加上日後其他軍事需要，因此而有營勇的招募，特別是湘軍的成立，成為哥老會的擴展蔓延的媒介，無形中為哥老會的發展提供了廣大的基礎。

湘軍成立後，曾國藩為杜絕綠營兵將不相習、將不知兵、兵不用命的積弊，故用自招的山農，以代有籍之士兵。〔註1〕曾國藩以為「山僻之民多獷悍，水鄉之民多浮滑，城市多游惰之習，鄉村多樸拙之夫，故善用兵者嘗用山鄉之卒，而不好用城市近水之人。」因此，曾國藩主張宜於「深山窮谷之中，招選寒苦力作之民，擇其英鷙，編入兵籍，假以時日，而訓練之。」方能「使向來之潰兵潰勇，浮游無歸者，不得改名而混入其中。」〔註2〕在其招募規條，即訂有一簡明標準：

> 募格須擇技藝嫻熟，年輕力壯，樸實而有農夫士氣者為上。其油頭滑面，有市井氣者、有衙門氣者，概不收用。〔註3〕

〔註 1〕羅爾綱，《湘軍新志》，頁 138。

〔註 2〕《曾文正公全集》，奏稿，卷五，頁 42b，咸豐五年四月初一日，〈湖北兵勇不可復用摺〉。

〔註 3〕《曾文正公全集》，雜著，卷二，營規，頁 40a。

以確保湘軍樸實、勇毅之風。同時，又嚴格規定：

> 招募兵勇，須取具保結，造具府、縣、里居、父母、兄弟、妻子、名姓、箕斗清冊，各具附冊，以便清查。〔註4〕

凡招募，將領須選營哨官，令回湖南原籍輾轉招募，並且遵守以上規條，庶幾兵士均係土著，使游勇無賴不得混跡營中，裨便管束。〔註5〕

勇營自鄉間招募山農，本是大致原則。〔註6〕儘管如此，仍有無賴之徒混入其中，同治九年（1870），湖南巡撫劉崑指出：「咸豐初年，湖南鄉勇出境從征，各鄉夜不閉戶，蓋無賴之徒皆竄名伍籍，不復以竊盜爲生活也。」〔註7〕同時散兵游勇亦混入其中，咸豐三年（1853）曾國藩上疏曰：「何謂游匪，逃兵逃勇。……大兵紮營之所，常有游手數千，隨之而行，或假充長夫。」〔註8〕自咸豐二年（1852）以還，湖南兵勇分布東西各省，不下數十萬，會黨夾雜其中亦復不少。〔註9〕咸豐十一年（1861）湖南巡撫毛鴻賓即曾上奏論及湘勇、楚勇之鄉會黨充斥。原文略謂：「再近日湖南勇號稱得力，而以新寧之楚勇、湘鄉之鄉勇爲尤者。查新寧縣當道光年間會匪充斥，……湘鄉民俗強，會匪極多。」〔註10〕再如鮑超霆軍初起，除招募四川人外，主要取自長沙省城丁壯與兵家子弟，以致「川、楚哥老會匪亦雜廁其間。」〔註11〕因此，與此說哥老會單純由四川勇丁傳入霆軍，再及於湘軍，毋寧說是四川、湖南雙重管道進入湘軍，更接近事實。

湖南各屬向來會黨充斥，素被視爲「會匪卵育之區」。〔註12〕曾國藩即指

〔註4〕同上註。

〔註5〕羅爾綱，《湘軍新志》，頁144。

〔註6〕王爾敏，〈清代勇營制度〉，收入氏著《清季軍事史論集》（臺北，聯經出版事業公司，民國74年第二次印行），頁35。

〔註7〕《劉中丞（韞齋）奏稿》，卷八，頁57b，同治十年七月，〈通籌援防全局並請指撥實餉摺〉。

〔註8〕曾國藩〈嚴辦土匪以靖地方疏〉，《皇朝經世文續編》，卷九十七，〈兵政〉，勦匪五，頁14a。

〔註9〕《毛尚書（鴻賓）奏稿》，卷六，頁34a，同治元年六月二十四日，〈拏辦各屬會匪並嚴查回籍勇丁片〉。

〔註10〕《毛尚書（鴻賓）奏稿》，卷四，頁39a，咸豐十一年十二月二十二日，〈請擇員紳募練鄉勇片〉。

〔註11〕《左文襄公全集》，卷十五，頁12b，同治四年八月二十三日，〈提督鮑超所部仍請由該員自爲主持片〉。

〔註12〕《曾文正公全集》，書扎，卷二，頁12a，〈與江岷樵〉。

出：「湖南會匪之多，人所共知。去年粵逆入楚，凡入添弟會者，大半附之而去，然尚有餘孽未盡。此外有有所謂串子會、紅黑會、半邊錢會、一股香會、名目繁多，往往成羣結黨，嘯聚山谷。」〔註 13〕〔註 14〕再根據其他檔案資料顯示，自嘉慶以迄道光年間，湖南有公義會、仁義會、認異會、棒棒會、靶子會等會黨組織，其實皆天地會之異名變稱，多以某項認記或特徵而得名。〔註 15〕咸豐元年（1851），衡陽、寶慶、永州三府以及長沙府之安化、湘潭、瀏陽等縣，又有紅簿教、黑簿教、結草教、捆柴教等名目，俱以四川峨嵋山會首萬雲龍爲總頭目，所居之處有忠義堂名號。〔註 16〕各教雖皆以教爲名，但實際上是天地會的變名〔註 17〕由於湖南會黨林立，同時有頗具規模，觸角深入社會，枝葉蔓延甚廣，根基穩固，自有其不容忽視的力量。例如添弟會經地方官屢次嚴拏誅戮後，隨時更易會名，〔註 18〕其活動與發展依然繼續進行，並未因此而呈現停頓狀態。湖南巡撫訥爾恭額在留心訪察後，於道光十七年（1837）具摺奏稱：

> 從前止有添弟會名目，近年隨時變易會名，人數愈眾，爲害愈深。並聞該匪等一經入會，必歃血訂盟，儻或心志不齊，爲首者有挖眼睛、挑足筋之令，故匪黨同心勾結甚固。鄉曲小民，稍有衣食，往往被匪徒逼脅入會，方免搶竊之患，不則借端魚肉，甚或糾眾抄搶，受害之人，赴官控發，書差與會匪聲息相通，簽票一出，該匪早已聞風避匿。而出頭具控者，益爲若輩所恨，日尋報復，身命莫保。是以甘心隱忍，不敢詰告，奸宄得計，良�吞聲，隱患豈可勝言。〔註 19〕

〔註 13〕曾國藩，〈嚴辦土匪以靖地方疏〉，頁 13a。

〔註 14〕莊吉發，《清代天地會源流考》（臺北，故宮博物院，民國 70 年 1 月初版），頁 105。《軍機處月摺包》，第二七四七箱，三二包，五九〇四四號，道光六年十一月十八日，湖南巡撫唐紹庸奏摺錄副。《軍機處月摺包》，第二七四九箱，一五四包，八一〇九四號，道光廿八年一月十九日，湖南巡撫鄭祖琛奏摺錄副。《宮中檔道光朝奏摺》，第二七二六箱，二二包、三四〇二號，道光十九年十月二十九日，湖南巡撫裕泰奏摺。《宣宗成皇帝實錄》，卷四四七，頁 17a，道光二十七年九月乙酉。

〔註 15〕莊吉發，《清代天地會源流考》，頁 106。

〔註 16〕《大清十朝聖訓》，文宗顯皇帝，卷九〇，頁 5a，咸豐元年七月乙巳上諭。

〔註 17〕戴玄之，〈天地會名稱的演變〉，《南洋大學學報》，第四期，（新加坡，南洋大學），頁 158。

〔註 18〕莊吉發，《清代天地會源流考》，頁 91。

〔註 19〕《宮中檔道道光朝奏摺》，第二七二六箱，四包，九二三號，道光十七年五月

由此可見其勢力之一般。在如此環境背景下，嘓嚕經過轉化傳入湖南後，在當地已經使用哥老會名稱，很可能其時哥老會規模不大，力量有限，因而活動力較弱，尚在潛行發展中，祇能說是一股萌芽滋長的暗流，還未形成龐大的勢力，以故未被社會與官府所注意，至多也僅知曉他們的存在，實際情形無得得知。再由無賴游匪和湘軍的關係來看，顯示出這些無賴游匪與哥老會間的一些端倪。按照嘓嚕當初轉化的狀況，他們進入湖南後，在無賴游匪間展開勾誘是有其可能性存在。在機緣巧合下，太平軍興，隨著湘軍的招募而進入其中，又在諸多因素配合下，迅速發展擴充，壯大了哥老會的組織聲勢。職是之故，我們可以說哥老會並非湘軍中的一種自發組織，而是由外界傳入的。〔註20〕

哥老會不僅盛行於湘軍中，其風也延及其他營伍，「凡官軍駐紮處所，潛隨誘煽。」〔註21〕同治六年（1868），劉崑具摺奏報：

> 臣查軍興以來，各省招募勇丁，在營之日，類多結盟拜會，誓同生死，期於上陣擊賊，協力同心，乃歷久習慣，裁撤後仍復勾結往來，其端肇自川、黔，延及湖廣。近日用兵省分各勇亦紛紛效尤，黨羽繁多，伏而未發。〔註22〕

光緒元年（1875），劉坤一在一篇告示中亦指出：

> 前此各省用兵，營中材武之士，結爲兄弟，自成一家，遇有勁敵，輒以陷敵衝鋒。帶兵員弁，另給旗幟號衣，以作其氣，而收其效。此哥老會之所由來也。久之流弊漸生，往往却於公戰，而勇於私鬥。隨即嚴加禁止，而其習未能盡除。〔註23〕

就當時營勇的情形而論，劉坤一所述，是有其事實存在，然而，認爲哥老會是源於各省營中結爲兄弟之「材武之士」，則與哥老會早期進入湘軍的史實不相符合。

哥老會之所以能夠盛行於營伍中，依曾國藩的說法，大致上哥老會有兩種議論最易誘人：「一曰在營聚會之時，打仗則互相救援，有事則免受人欺；

十五日，湖南巡撫訥爾恭額奏摺。

〔註20〕朱金甫，〈清代檔案中有關哥老會的起源資料〉，《故宮博物院院刊》，一九七九年第二期，頁66。

〔註21〕《卞制軍（頌臣）政書》，卷三，頁12a，〈查拏會匪示〉。

〔註22〕《劉中丞（韞齋）奏稿》，卷二，頁33a，同治六年五月，〈撲滅湘鄉會匪並擊散瀏陽齋匪摺〉。

〔註23〕《劉忠誠公遺集》，公牘，卷二，33a，光緒元年，〈哥老會匪及早改悔示〉。

一日出營離散之後，貧困而遇同會，可周衣食，孤行可遇同會，可免搶刼。因此，同心入會，」〔註24〕借以鞏固彼此的團結。其他類似說法尙多，例如，江西袁州府萬載縣舉人廖連城即指出：「哥老會者初由鄉勇應募，結盟殺賊，約以同生共死。」〔註25〕光緒三年（1877）二月六日，順天府府丞王家壁奏稱：「當粵氛擾楚，南人同仇共憤，多爲歃血之盟，誓同滅賊，勝則相助，敗則相救。」〔註26〕其後輾轉相傳，「各營相習成風，互爲羽翼。」〔註27〕以致「楚師千萬，無一人不有結拜兄弟之事。」〔註28〕這固然有其誇大之處，不過，却也反映出湘軍中結拜哥老會之盛況。

除了哥老會本身的誘惑力外，湘軍將領的間接助力亦爲哥老會盛行湘軍的重要因素。由咸豐三年（1853）八、九月間曾國藩致友人一封信中，約略可以窺知其中一些來龍去脈。其信函云：

> 近時所調之兵，天涯一百，海角五十，卒與卒不習，將與將不和，此營既敗，彼營掉臂而不顧，哆口而微笑。各營習見夫危急之際，無人救應，誰冒向前獨履危地，出萬死之域，以博他人之一微笑。是以相率爲巧，近營則避匿不出，臨陣則狂奔不止，以期於終身不見賊面而後快。言念及此，可爲浩歎此賊有平時哉？鄙意欲練勇萬人，呼吸相顧，痛癢相關，赴火同行，蹈湯同往，勝則舉杯以讓巧，敗則出死力以相救。賊有誓不相棄之死黨，吾官兵亦有誓不相棄之死黨，庶可血戰一、二次，漸新吾民之耳目，而奪逆賊之魂魄。〔註29〕

曾國潘慨嘆湘軍「卒與卒不習，將與將不和」，以及各營不相顧的缺點，並且鑑於「賊有誓不相棄之死黨」，因此想要「練勇萬人，呼吸相顧，痛癢相關」，以期湘軍「亦有誓不相棄之死黨」，庶可與太平軍對抗。曾國藩似乎想利用結拜情誼的方式組成死黨，來改善湘軍本身的缺失，用以強化他們的戰鬥力。但是，這段話却顯得有些語焉不詳。可能早在康熙年間大清律令即已禁止異姓結拜，以致曾國藩不便明顯地論及此事緣故。〔註30〕儘管如此，在劉坤一

〔註24〕《曾文正公全集》，書扎，卷三一，頁20b～21a，〈復劉韞齋中丞〉。
〔註25〕《月摺檔》，光緒三年二月二日，都察院左都御史全慶奏摺。
〔註26〕《月摺檔》，光緒三年二月六日，順天府府丞王家壁片。
〔註27〕《曾文正公全集》，批牘，卷三，頁32a。
〔註28〕《十三峰書屋全集》，卷七，批牘一，頁14a。
〔註29〕《曾文正公全集》，書扎，卷二，頁35a～b，〈與文任吾〉。
〔註30〕劉錚雲，〈湘軍與哥老會——試析哥老會的起源問題〉，頁5。

的一封信中，顯然證實了湘軍營勇結爲兄弟的可能性。劉坤一指出：

> 嘗憶咸豐年間，湘楚各軍從征江粵等省，每週悍賊惡鬥，輒聽各營挑選鋭卒，自成一隊，稱爲兄弟兵。別製號衣旗幟，陷陣衝鋒，爲主將者，犒賞酒肉，以資鼓勵。此哥老會之所由來也。迨後桀黠之徒，假借名目，開設山堂，散賣票布，初爲謀利，漸蓄逆謀。〔註31〕

此種結爲兄弟的關係，當時的確「頗具資力」，然而浸淫既久，正好給予哥老會利用其拜把盟誓的組織方式以滲透機會，「於是哥弟會黨以眾，而其勢亦遂愈張。」〔註32〕至於劉坤一所謂哥老會源於咸豐年間湘軍營中成立的「兄弟兵」，則是片面印象導致的誤解。

上述哥老會能夠蔓延於營伍的兩個因素外，尚有另外一個重要原因，就是自太平軍起事以來，幾十年間一連串動亂起伏，許多營勇積功保二、三品武職大員，然而這僅是虛銜，眞實職位却不能與之配合，哥老會從中煽惑，異心遂起。左宗棠即曾奏稱：

> 軍興以來，各省軍營所保武職，無慮數十萬員，其中有打仗驍勇積功已洊保至二、三品，而性情粗獷，不知禮義，其才僅足充當勇丁者，各營因其技勇不敢，不能不予以收錄，仍編之行伍中。若輩因已保武職大員，不甘充當散勇，或懷缺望，一被匪徒煽誘，遂起異心。江湖哥老會之多半由於此。〔註33〕

具有二、三品虛銜資格的營勇，其內心的失望與不平衡，造成他們心懷怨憤，致使哥老會有機可乘，爲哥老會的擴展啓開了一道方便之門。

各營加入哥老會者，初意皆期患難相扶，〔註34〕然而，從軍既久，「視戰鬥爲兒戲，沾染習氣日深一日，」〔註35〕迨愈聚愈眾，遂不免恃眾滋事。特別是太平天國瓦解後，欠餉問題，引起湘軍營勇譁譟索餉。南京克復前一年，對太平軍戰事遲滯，「半由於需餉之奇絀」，其中曾國藩部屬八萬多人，李續

〔註31〕《劉忠誠公遺集》，書牘，卷十二，頁21b，光緒二十三年一月五日，〈復陳右銘〉。

〔註32〕《劉中丞（韞齋）奏稿》，卷二，頁50b，同治六年九月，〈請飭在籍大員幫辦團防摺〉。

〔註33〕《左文襄全集》，奏稿，卷二二，頁54b，同治六年八月二十六日，〈拏獲會匪正法片〉。

〔註34〕《月摺檔》，光緒四年九月四日，湖南巡撫邵亨豫奏摺。

〔註35〕《劉中丞（韞齋）奏稿》，卷七，頁35b，同治九年九月，〈勦辦湘潭會匪並籌掃除伏匪摺〉。

宜部下二萬人，「欠餉多者十五個月，少亦八、九個月。」〔註36〕曾國藩爲此憂心無慮，並曾反應於朝廷。迨攻克南京後，湘軍欠餉幾近五百萬兩。湘軍之制，遣撤時必找清欠餉，不許蒂欠，其所屬軍營均有一筆巨額欠餉可以補領。但因爲這欠餉過鉅，一時無法籌足，故不能將十二萬大軍同時解散。因而那些遣撤較後的軍營，却正因爲懸望著這筆欠餉，於是便發生鬧索積久之風波。〔註37〕霆軍積欠餉銀多至一百二十餘萬兩，同治四年（1865）三月，赴甘肅一部首先譁變於湖北金口，至咸寧縣冒充官兵，戕害知縣，並在城鄉肆行擄掠，又侵擾江西。接著，在四月赴福建一部，於上杭縣鼓噪。〔註38〕此端一開，湘軍其他各部亦紛紛效尤，接踵而起。同年五月，駐防安徽省休寧的金國琛部與徽州唐義訓部，相繼索餉滋鬧。皖南道張鳳翥被毆重傷，並逼寫期票，應允八個月滿餉，兇焰始稍收斂，此皆哥老會從中主動勾煽所致，而滋事勇丁也多係入會之人。〔註39〕

太平軍平定後，捻亂未清，加以回亂復起，營軍時招時撤，哥老會因以勾引愈多。凡軍營屯駐之地，無處無之。動輒散布黨羽，刧取商旅，甚則索餉鬧糧，挾制將領，相率譁然。〔註40〕左宗棠即曾具摺指出哥老會分布和活動的大致情況，原摺附片略謂：

> 再近年哥老會匪涵濡卵育，蠢蠢欲動，江、楚、黔、蜀各省所在皆有。其由會中分股聚徒者，謂之開山；誘人入會者，謂之放飄。凡官軍駐紮處所，潛隨煽結。陝、甘兩省游勇成羣，此風尤熾，甚至有打仗出力保至二、三品武職，猶不知悛改者，實爲隱患。據劉厚基稟稱，有游勇游擊馬幅喜，綽號蒼蠅子，本係川省會匪，川中捕急逃至陝西，溷迹湘軍營中，經該營官知覺訪拏，復逃至鄜州張村驛，與其黨副將陽明貴、千總唐恩幅等，飛片做會，誘結營勇。〔註41〕

〔註36〕《曾文正公全集》，奏稿，卷一八，頁64b，同治二年四月二十七日，〈近日軍情併陳餉絀情形片〉。

〔註37〕羅爾綱《湘軍新志》，頁207。

〔註38〕《曾文正公全集》，卷二二，頁28a～29a，同治四年五月一日，〈疊奉諭旨覆陳片〉。《穆宗毅皇帝實錄》，卷一三八，頁18a～b，同治四年五月丙申。

〔註39〕《月摺檔》，同治四年十二月一日，兩江總督曾國藩奏摺。《曾文正公全集》，卷二二，頁70b～71b，同治四年七月八日，〈徽休防軍索餉譁譟現擬查辦摺〉。

〔註40〕《月摺檔》，同治六年三月二十七日，陝甘總督楊岳斌片。

〔註41〕《左文襄公全集》，奏稿，卷二二，頁54a，同治六年八月二十六日，〈拏獲會匪正法片〉。

哥老會潛入軍營，不但發展組織，同時也誘迫營勇逃離軍營，並謂「不入其會，離營必遭其刼殺。」〔註42〕同治六年（1867），甘肅拏獲約黨燒香充當哥老會會首之候選知縣郭祖漢以及同時倡會之都司李桂芳、軍功林正外等，一併正法。〔註43〕同治七年（1866），福建軍營中也破獲一起哥老會組織，其中包括有藍翎都司、都司、藍翎守備、千總、六品軍功等中下軍官在內。〔註44〕陝西省內因用兵日久，向有積年營混糾眾結拜哥老會或游弋鄉村，乘機刼奪；或混跡行伍，煽惑軍心。同治十一年（1872）六月初間，哥老會大頭目丁恒太、周玉林等暗串駐陝西武毅軍右營勇丁二十多人入會，並迫脅勇丁百餘名開營潛逃。〔註45〕光緒三年（1877），哥老會利用新年停操，潛誘駐防天津淮軍營勇入會，因總統盛仁各營天津鎮總兵周盛傳於初一日拏獲哥老首何松桂訊辦，初三夜定更後，哥老會黨乘燒掠營外買賣街，中軍前營，前軍右營勇丁有越牆應之者，潰勇二百多名旋即向西南逃走。〔註46〕

哥老會成員在軍營中過著雙重生活，在營中他們是政府士兵，「結黨抗官，鬧餉梗令，」鼓噪營盤；離開軍營，則如同盜匪般，「恐猲取財，迫脅異己，分遣黨羽，潛距水陸要隘，遇同會之人，則驗據放行，否則刼殺不免。」〔註 47〕他們在農村中穿著軍服，不易引起那些受害者的懷疑，以便搶刼大批過往行人旅客。〔註 48〕再者，部分哥老會頭目也具有雙重身分，平日在營中充當勇丁，而入會之營官百長，在會中的地位資格反而有轉出其下者。白天充當勇丁之哥老會頭目，拜跪拱立於營官百長之前，及其會中有事，則傳集黨眾於山壑間。夜升高座，營官百長反從而拜跪之，予杖則杖，予罰則罰，無敢譁者。〔註49〕

〔註42〕《左文襄公全集》，批札，卷二，頁57b，〈安襄陨荆道英祥稟奉札飭拏哥匪蕭朝舉究辦理〉。

〔註43〕《月摺檔》，同治六年三月二十七日，陝甘總督楊岳斌片。

〔註44〕《月摺檔》，同治七年八月一日，福州將軍兼署閩浙總督英桂等片。

〔註45〕《月摺當》，同治十一年七月二十八日，辦理甘肅肅州一帶軍務前甘肅提督曹克忠奏摺。

〔註46〕《李文忠公全集》，奏稿，卷二九，頁3a～b，光緒三年一月十六日，〈剿平煽勇滋事之會匪摺〉。

〔註47〕《左文襄公全集》，書牘，卷十一，頁29b，〈答湘撫劉韞齋中丞〉。

〔註48〕Charlton. M. Lewis, “Some Notes on the Ko-Lao Hiu in Late Ch’ing China”inJean Chesneaux eb. Popular Movements and Secret Societies in China 1840～1950（Standford, California: Standford University Press, 1972）, P.99

〔註49〕劉蓉，〈復李制軍書〉，《皇朝經世文續編》，卷八三，〈兵政〉二二，頁8a～b。

綜合上述，哥老會在湘軍招募前即已出現，祇不過由湘軍和其他勇營中獲得了發展的機會，並且成爲「作育」哥老會的溫床。隨著軍營的征戰駐防與裁撤而擴大其網線，同時，仍復肆行於軍營中。在無法遏阻的情形下，同治六年（1867）。左宗棠奏請朝廷頒布懲辦諭旨，照準。諭曰：

嗣後軍營武職人員如有入會爲匪，及所犯情節按照軍令應予斬決者，無論所保官職大小，如現係充當勇丁，即照勇丁一律科罪，各營統領查訊嚴辦，咨稟督撫核奏。其游勇隨營勾結匪者，無論有無官職，獲訊確實，即行正法。都司、守備以下咨部查銷保案，參將游擊以上彙案奏明〔註50〕

然而其勢已成，加上軍務未靖，公然入會，愍不畏法者，所在多有。也難怪左宗棠會無奈的發出「哥匪最爲軍營之害」的嘆息了。〔註51〕

第二節　勇營的裁撤

根據清代制度與慣例，無論任何軍事行動，一旦戰爭任務完成，八旗必須遣返防地，綠營遣返汛地，團勇則須解釋歸農，統兵將帥，各歸建制。〔註52〕故自髮，捻以次削平，各地勇營紛紛裁撤，所剩無幾。所存留者，非百戰立功之餘，即要地分防之用。〔註53〕其中尤以湘軍的解散，爲哥老會的成長再度帶來新的契機，哥老會獲得了一股新的推動力量，使其廣泛的蔓延於其他的地區，地方上也因此多了一個亂源，造成嚴重的社會問題。湖南營勇立功最多，散勇游勇較眾，伏莽之多，實比他省爲尤，是他省少一游勇，即湘省多一匪徒，而哥老會之風自然於湖南爲獨熾。〔註54〕

湘軍自同治三年（1864）七月開始解散，除了曾國藩直轄的十二萬人外，其後左宗棠、劉坤一、田興恕、席寶田等部也陸續遣撤，同時，東南各省招

〔註50〕《左文襄公全集》，奏稿，卷二二，頁55b，同治六年八月二十六日，〈拏獲會匪正法片〉。

〔註51〕《左文襄公全集》，書牘，卷十二，頁33a，〈答王朗青〉。

〔註52〕王爾敏，《准軍志》，中央研究院近代史研究所專刊（22）（臺北，中央研究院近代史研究所，民國70年2月再版），頁345。

〔註53〕《道咸同光四朝奏議》，頁3674，光緒五年，內閣候補典籍端木埰奏摺。

〔註54〕薛福成，〈附陳處置哥老會匪片〉，《皇朝經世文三編》，卷五九，刑政二，頁74a。《月摺檔》，光緒四年九月四日，湖南巡撫邵亨豫奏摺。《月摺檔》，光緒十八年二月二十六日，湖南巡撫張煦奏摺。

募的湘軍亦復不少，故事平裁撤，爲數頗眾。〔註 55〕按曾國藩的估計，前後各處遣撤的湘軍不下數十萬人之多。〔註 56〕這數十萬的遣撤軍人，一時之間均回到湖南，他們的安置則成爲一個極其嚴重的問題。他們「從征日久，本業蕩然，無田可耕，無財可賈，一聞裁撤，生計毫無，慮後此無以爲生，悔爲此應募失計，愁歎起於行間，銳氣爲之消沮。」〔註 57〕固然初撤時薪糧所餘，尚足以自給，久而久之，也已坐食耗盡，囊橐空虛了。〔註 58〕同時，由於湘勇援勦各省太平軍，丁壯從軍太多，以致咸豐末年以來，湖南農工兩途已有「事多人少」的現象。〔註 59〕數十萬軍士湧回湖南，坐食其間，並且「若輩浪游已慣」，〔註 60〕「一旦解甲歸農，不復能安耕鑿。」〔註 61〕而湖南生產能力一時又無法恢復戰前的原有情況，造成消費與生產間的不平衡，因此物價波動，較之徐州、濟寧等處高出數倍之多。同治五年（1866）七月六日曾國藩在致其澄弟信中即說明了當時湖南的社會狀況。信中略謂：

> 久未接弟信，惟沅弟信言哥老會一事麤知近況。吾鄉他無足慮，惟散勇回籍者太多，恐其無聊生事，不獨哥老會一端而已。又米糧酒肉百物昂貴，較之徐州、濟寧等處數倍，人人難於度日，亦殊可慮。〔註 62〕

這也正是道出了湖南的隱患。這些撤勇扛計一旦發生困難，乃相率流而爲匪，直以湖南爲「萑苻之澤」。〔註 63〕

由於湘軍連年征戰，軍營不斷擴充，因此將士積功累保選拔出來的人數一天比一天增多，〔註 64〕其他各路軍營情形亦復如此。「大者積功至提、鎮，小亦

〔註 55〕羅爾綱，《湘軍新志》，頁 209。

〔註 56〕《曾文正公全集》，批牘，卷三，頁 32b。掌山西道監察御史張沄亦云：「湖南自招募以迄凱旋，前後數十萬人。」見《道咸同光四朝奏議》，頁 2305，同治十年。

〔註 57〕《道咸同光四朝奏議》，頁 3675，光緒五年，內閣候補典籍端木埰奏摺。

〔註 58〕《道咸同光四朝奏議》，頁 2306，同治十年，掌山西道監察御史張沄奏摺。

〔註 59〕《同治朝東華錄》，卷四，頁 47，咸豐十一年十二月壬戌。

〔註 60〕王文韶，〈遵查湖南綠營裁額併糧事宜疏〉，《皇朝經世文續編》，卷七六，兵制下。

〔註 61〕《劉中丞（韞齋）奏稿》，卷七，頁 35b，同治九年九月，〈勦辦湘潭會匪並籌掃除伏匪摺〉。

〔註 62〕《曾文正公全集》，家書，卷十，頁 34a，同治五年七月初六日。

〔註 63〕《月摺檔》，光緒十八年二月二十六日，湖南巡撫張煦奏摺。

〔註 64〕羅爾綱，《湘軍新志》，頁 174。

參、游、都、守。」〔註 65〕同時「保舉冗濫，往往記名提、鎭，降充末弁，候補千、把，驟膺統將。」〔註 66〕據曾國藩統計，在太平軍戰役中，各省軍營保至武職三品以上者不下數萬人之譜，〔註 67〕就常理而論，保至三品以下的則斷不會少於此數。故清史稿云：「湘、淮、楚營士卒，徒步起家，多握提、鎭、參、游以下官，益纍纍然。」〔註 68〕湘軍勇營制度在當時雖然已爲各路軍營仿效，但是終舊不是國家經制的制度。將士的選拔，必須按照綠營官階敘保，然而以員額有限，保舉人數太多，眞正能夠容納的員數衹是極小部分，大多數的將士，却衹得虛銜而無實缺，補缺的日子，則是遙遙無期。迨解散後，他們既無實缺可補，另一方面却又自視儼然職官，榮歸鄉里，不願再做勞苦的田工，因而產生了所謂安置問題。〔註 69〕同治三年（1864）沈葆楨奏請安置這些保舉人員，建議自提、鎭至都、守均照實缺之例給與奉銀米石。諭旨頗以爲然，並飭令曾國藩等核議。由此此項辦法所需經費不貲，大亂後，清廷一時也無法籌措出來，故曾國藩不贊成，以糜費太鉅覆議，未經議准。其後，曾國藩提出一個毫無糜費之「大銜借補小缺」的辦法，於同治六年（1867）五月十五日具奏請旨，議准施行。這主要是曾國藩鑑於「若崇階而永無補期，則功績最淺者，轉得各佔實缺，勞苦最久者，反致長抱虛榮。」所籌劃的一個補救辦法。不過，這畢竟不能安置多員，大多數的將士補缺仍無法解決。其效果直如曾國藩所謂「要可略安缺望之心」罷了。〔註 70〕至於一般勇丁的安置，清廷也沒有規劃出一個具體可行的辦法，大亂之後，三江綠營崩潰，幾於瓦解，清廷主張以裁撤湘勇挑補綠營兵額，並徵求曾國藩意見，曾國藩覆奏，以爲不可。蓋勇丁糧餉較綠營爲優，「誰肯於數千里外補一衣食不敷之缺」？欲以湘勇「補三江綠營之兵，必不情願。」〔註 71〕因此是項主張仍是徒託空言而不可能付諸實行。立功厥偉的湘軍，遭遇尚係如此，其他各路勇營的結果更不必談了。得不到妥善處理的安

〔註 65〕《道咸同光四朝奏議》，頁 2305，同治十年，掌山西道監察御史張沄奏摺。

〔註 66〕《清史稿》，卷一一七，〈職官志〉四，頁 3390。

〔註 67〕《曾文正公全集》，奏稿，卷二六，頁 46a，同治七年三月初五日，〈陸營借補小缺請飭部核議片〉。

〔註 68〕《道咸同光四朝奏議》，頁 2305，同治十年，掌山西道監察御史張沄奏摺。

〔註 69〕羅爾綱，《湘軍新志》，頁 174～178。

〔註 70〕《曾文正公全集》，奏稿，卷二六，頁 45a、46a，同治七年三月初五日，〈陸營借補小缺請飭部核議片〉。

〔註 71〕《曾文正公全集》，卷二一，頁 12b，同治三年七月二十九日，〈裁撤湘勇查洪福瑱下落片〉。

置問題，猶如替哥老會的擴張埋下了一條導引線。

這些軍營將士，出生入死，百戰功勳，絕大多數却無酬庸，以善其後。〔註 72〕一方面又謀生無路，閒散日久，生計惟艱。〔註 73〕《官場現形記》中有如下記載：「所有從前得過保舉的人，一齊歇了下來，謀生無路。很有些提、鎮、副、參，個個弄到窮極不堪，便拿了飭知獎札沿門兜賣。這時只要有人出上百十吊錢，便可得個一、二品功名，亦要算得不值錢了。」〔註 74〕可見其時之窘境。安分守法者固不乏其人，而不事恒業，流蕩各省者，也所在皆有，滋生事端，大爲地方之害。〔註 75〕另一方面，他們久經戰陣，殺人放火視爲故常，獷悍之性已屬難馴，醉心於過去的戎馬生活，安靜平淡的農村生活不再能滿足他們了。營中拜盟結會積習相沿不改，迨凱撤之後，分散各省，不肖弁勇燒香結會，其中亦有積功保庄二、三、四品武職者。他們與各地游民相互勾結，散票取錢，「江湖流蕩之輩固趨赴不遑，市鎮負販之徒亦相從而靡」，各處椎埋惡少，也往往投入其中。由是匪類因緣爲奸，人愈積而愈眾，地愈連而愈寬。〔註 76〕平日潛踪鄉里，無異平人，防不勝防，逐不勝逐，一經煽惑，旬日之間，輒盈千萬。〔註 77〕哥老會蔓延的如此迅速，不旋踵即成「各路會匪通氣，抗官拒捕，其勢漸不可制」的局面。〔註 78〕這些曾經在戰場上爲國家立下汗馬功勞的戰士，生活上清廷沒有給他們籌一個救濟的辦法，飢寒則思亂，在眾人尚且如此，何況這般人均久經兵戎，獷悍成性，到這時候，更怎能夠安於飢寒，不躍然有鷹隼思秋之意呢？

〔註 72〕王爾敏，《淮軍志》，頁 375。

〔註 73〕《劉中丞（韞齋）奏稿》，卷八，頁 55b，同治十年七月，〈通籌援防全局並請指撥實餉摺〉。

〔註 74〕轉引自蕭一山《清代通史》（三），頁 320。

〔註 75〕《月摺檔》，光緒二年三月二十二日，安徽巡撫裕祿奏摺。

〔註 76〕《劉中丞（韞齋）奏稿》，卷二，頁 50b～51a，同治六年九月，〈請飭在籍大員幫辦團防摺〉。同書，卷六，頁 49b，同治九年九月，〈辦理瀏陽會匪片〉。《劉忠誠公遺集》，公牘，卷二，頁 33a，光緒元年，〈哥老會匪及早改悔示〉。《劉忠誠公遺集》，奏疏，卷十，頁 56b，光緒元年，〈密陳會匪情形設法鉗制片。《月摺檔》，光緒四年十月二十二日，雲貴總督劉長佑雲南巡撫杜瑞聯奏摺。《月摺檔》，光緒五年十月十六日，湖廣總督李瀚章湖北巡撫潘霨奏摺〉。

〔註 77〕《月摺檔》，光緒四年十月一日，湖廣總督李瀚章奏摺。

〔註 78〕《丁文誠公（寶楨）遺集》，卷十四，頁 36a，光緒四年三月二十九日，〈拏獲重慶瀘州巨梟片〉。

〔註 79〕因而在裁撤後不多時即成「抗官拒捕」侵擾社會的動亂勢力，曾國藩就曾云：「此輩游蕩無業，常思逐風塵而得逞。湘省年年發難，剿之而不畏，撫之而無術，縱使十次速滅，而設有一次遷延，則桑梓之患，不堪設想。」〔註 80〕

在太平天國覆亡前，湖南各屬會黨已潛伏蟠結，有南北會、英雄會、串子會、青龍會、白虎會、仁義會等，名目雖異，聲氣莫不相通，並與「黔匪」、「粵匪」勾結。因為軍興日久，彼此乘機煽誘，滋生事端。〔註 81〕同治元年（1862），漵浦縣會黨張澤蘭等糾眾起事未成，所部貴州人張芝蘭逃往芷江、辰溪二縣交界之帽子坡，暗通「黔匪」，豎立「打富濟貧」旗號，聚眾不下數千。〔註 82〕同治二年（1863）五月初一日，由帽子坡潰退之餘黨，突至邵陽縣小沙江，逼令居民遷徙，強留穀米。次日，又有當羽自漵浦縣、武岡州絡繹而來，豎立紅白旗幟，上書「湖南統領元帥唐」和「打富濟貧」字樣。其首領唐老九、李老四、羅典常等分駐風車巷、小沙江、爛草田等處。初三日，兵分二股，裹脅人數已達數千。這些首領是否為哥老會會員，不得而知。不過，可以確知的是，其中包括有田興恕營中革退及潰逃之勇倡立之哥老會會眾在內。〔註 83〕這是游勇倡立哥老會的最早記錄，同時也是哥老會於民間滋事的最早案例。哥老會的滋事一開始就與游勇密不可分，亦可見雙方「水漲船高」的密切關係。

隨著湘軍的遣撤，初時領了欠餉回籍，生活一時不致困頓，迨費資用罄，一部分每踵軍營積習，結拜哥老會；而一部分則受哥老會誘煽，於是便開始滋事作亂了。自哥老會鬧事後，人人有自危之心，〔註 84〕並言湖南恐非樂土，必有刼數。〔註 85〕而曾國藩却一反過去對付土匪會黨態度，主要由於時勢的不同，

〔註 79〕羅爾綱，《湘軍新志》，頁 212。

〔註 80〕《曾文正公全集》，書札，卷二七，頁 13b，〈復吳屏南〉。

〔註 81〕《毛尚書（鴻賓）奏稿》，卷七，頁 33b，同治元年九月初四日，〈酌保拏獲土匪出力官紳片〉。《毛尚書（鴻賓）奏稿》，卷九，頁 34a、35b，同治二年三月三十日，〈續獲會匪片〉。《月摺檔》，同治二年十二月二十七日，湖南巡撫惲世臨奏摺。

〔註 82〕《毛尚書（鴻賓）奏摺》，卷九，頁 28a～b，同治二年三月三十日，〈勦辦芷江辰溪各匪獲勝摺。〉同書，卷十，頁 9a～b，同治二年六月初一日，〈勦辦土匪防勦黔匪情形摺〉。

〔註 83〕《毛尚書（鴻賓）奏稿》，卷十，頁 1b～4a，同治二年六月初一日，〈辰沅逸匪逃匿寶慶起事調兵進勦摺〉。

〔註 84〕《曾文正公全集》，書札，卷三一，頁 20b，〈復劉韞齋中丞〉。

〔註 85〕《曾文正公全集》，家書，卷十，頁 57b，同治六年六月初六日。

以是方法有所轉變。從前積二、三十年應辦不辦之案、應殺不殺之人充塞郡縣的山谷之間，惟芟除爲第一要務，故力主嚴懲以戢其思亂之心。〔註 86〕如今哥老會的生力軍乃昔日疆場同袍，其中被誣者亦所常有，故主張曲予寬貸，寧信訴誣者爲眞，不信告者扳者爲眞，總以解散爲是。〔註 87〕力持「外寬內嚴」之說，但問其有罪無罪，不問其是會非會，嚴禁株累扳誣之風，以靖民氣。先是其弟澄侯在湘鄉辦理哥老會案件亟切，必欲搜剔根株，曾國藩以爲不可，恐愈剔愈多，愈搜愈亂，禍無了日。不僅託友人朱堯階代爲勸戒，〔註 88〕而且致書告誡其弟：

> 哥老會之事，余意不必曲爲搜求，……苟非有叛逆之實蹟實據，似不必輕言正法。……凡保至一、二、三品武職，總須以禮貌待之，以誠意感之。如有犯事到官，弟在家常常緩頰而保全之。即明知其哥老會，喚至密室懇切勸諭，令其首悔而貸其一死。惟柔可以制剛狠之氣，惟誠可以化頑梗之民。〔註 89〕

同時，又刊刻告示，於沿江各處張貼，並派專人回湖南發貼諭勸會眾。〔註 90〕曾國藩的主張立論，在其覆湖南巡撫劉崑信中指示的很清楚，信中略謂：

> 竊意哥老會人數極多，辦理不善，則人人有自危之心，此戢彼發，必至治絲而棼。此輩非盡甘心爲匪之人，……惡人固多，好人亦極不少。其中願充老冒雄長而歛財者，數百人中不過二三人。其願謀反叛逆者，數千人中不過一二人。若因拏辦此一二人而誅連及數萬人，則事將不可收拾，而心亦有所不忍。鄙意當徧張告示，但問其有罪無罪，不問其是會非會，所謂罪者，大罪一條，謀反叛逆是也。中罪三條，一曰殺人傷人；二曰聚眾搶刼；三曰造蓄軍器是也。治之之法，大罪叛逆，則興兵誅勦，究其黨與，坐其妻孥。中罪三條，則但就案問案，重者正法，輕者枷杖。其未入會而犯此三條者，亦不輕縱。其已入會而犯此三條者，亦不加重，不究黨與，不坐妻孥。當堂訊供之時，但問本案之是否認供，不問平日之曾否入會。至中罪三條之外，或犯小罪，更不問其是會非會矣。如此辦法，則會中之千萬好人安心而可保

〔註 86〕《曾文正公全集》，書札，卷二，頁 9b，〈與徐玉山太守〉。
〔註 87〕《曾文正公全集》，書札，卷三一，頁 57b，同治六年六月初六日。
〔註 88〕《曾文正公全集》，書札，卷二六，頁 17a～b，〈致朱堯階〉。
〔註 89〕《曾文正公全集》，家書，卷十，頁 35b～36a 同治五年八月初十日。
〔註 90〕《曾文正公全集》，書札，卷三一，頁 20b，〈復劉韞齋中丞〉。

無事，會中之數千惡人勢孤而不能惑眾。〔註91〕

湖南在大亂期，是籌兵籌餉最重要地區，一方面固然時遷勢異，朝廷無法妥善安排爲數龐大的回籍營勇，致使哥老會聲勢益盛。同治九年（1870），劉崑在〈湖南餉源匱竭懇賜協撥摺〉內，即將湖南前後社會條件的不同及和嘉慶年間川楚教亂善後加以比較，作了一番概述，歸結哥老會興盛之因：

> 溯查湖南二十餘年以來，支持東南大局，籌兵籌餉，歷久不懈。其時尚值年歲豐稔，官紳殫心籌劃，略無旁顧，近年濱湖大水，上游州縣又各時遇飢旱，民力久經告竭。而自江南大功告成之後，遣散兵勇以數十萬計，多係獷悍久戰之士，不能斂手歸農。從前平定川陝三省教匪，籌辦善後，安插十餘年之久，始能敉定。此次軍務十倍於川陝，善後安插又遠不能及嘉慶年間物力之厚，勉強敷衍。苟顧目前，兵勇之情，多未安帖，哥匪名目因乘之以興。〔註92〕

由於社會環境的改變，在處理遣撤勇丁善後問題也自有不同，因爲朝廷本身未盡應負之責，曾國藩似乎心存愧疚，又數十萬「兵勇之情，多未安帖」，同時「邇來湖南人心漸不如從前之強固」，並且「黔楚之交，寇氛正熾。該匪等聲息原自相通，更難免不到處潛逃，暗相勾結，氣機之動，每隱伏於無形。」〔註93〕另一方面，曾國藩過去帶兵皆以殺人爲業，或許有所覺悟，而目前這些人多是以往出生入死的患難袍澤，更感於心不忍，乃誡其弟「當以生人爲心，以柔弱爲用，庶相反而適以相成。」〔註94〕因此曾國藩改弦易轍，不冉以高壓殺戮爲尙，轉以寬容態度待之，以期安脅從之心而孤禍首之黨與。〔註95〕

儘管曾國藩苦心孤詣的籌劃，然而哥老會勢已坐大，並且「歸勇無已，率不安分本籍，四出遊行，」同時，「愚懦者附之，徒黨紛耘，隨在皆是。」〔註96〕當日之湖南，實已成爲廣西之故轍，〔註97〕是以絕非曾國藩寬貸方式

〔註91〕同上註，頁20b～21b。

〔註92〕《劉中丞（韞齋）奏稿》，卷十，頁40b，同治九年九月，〈湖南餉源匱竭懇賜協撥摺〉。

〔註93〕《劉中丞（韞齋）奏稿》，卷二，頁51b～52a同治六年九月，〈請飭在籍大員幫辦團防摺〉。

〔註94〕《曾文正公全集》，家書，卷十，頁36a，同治五年八月十日。

〔註95〕羅爾綱，《湘軍新志》，頁214。

〔註96〕《劉中丞（韞齋）奏稿》，卷八，頁57b～58a，同治十年七月，〈通籌援防全局並請指撥實餉摺〉。

〔註97〕《道咸同光四朝奏議》，頁2304，同治十年，掌山西道監察御史張沄奏摺。

所能制之。

表 3-1　同治二年至宣統三年（1863～1911）各省哥老會案件次數表

省　分	次　數	百分比
湖　南	51	21.5
陝　西	37	15.6
江　西	23	9.7
安　徽	22	9.3
貴　州	21	8.8
湖　北	19	8.1
江　蘇	17	7.2
浙　江	10	4.2
福　建	10	4.2
河　南	5	2.1
廣　西	5	2.1
甘　肅	5	2.1
雲　南	4	1.7
河　北	3	1.3
四　川	3	1.3
廣　東	2	0.8
總　計	237	100.0

表 3-2　同治二年至宣統三年（1863～1911）各省哥老會案件中涉及游勇的次數表

省　分	次　數
湖　南	14
陝　西	2
江　西	5
安　徽	8
湖　北	1

貴　州	6
江　蘇	2
浙　江	2
福　建	3
四　川	1
廣　東	1
總　計	45
分百比	18.9

表 3-3　哥老會案件中涉及游勇者佔同治、光宣年間案件比例表

年　代	次　數	百分比
同　治	13	35.1
光　宣	32	16.2

表 3-4　哥老會成員中屬於游勇的籍貫分布表

籍　貫	人　數	百分比
湖　南	43	61.4
湖　北	8	11.4
貴　州	3	4.3
江　西	2	2.9
四　川	2	2.9
陝　西	1	1.4
廣　東	1	1.4
不　詳	10	14.3
總　計	70	100.0

表 3-2，是表示同治二年迄於宣統三年（1863～1911）間各省哥老會案件中與游勇有關的次數，或由游勇主其事，或由游勇助其事，在所有二百三十七個案件中，涉及游勇的有四十五個，佔百分之一八・九，將近五分之一，似乎並不多。不過根據表 3-3 來看，在同治年間三十七件哥老會案件中，與游勇有關的有十三件，佔百分之三五・一，超過了三分之一，則顯示出游勇對

哥老會的擴展有著極大的推動力量。又光緒、宣統二朝，三十二件與游勇有關的案件，祇佔一百九十八件案子的百分之一六·一，不到六分之一，看似顯不出游勇深厚的影響力。其實不然，因爲哥老會的勢力已如一株盤根錯節的大樹，呈幅射狀向外擴張，過去游勇明顯的實力已深入民間，「但二、三附和之徒，便借此爲歛財之地，則其目不必桀魁矣。非必謀生計左，但聞保護身家之說，或借以爲免禍之符，則其黨不必悍類矣。非必聚奸藏匿，日引月深，雖結黨數十人，而亦思一逞。」〔註98〕另外，根據附錄三所列的表3-4，在有資料可查的七十個游勇中，籍隸湖南的佔了百分之六一·四，超過五分之三。雖然無法得知他們大多數是否出身湘軍，然而，湘軍的興起，應當影響到整個湖南人民的觀念，以致出外投營充勇的特別多。再者，根據附錄三來看，不論是遣撤或斥革後，幾乎無法得知他們是否有正當職業。不過，就他們很快即被糾約入會這點著眼，似乎不大可能會有正當職業。這主要是「從軍既久，習於游惰，又兼家無恒產，遂不肯復安耕鑿，」故一經煽惑，旋即入會，另一方面，「每踵軍營積習，結拜兄弟，謬立山堂名號，刊發票布，僞造歌謠，煽誘愚蒙，肆行強刼，甚至嘯聚思亂，乘間揭竿滋事。」〔註99〕

游勇結拜哥老會或受哥老會煽誘逼迫的情形，不單單湖南一省而已，「軍興既久，哥老會匪東南各省皆然。」〔註100〕又「各省均有散勇，不儘係湖南之人，各省均受散勇之害，亦不獨湖南一省。」〔註101〕而軍營所保員弁，常於撤營後不回籍歸標，逗留各處，滋生事端，大爲地方之害。〔註102〕福建自軍務肅清後，除留防壯勇外，業已遣撤之勇沿途逗留者亦復不少。〔註103〕貴州山深箐密，最易藏奸。自太平軍興後，凡本省遣撤勇丁及他省撤回黔勇，實繁有徒，往往勾結外來匪徒，聚眾燒會，結拜哥老會。每會或數百人，或千數百人，彼此聯絡，相爲聲援，忽聚忽散，小則搶刼行旅，大則燒殺村寨。〔註104〕長江上下游數千里，散勇降眾多依附哥老會中，潛滋暗長。〔註105〕

〔註98〕《月摺檔》，光緒二年二月六日，湖南巡撫王文韶奏摺。

〔註99〕《月摺檔》，光緒十八年七月二十三日，湖廣總督張之洞湖南巡撫張煦奏摺。

〔註100〕《左文襄公家書》下，頁15a。

〔註101〕《劉忠誠公遺集》，奏疏，卷七，頁62a，同治十一年四月二十八日，〈遣撤營員勇丁飭繳軍器並推廣收標章程片〉。

〔註102〕《月摺檔》，光緒三年二月十八日，江蘇巡撫吳元炳奏摺。

〔註103〕《卞制軍（頌臣）政書》，卷三，頁12b，〈查拏會匪示〉。

〔註104〕《月摺檔》，光緒五年十一月十六日，貴州巡撫岑毓英片。《月摺檔》，光緒六年二月四日，貴州巡撫岑毓英奏摺。

湖北居「九達之衢」，〔註 106〕外來游勇與本地刀匪、痞棍、哥老會等夥眾持械，滋擾閭閻。〔註 107〕安徽地當「吳楚之衝」，乃長江上下游往來必經之地，且久爲捻藪，亦是太平軍戰役最激烈的戰場，東南各省以其蹂躪最深，土著不及十分之五，皖南尤屬空虛，土曠人稀，政客民麕集，良莠不齊，匪類尤易溷跡。〔註 108〕同治七年（1868），安徽巡撫裕祿具摺上奏，詳述動亂整個安徽形勢的實際狀況，其摺略謂：

> 迨軍興以來，皖北各處半爲捻逆舊巢，皖南尤爲客民麕集。奸黠之徒，弱肉強食，結眾玩法，習爲故常。歷經奏明留設防軍以資彈壓，又奏定就地懲辦章程以禁奸暴，近年始得少安，久邀聖明洞鑒。現自肅清後，雖著名漏網匪首陸續捕除，而降眾散勇之處當不一而足，加以近年各處裁撤勇丁紛至沓來，此等游手之徒，勢不能悉安耕鑿，且沿江沿淮等處之哥老會、安清道友以及齋匪等項名目，靡地蔑有，根株總難淨盡，不法之徒動思乘隙勾結。〔註 109〕

左宗棠曾言：「准人本是捻餘，又加入此匪（哥老會），恐難速了。」〔註 110〕可見這些散勇降眾均成爲哥老會勾誘的對象。同治十一年（1872），劉坤一在江西巡撫任內具摺附片指出各省散勇結黨進入江西的情形：

> 即以江西而論，游勇刦搶之案，遞經州縣破獲，或本省人，或湖南人，並有籍隸河南、安徽、廣東、福建、浙江各省者，其蹤迹之詭秘，情形之兇橫，迥非意料所能及。方其結黨入境，多係販運貨物而來，逢關納稅，過卡抽釐，苟遇各處稽查，輒以印票呈驗。及其貨物賣完，收貲入橐，則擇殷實鋪户乘機刦搶多贓，晝夜奔馳而去。各州縣文武選派兵差，或追過鄰縣，甚至追至鄰省，僅能及之。追及之時，該游勇均身藏短桿洋槍等項併力拒捕，往往犯未全獲，而兵差相繼受傷，致多漏網。所獲之犯訊明，每係武職爲首，且有曾

〔註 105〕《丁中丞（日昌）政書》，〈撫吳奏稿〉三，丁政三，頁 4b，同治七年八月八日，附片。

〔註 106〕《曾文正公全集》，書札，卷三二，頁 12b，〈復郭遠堂制軍〉。

〔註 107〕《月摺檔》，光緒七年十一月八日，湖南總督李瀚章湖北巡撫彭祖賢奏摺。

〔註 108〕《穆宗毅皇帝實錄》，卷二四三，頁 13b，同治七年九月甲午。《月摺檔》，同治九年閏十月二十八日，掌浙江道監察御史李宏模片。同檔二年二月二十二日，安徽巡撫裕祿奏摺。

〔註 109〕《光緒朝東華錄》，頁 1251～1252，(15)，光緒七年十二月丙寅。

〔註 110〕《左文襄公全書》，書牘，卷十八，頁 13a，〈答劉克庵〉。

> 保參、游、都、守之人，江省如此，他省可想而知。即哥老會匪中亦多係此輩爲厲夫，短桿洋槍便於携帶，最易傷人，然非軍營弁勇亦不恆有。至以曾爲營哨官之武職，流而爲盜，其黨羽更易招乎，第非迫於飢寒，當亦計不出此。〔註111〕

由於「軍營武職起於鄉曲細民，奉撤回家，多無力以自達，因之遂甘廢棄，或至出外爲非。」〔註112〕且每藉販運貨物，活動於商賈輻輳之區，流蕩各省，難以淨絕根株。故劉坤一奏請朝廷飭下湘、鄂等省寬爲收標，仿照江西，給予半俸以養身家，不至自甘暴棄。〔註113〕諭令地方督撫復議，湘、鄂二省本身有其困難，地方大吏均不以爲然。光緒年間，湖廣總督李瀚章奏稱：

> 現在各省收標，凡軍營保舉人員取有身家清白甘結即予照準，爲例本寬，人亦不少。除有差委給予薪資外，其平時操演花紅獎賞數已不貲，勢難再讓優給。立功將弁何至盡皆不肖，贍養身家之典，僅足鼓勵中材。至於不逞之徒，雖足食豐衣，難革本性，況此等會匪，有已保官職，有係屬平民，既難盡予收標，即給俸亦豈能遽戢奸志？若照江西辦法概給半俸，不特度支難繼，甚且良莠不分，若輩將以食俸爲護符，更恐肆行無忌，是會匪本屬散處，反令招聚省城，關繫實非淺鮮，江西所定章程，本非良法，儻再推及各省一律仿照，轉長奸邪之志，殊於政體未合。劉坤一所陳，雖屬一時權宜之，究恐貽患將來，有損無益。〔註114〕

同時，湖南巡撫王文韶、湖北巡撫翁同爵也都具摺指陳劉坤一辦法的缺失之處。〔註115〕劉坤一的建議勢將耗費不貲，朝廷、地方又都庫款支絀，無此款項以資養贍，湖廣督撫皆不贊成，主張仍循舊章，毋庸另議章程。

事實上，朝廷自營勇遣撤之初，即沒籌一個眞正解決的辦法，至此哥老會的發展又已擴張及於長江上下，除游勇外，率多各省無籍游民，溷迹於長江港汊，或商賈輻之地，以言語數字爲暗號，彼此潛通聲氣，且往往無眞名

〔註111〕《劉忠誠公遺集》，奏疏，卷七，頁62a～b，同治十一年四月二十八日，〈遣撤營員勇丁飭繳軍器並推廣收標章程片〉。

〔註112〕同上註，頁63b。

〔註113〕《劉忠誠公遺集》，奏疏，卷十，頁 57b，光緒元年，〈密陳會匪情形設法鉗制片〉。

〔註114〕《李勤恪公（瀚章）政書》，頁599～601，〈請飭各督撫訪拏會匪片〉。

〔註115〕《月摺檔》，光緒二年三月六日，兼署湖廣總督湖北巡撫翁同爵奏摺。

確姓，所獲人犯，質以所供，又均不符，株連擾累雖眾，首要却無從弋獲。即如安徽巡撫裕祿所謂「嚴拏首要解散脅從」之良法，〔註 116〕也已無法有地淨絕哥老會深厚的力量了。

東南軍務告竣後，不久西北回亂復起，左宗棠督師西征，各省遣撤勇丁「無所事事，盡萃而之秦，而哥老會匪與之潛相勾結。」〔註 117〕光緒年間，左宗棠曾憶及「關隴十年前霑染（哥老會），殆徧敝部。」〔註 118〕一方面哥老會由討伐回亂部隊傳至陝、甘，另一方面乃借外來游勇勾煽所致。同治八年（1869）二月，劉松山所部駐綏德州老湘營左旗一軍，受結拜哥老會之外來游勇煽惑，乘間生變，於十三日攻陷綏德州城，並將糧台搶掠一空。〔註 119〕是年同月，高連陞因所部各營收留外來游勇甚多，其中有哥老會藏匿，飭令各營哨嚴查懲辦。由於查拏甚急，入會弁勇乃於二十日夜三更，藉索餉譁噪叛變，徑赴高連陞楊店營次，戕害高連陞並營官及差官幕僚多人，同時謀與回人勾結，攻犯城池。高連陞果營，「名雖楚軍，實則勦平廣西、江西、閩、浙、粵東髮逆所收降人居多，其隸川、黔者尤多哥老會。」〔註 120〕高連陞嚴令捕治，遂起而生變。初時左宗棠駐軍西關，察其親兵一營即有數千人入會，乃勒令首悔，數日間得繳出入會憑禮二百多起，而先私自燬者無數。左宗棠於祭旗誓師時，令首悔者均飲血酒，以示悔悟，未入會者亦同飲，事畢各歸原伍，許以不死，眾心大安，惟高連陞對哥老會頭目有欲殺之意，却又猶豫不決，遂罹其患。〔註 121〕事平後，左宗棠重新整頓高軍八營步隊，反多出千餘人，「此非游勇之明證乎？」〔註 122〕游勇和哥老會會之間，有如一體之兩面，左宗棠對此有相當深切的體認，所謂「欲嚴禁哥老，非嚴禁游勇不能清其源」，〔註 123〕確是一針見血之論。

〔註 116〕《月摺檔》，光緒二年三月十二日，安徽巡撫裕祿奏摺。
〔註 117〕《左文襄公全集》，書牘，卷十，頁 35a，〈答劉壽卿〉。
〔註 118〕《左文襄公全集》，書牘，卷十五，頁 36b，〈答兩江總督沈幼丹制軍〉。
〔註 119〕《左文襄公全集》，奏稿，卷三一，之 21b～22a，同治八年四月初一日，〈劉松山勦除綏德州叛卒收復州城摺〉。《月摺檔》，同治八年二月二十八日，署理山西巡撫鄭敦謹奏摺。
〔註 120〕《同治朝東華錄》，卷七七，頁 15a，同治八年三月戊寅。《左文襄公全集》，奏稿，卷三一，頁 23b～24a，〈劉松山勦除綏德州叛卒收復州城摺〉。
〔註 121〕《左文襄公家書》下，頁 15a～b。
〔註 122〕《左文襄公全集》，書牘，卷十，頁 35a，〈答劉壽卿〉。
〔註 123〕同上註，頁 35b。

另外，即使駐防營勇，本身也具有潛在危險性，日久生懈，營務漸多廢弛，以致會黨游勇毫無忌憚，「會匪以游勇爲爪牙，游勇以防營爲身庇」，〔註 124〕在營爲勇，去營爲匪，是「防營少一勇士，即草澤多一奸民。桀黠者更從而煽惑之，梟雄者又從而收羅之，寇攘不已，漸成巨股。」〔註 125〕

總之，隨著營勇的招募，哥老會獲得發展的機會，迨裁撤後，不但未削弱哥老會實力，反而使其勢力更加雄厚，影響力更見深遠。其後一些軍務需要，不時招募和遣撤，仍然不斷地成爲推動哥老會繼續成長的動力。例如，光緒年間，自法越多事以來，招募頻仍，湖湘南北應募當勇者，紛紛皆是，遣撤後，既無恒業，又不安耕鑿，到處流蕩勾煽，拜會結盟，相聚爲匪。〔註 126〕此豈非最佳之明證乎？前曾爲國效力的軍營弁勇，事畢解散後，在中央與地方政策的失敗以及社會條件的轉變下，却成爲公然向政府公權力挑戰的龐大力量。深諳整個轉變過程的劉坤一，在無奈的情形下曾悲嘆道：「前則爲國勦賊，今竟自陷於賊，將來爲人所勦，良可痛心！」〔註 127〕

第三節　哥老會的內在條件

前面兩節所論述的哥老會得以發展的客觀條件，在如此優越的環境下，假如本身沒有一套有效的徵募會員與發展組織的方式，哥老會也不致於擴張到觸及大半個中國的地步。職是之故，本節的目的就在於探討哥老會擴展的內在因素，亦即哥老會本身具備的主觀條件。

雖然，哥老會是一個以下層社會爲主體的秘密會黨，然而，基本上確實是一個開放的組織。即使有以某人無用不得入會的記載，〔註 128〕但畢竟這只是特例，至少目前不見於其他檔案、實錄等原始資料之中。

哥老會以義氣相標榜，強調「四海皆兄弟」的豪情，對於流蕩江湖的社會邊際羣自有其吸引力。當然，義氣不是空口無憑的口號，必須有實際行動。這些缺乏社會關懷與家庭保護的游離分子最需的就是幫助和保護，哥老會適

〔註 124〕《德宗景皇帝實錄》，卷三〇〇，頁 10b～11a，光緒十七年八月癸丑。
〔註 125〕《道咸同光四朝奏議》，頁 3675，光緒五年，內閣候補典籍端木埰奏摺。
〔註 126〕《宮中檔光緒朝奏摺》，第三輯，頁 299～303，光緒十三年七月初三日，恩承附片。
〔註 127〕《劉忠誠公遺集》，公牘，卷二，頁 34a，光緒元年，〈哥老會匪及早改悔示〉。
〔註 128〕《月摺檔》，光緒十八年四月二十一日，安徽巡撫沈秉成奏摺。

時的伸出援手，使他們在精神上、物質上得到慰藉，產生歸屬感。例如郭雲峯、侯水才聽得拜霖聲稱，入會則出外不用携帶盤纏，有會內兄弟幫助，並且無人敢欺侮。於是郭雲峰、侯水才加入拜霖所開「集賢山、聚星堂、忠孝香、會義水」山堂。其實拜霖也是聽說入會有許多好處，外出能患難相顧，遂起意開堂放飄。〔註129〕唐燕庭也說加入哥老會者，居家不受欺負，出外有同會兄弟照料，不缺盤纏。〔註130〕早在光緒元年（1875）劉坤一「哥老會匪及早改悔示」中即記載著，有哥老會票布「則到處酒食有資，無此票則自家資財不保。」〔註131〕的確如此，因為哥老會觸角深入各處，「分遣黨羽，潛踞水陸要隘，遇同會之人，則驗據放行，否則刼殺不免。」〔註132〕故他們「掛名會中，冀以保全資命。」〔註133〕以致「江湖流蕩之輩固趨赴不遑，市鎮負販之徒亦相從而靡。」〔註134〕

為了吸引更多的人入會，哥老會以功名富貴來打動一般人的心理。如同卡瑪倫（Wm. Bruce Cameron）所說的，一個「可以提供威望的運動會吸引各式各樣的人」，〔註135〕在第四章第一節中即記載著許多哥老會龍頭對屬下分封的各種職官與爵位的名稱，尤其是倡議起事時最為明顯，藉以收攬人心，滿足他們的政治慾望。而這些加入者，就是卡瑪倫所言：「想提高自己的地位」。〔註136〕哥老會封官賜爵的例子，在筆者所用的資料中隨處可見，在在顯示出哥老會時時利用人們嚮往社會地位的表徵——功名官爵，以及對財富追求的心理，來誘導羣眾入會。

迷信幻術之流原是秘密宗教賴以蠱惑民心的方式之一，而哥老會為取信於一般鄉愚，也有以此作為糾約方法的情形，丙午（1906）萍、瀏、醴革命重要領導人之一的姜守旦，於光緒三十一年（1905）曾在陳鴻賓烟館，伊自

〔註129〕《諭旨彙存》，第40本，頁1717，光緒二十八年三月初一日，陝西巡撫升允奏摺。

〔註130〕《軍機處月摺包》，第二七三九箱，六七包，一三九三五號，光緒二十三年五月十三日，廣西巡撫史念祖附片錄副。

〔註131〕《劉忠誠公遺集》，公牘，卷三，頁33a，光緒元年，〈哥老會匪及早改悔示〉。

〔註132〕《左文襄公全集》，書牘，卷十一，頁29b，〈答湘撫劉韞齋中丞〉。

〔註133〕《劉中丞（韞齋）奏稿》，卷二，頁51a，同治六年九月，〈請飭在籍大員幫辦團防摺〉。

〔註134〕《劉忠誠公遺集》，公牘，卷二，頁33a，光緒元年，〈哥老會匪及早改悔示〉。

〔註135〕卡瑪倫（Wm. Bruce Cameron）著，孟祥森譯《近代社會運動》（臺北，牧童出版社，民國67年1月），頁74。

〔註136〕同上註，頁73。

稱有各項法術，陳鴻賓初未遽信，伊乃在牀上用手將陳鴻賓一指，陳鴻賓即行倒地，隨即信服，並同友數名入姜守旦「富有山、樹義堂、天下水、萬國香」山堂。〔註 137〕另外，在清朝官方破獲的哥老會案件中，曾搜出久爲秘密宗教傳習的「八卦圖」、「太極圖」、「推背圖」之類圖件。〔註 138〕「推背圖」本是一種政治性的預言圖識，共六十圖，每圖均附有讖語頌語，預言歷代政亂興亡之事。它沒有預言世界末日，強調的是循環，而且很明白的指出人間虎鬥龍爭的演變，有如日月循環，冥冥中有一定天數。〔註 139〕哥老會持有「推背圖」，似乎意味著他們將取代現有的政權，成爲未來的主宰。事實上，哥老會是有給予會眾以一種未來的希望，例如，籍隸四川閬中縣的劉天貴，光緒二十二年（1896）九月，至陝西合水縣柳村源地方糾人入會，向他們宣稱，伊得有天書，現今世界不好，不如造反圖出身。〔註 140〕顯然這是將希望寄託於未來的例證。就如賀佛爾（Eric Hoffer）所云：「一個羣眾運動必須使它的黨徒把心意集中於未來」。〔註 141〕

哥老會持有「太極圖」、「推背圖」的現象，否是得之於秘密宗教所傳，不得而知。不過，哥老會確實有曾與秘密宗教聯成一氣的情形。〔註 142〕秘密宗教在清代廣爲民間傳習，有其深厚的基礎，與之相結，能夠擴大羣眾基礎，或許這應當是哥老會曾與秘密宗教結合的重要因素，同時，也使得哥老會多少受到秘密宗教的影響。不僅不排斥秘密宗教，哥老會對於來自其他團體的成員也沒有偏見，均一視同仁。例如，身爲長江三龍之一陳金龍，原屬安清道友的通字輩，後開「龍華山」、「玉龍山」兩個山堂，成爲哥老會龍頭。〔註 143〕曾同，先入安清幫，後又入高德華所開「九華山」山堂，成爲哥老

〔註 137〕《軍機處錄副奏摺》，光緒三十四年三月十七日，護理江西巡撫沈瑜慶奏。收於中國第一歷史檔案館、北京師範大學歷史系編選《辛亥革命前十年間民變檔案史料》，上冊（北京，中華書局一九八五年二月第一版），頁 342～343。

〔註 138〕《月摺檔》，光緒十二年十一月二十日，兩廣總督張之洞片。《月摺檔》，光緒十八年九月二十一日，安徽巡撫沈秉成奏摺。《劉中丞（韞齋）奏稿》，卷八八，頁 25b，同治十年三月，〈撲滅益陽龍陽會匪並跟蹤搜勦摺〉。

〔註 139〕趙季青，《細說中國預言》（台中，郵購出版社，民國 74 年 4 月），頁 21。

〔註 140〕《宮中檔光緒朝奏摺》，第十一輯，頁 528，光緒二十三年十二月二十日，陝甘總督陶模奏摺。

〔註 141〕賀佛爾（Eric Hoffer）著，且文譯《羣眾運動》（香港，今日世界出版社，1981），頁 175。

〔註 142〕《月摺檔》，光緒二年六月一日，安徽巡撫裕祿片。

〔註 143〕《劉忠誠公遺集》，奏疏，卷二十，頁 13b，光緒十八年三月十八日，〈拏獲

會會員。〔註 144〕范高頭，不但是江蘇沿海鹽梟頭領，又爲「青龍山」會首。〔註 145〕哥老會這種廣爲接納其他組織成員的寬厚包容力，不是一般團體輕易能做到的。由此觀之，哥老會的勢力得以不斷擴張，絕非偶然。

除了上述幾種「對外」所採取的積極方式外，哥老會本身組織運作的方式，即所謂「開山放飄」，不但能夠使其無很制的擴充，同時也能夠維持彼此間的程諧性。關於哥老會開山堂擴充勢力的情形，第四章第一節有很詳細的論述，茲不贅述。此處則將放飄作一解釋。放飄就是糾人入會，亦即放票，也就是散放飄布。通常票布是布作的，尺寸大小可能各山堂並不相同，上書受票者姓名、職務以及山堂水香名稱、內外口號，〔註 146〕此即會員入會憑證。任何成員均可隨處放飄，通常每張票布的價格都不一定，從數十文至幾百文不等，〔註 147〕得錢文歸散票人持有，或許是對散票者的一種獎勵，以鼓勵他能繼續不斷在各地放飄，廣爲招攬，其期使組織能無限制地橫向發展。哥老會這種放飄的方式，確實有令人不可忽視的成果，例如，籍隸湖南湘鄉縣的李世潰，身充「四方山」、「來龍山」、「金龍山」、「青龍山」、「寶華山」、「天寶山」等山堂首領，五、六年下來，會黨已逾萬人，遍及南北各省。〔註 148〕籍隸湖南永興縣的楊元德，光緒三十年（1904），在湖南零陵縣與廣西連界之青獅觀內開立「風雲山、聚會堂」，數年間，在湖南、廣西、貴州、江西各邊界先後放飄三萬多張。〔註 149〕此即放飄成效的最佳明證。

在可以隨意放飄的同時，接受不同的飄布加入不同山堂是被允許的，至少在資料中還未發現因爲加入不同山堂受到懲罰的記錄。例如，金剩，湖南

會匪土匪員弁擇尤請獎摺〉。

〔註 144〕《月摺檔》，光緒十八年九月九日，兩江總督劉坤一江蘇巡撫奎俊奏摺。

〔註 145〕《宮中檔光緒朝奏摺》，第二三輯，頁 597～598，光緒三十二年八月二十八日，江蘇巡撫陳夔龍奏摺。

〔註 146〕《軍機處月摺包》，第二七二箱，四五包，一三一七六二號，江西巡撫德馨奏摺錄副。

〔註 147〕《劉忠誠公遺集》，公牘，卷二，頁 29a，同治十年五月十二日，〈通飭地方查拏哥匪示〉。《軍機處月摺包》，第二七二九箱，四五包，一三一七六二號，江西巡撫德馨奏摺錄副。

〔註 148〕《月摺檔》，光緒十二年十一月二十日，兩廣總督張之洞片。

〔註 149〕《政治官報》，第 16 本，摺奏類，頁 355～356，宣統元年正月二十六日第四百六十六號，〈湖南巡撫岑春蓂奏迭獲謀叛首從各犯請將力文武員弁獎敘摺〉。

長沙縣人，先入熊登旺「金台山」，又入吳有楚「福壽山」。〔註 150〕劉高升，湖北江夏縣人，先入秦玉龍「天福山」後在安徽和悅州入龍松年「玉龍山」，光緒十六年（1890），又在江西德化縣境與許文奎、歐桂卿開「楚荆山」。熊棟樑，湖南長沙縣人，早年附從楊德林入「雀華山」，嗣在安徽南陵被邀入李義元「金台山」。汪潮瀛，湖南辰州人，先在湖北入曾明高「天福山」與黃得保「四喜堂」，又在安徽入「富貴堂」。李金山，湖南長沙縣人，先至安徽吳得勝「四合山」，復在台灣入李金標「會同堂」，最後再入黃得保「四喜堂」。〔註 151〕不僅如此，各山堂之間更有相互交流促進彼此認同的優點（參看第四章第一節）。由這些情來看，可以發現，他們周旋於分布在各地山堂間，一方面顯示出哥老會成員的活動力甚強，對於整個會勢的擴大助益頗大；一方面也顯示出哥老會容許成員交替於各山堂間，只要不背棄哥老會這個團體。如此則有助於傳達彼此間的訊息，建立聯絡網，以鞏固較爲鬆散的關係。

一個羣眾運動的發展，不是單靠某種條件即有所成效，而是需要主觀與客觀條件的相互配合，始能突破小格局獲致更大的成果，哥老會由初興，漸次發展，繼而「發揚光大」，就長江一帶而言，早已佈滿黨羽，「上起荆岳，下至武漢以下，皆已聯爲一氣，一處蠢動，處處響應。」〔註 152〕哥老會之所以能夠發展到如此程度，在清末整個秘密會黨中能獨樹一幟，所憑籍的就是善於利用本身的長處，以配合客觀的大環境。

〔註 150〕《月摺檔》，光緒十八年四月二十一日，安徽巡撫沈秉成奏摺。

〔註 151〕《月摺檔》，光緒十八年六月八日，安徽巡撫沈秉成奏摺。

〔註 152〕《張文襄公全集》，卷三一，〈奏議〉三一，頁 9a，光緒十七年十二月初七日，〈拏獲會匪訊明懲辦摺〉。

第四章　哥老會的組織與內容

第一節　組織型態

關於最初原始的哥老會組織，其型態究竟如何？限於資料的不足，及其本身為一祕密會黨，實不易得知。由於哥老會和嘓嚕子有著不可分的承襲關係存在，故在組織上，哥老會多多少少受到嘓嚕子的影響，雖然雙方在某些方面有明顯的差異。當然，隨著時空的延展，其組織必然有某種程度的蛻變。同治年間，哥老會的組織發展已頗具規模，會首稱為老冒（即冒頂），此外，又有大老冒、總堂老冒、老大哥之稱，其他頭目有陪堂、紅旗、香長等名目。〔註1〕根據資料顯示，整個同治時期，尚未有正、副龍頭的名稱，直到光緒十年（1884）才在貴州發現有此記載，〔註2〕這是目前所能見到的最早記錄，但並不表示在此之前別的地方沒有這個名稱的出現。龍頭之名出現成為會首專有名稱後，老冒之名不但依然存在，〔註3〕而且彼此還曾連稱過「龍頭總老

〔註1〕《穆宗毅皇帝實錄》，卷一六七，頁28a，同治五年正月乙丑。
《月摺檔》，同治七年五月十六日，署湖廣總督湖北巡撫郭柏蔭奏摺。《左文襄公全集》，奏稿，卷三，頁30a，同治八年四月初一日，〈審明戕害高連陞全案叛逆擬辦完結并收輯成營摺〉。《劉中丞（韞齋）奏稿》，卷六，頁35b，同治九年四月，〈撲滅湘鄉會匪仍籌勦黌辦團摺〉。《軍機處月摺包》，第二七六六箱，五三包、一〇四七二六號，同治九年十一月十五日，湖廣總督李瀚章附片錄副。

〔註2〕《軍機處月摺包》，第二七二二箱，二四包，一二五五四一號，光緒十年，貴州巡撫林肇元附片錄副。

〔註3〕《月摺檔》，光緒十八年七月二十三日，湖廣總督張之洞湖南巡撫張煦奏摺。《軍機處月摺包》，第二七二九箱，四四包，一三一二九三號，湖南巡撫吳大澂奏摺錄副。

冒」。〔註 4〕按上述來看，對於同治時期哥老會的組織型態，似乎僅能得一粗略的輪廓，無法看出整個組織的完整性。不過，根據同治十年（1871）出版的《辟邪記實》上的記載，則多少可以看出哥老會內部組織結構還算完整，是書「哥老會說」一文中指出：

其結會，或數十人數百人不等；其飲雄鷄血酒立誓，誓中有自結拜之後，再念及生身父同同胞兄弟，必天誅地滅等詞。以後稱會首爲老冒，會末爲老么，並有冒壳子大爺、聖賢二爺、當家三爺、紅旗五爺之稱，其餘爲八牌上的，有上四牌下四牌之分，並名帶小兒曰少姪兄，又曰太保。〔註 5〕

然而，有關各頭目的職當、權力分配，文中卻未交待。因此，有關哥老會內部的實際運作情形無法得知。而對於哥老會知之甚詳的李榕，在〈稟曾中堂李制軍彭宮保劉中丞〉函中，則有很詳細的述說。李榕云：

每起會燒香，立山名堂名，有蓮花山富貴堂、峨嵋山德順堂諸名目。每堂有坐堂老冒、行堂老冒。每堂八牌，以一二三五爲上四牌，六八九十爲下四牌，以四七兩字爲避忌，不立此牌。其主持謀議者爲聖賢二爺，收管銀錢者號爲當家三爺，內有紅旗五爺專掌傳話派人，黑旗五爺掌刀仗打殺。其聚黨行刦者謂之放飄，又謂之起班子，人數多寡不等。〔註 6〕

由此觀之，在同治時期，哥老會內部組織已發展成爲一個具有層層負責職權的機構，同時，也含有一個頗爲複雜的等級觀念存在。如此完備的結構，絕非原始型態所能比擬的。

大體說來，經過長期的演變以及廣泛的吸收會員，哥老會形成了一個頗富變通性的組織。由於哥老會的觸角涵蓋甚廣，加上每個山堂均是獨立單位，始終未能出現一個超地域性的唯一領導機構，以致各地的組織型態不盡相同。左宗棠即曾說過，出自貴州、四川、江西的哥老會與出自湖廣、河南者有別，雖同屬哥老會，卻是「氣類攸分」。〔註 7〕固然左宗棠並未指出他們彼

〔註 4〕《月摺檔》，光緒十三年閏四月十日，閩浙總督楊昌濬奏摺。

〔註 5〕天下第一傷心人，《辟邪紀實》，附卷，〈哥老會說〉，頁 13b。

〔註 6〕李榕，〈稟曾中堂李制軍彭宮保劉中丞〉，轉引自蔡少卿，〈關於哥老會的源流問題〉，頁 54。

〔註 7〕《左文襄公全集》，奏稿，卷三一，頁 23b，同治八年四月初一日，〈劉松山勦除綏德州叛卒收復州城摺〉。

此間的差別何在，不過，這也的確透露出哥老會本身有其地理性的差異性質在存。

總的來說，「山堂」是哥老會的基本組織單位，每個山堂包含了四個不同的名稱，即山名、堂名、水名、香名。此外，還有各山堂特有的內外口號、手勢和隱語作爲會眾聯絡的暗號，以及表達山堂獨特意識的詩句。當然，並非每個山堂的組織系統都是如此完整，事實上，組織規模的大小、成立時間的久暫，均有決定性的影響力。爲了對哥老會內部情況能有實際的了解，茲舉記載較完整之例子以爲說明。

例一，光緒十三（1887）正月，因事斥革的營勇熊海樓，在安徽南陵縣與何淋、王南山商議結會，會名係「戴公山、龍泉水、金蘭香、結義堂」，對句是「五湖英雄齊聚會，四海豪傑定家邦」，會內執事有龍頭、盟證、香長、坐堂、培堂、刑堂、禮堂、執堂、新副、聖賢、當家、桓侯、紅旗、黑旗、巡風、花管、大滿、小滿、么滿等名目，以何淋、王南山各爲「總老貓」，即所謂老帽。各頭目約定分路誘人入會，並以「同心協力」爲號，四出搶刦。〔註8〕在此山堂中，各執事頭目的級別如何區分，資料上並沒記載。

例二，光緒十八年（1892），安徽太和縣查獲一哥老會山堂，名爲「萬里終南山」，由河南周家口以下總頭目鐵通所開。內口號是「乾坤正氣」，外口號是「萬福來朝」。職稱有正龍頭、副龍頭、坐堂、陪堂、禮堂、刑堂、智堂、護印、香長、心腹，此十個職位皆屬第一級，稱爲老大，可另開山堂。另有第二級的聖賢第二、第三級的王候老三、第五級的紅旗老五，與第一級老大合爲「上四等」。其餘的稱爲「下四等」，包括第六級的巡風老六、第八級的順八老八、第九級的尖口老九和第十級的銅掌老么。整個級數缺四、七二級，而以第一級的龍頭老大爲會首，限一人擔任，其他上四等職位人數不拘。至於職權方面，除了禮堂掌糧台錢文帳目外，其餘則不清楚。不過，顯然下四等沒什麼地位，應該沒有什麼職權。〔註9〕

例三，光緒二十（1894），江西查獲一個名爲「龍飛鳳舞山、人和忠義堂、共居五湖水、同歸四海鄉」的哥老會山堂。其開創者與開創時間、地點均不詳。內口號是「杏黃旗上寫大字」，外口號是「替天行道第一人」，見面稱是「紅家

〔註 8〕《宮中檔光緒朝奏摺》，第三輯，頁 233，光緒十三年五月初十日，安徽巡撫陳彝奏摺。

〔註 9〕《月摺檔》，光緒十八年九月二十一日，安徽巡撫沈秉成奏摺。

人」，就曉得是會內人，並有其它口訣、暗號和手勢以資辦識。此山堂亦分十級，又稱爲「牌」，沒有四、七兩牌。會首是第一級，即龍頭老大，與第二級的聖賢老二、第三級的當家老三、第五級的管事老五合爲「上四牌」。第六級是巡風老六，第九級包括大九、小九兩職位，第十級是老滿，又叫老么，以上合爲「下四牌」，缺第八級的大八、小八名目。另外，也有五堂、新副以及不知何故位在聖賢與當家之間的副龍頭，他們的等級竟究如何，則不得而知。〔註10〕

由以上三個例子來看，雖然彼此間有些差異，但是，可以說他們代表了哥老會內部結構的基本型態。這三個山堂都有龍頭、聖賢、新副（心腹）、五堂、巡風，除了例一以老帽爲會首，並且有兩人外，其餘均是以龍頭爲會首，限一人擔任。事實上，自龍頭名稱出現後，根據資料來看，大多數山堂的確是以龍頭爲山主，總理山堂事務，老帽似乎反而成爲一種例外。茲將例二、例三所述列表於下：

表 4-1　哥老會成員級別表

級別	職稱								
一	正頭龍	副龍頭	坐 堂	陪 堂	禮 堂	刑 堂	智 堂	護 印	香 長	新 副（新腹）
二	聖 賢									
三	王 侯	當 家								
四										
五	紅 旗	管 事								
六	巡 風									
七										
八	順 八									
九	尖 口	大 九	小 九							
十	銅 掌	老 滿（老么）								

由於完整的例子不多，對於一窺哥老會內部組織的全貌則有其缺漏之

〔註10〕《軍機處月摺包》，第二七二九箱四五包，一三一七六二號，光緒二十年二月二十八日，江西巡撫德馨奏摺錄副供單。

處，故再以另外二種資料以補其不足。依據日人平山周先生在《中國祕密社會史》一書所述哥老會之制列表於下：〔註 11〕

表 4-2　哥老會成員級別表（參見陸寶千：《論晚清兩廣的天地會政權》，頁 83）

級別	職			稱				
一	正頭龍	副龍頭	坐堂	盟證	陪堂	理堂	刑堂	執堂	香長
二	心　腹	聖　賢							
三	當　家								
四									
五	紅　旗	（藍旗）	（黑旗）						
六	巡　風								
七									
八									
九	大　九	小　九							
十	總么滿	大　么	小　么	大　滿	小　滿				

又按陶成章先生「教會源流考」一文記載列表於下：〔註 12〕

表 4-3　哥老會成員級別表（參見陸寶千：《論晚清兩廣天地會政權》，頁 84～85）

級別	職			稱			
一	督　理	總　理	正龍頭	副龍頭	五　堂		
二	聖　賢	（香主）					
三	新　副						
四							
五	紅　旗	副紅旗					
六	藍　旗	藍旗副	管　事				
七							
八	巡　風						
九	大　九	小　九					
十	總么麼	大　麼	小　麼	大　么	小　么	七　牌	八　牌

〔註 11〕平山周，《中國祕密社會史》，頁 82～84。

〔註 12〕陶成章，〈教會源流考〉，收入蕭一山編《近代祕密社會史料》，卷二，〈附錄〉，頁 9a～b。

平山周先生於清季協助孫中山先生革命，並曾奉命偕畢永年赴兩湖各地視察哥老會實力，逾月始東渡日本。〔註 13〕由於平山周先生參與調查哥老會的實際工作，並與曾投身哥老會被封爲龍頭的畢永年是好友，故民國元年所撰《中國祕密社會史》中有關哥老會組織系統的敘述，應該具有相當的可信度。陶成章先生之文刊於宣統二年（1910），在此之前，陶成章先生和友人曾調集浙江、福建、江蘇、江西、安徽五省哥老會頭目，開一大會，打作一團，名曰龍華會。〔註 14〕同樣地，陶成章先生文中記載的哥老會組織系統亦有蠻高的參考價值。但是，陶成章先生是一個具有強烈漢族意識的民族主義革命家，對於明朝懷有濃厚的民族情感，故將哥老會山堂內一些職稱與明朝官相比擬，而有其牽強附會之譏。

若將上列三表加以對照比較，可以發現在光緒年間哥老會內部組織間的諸多相似之處：

（一）成員共分十級，四、七二級係虛位，因此實際上僅有八級。平山周先生認爲老四、老七以名曾出會而反對者，故無四、七二級。陶成章先生則認爲老四、老七以罪被誅，遂廢而不設。又表 1-2 中獨缺第八級，平山周先生並未說明，其因何在，則不得而知。另外，在普通會員外，有一個身家不清白的階層，平山周先生指出他們沒有昇轉資格，雖然名爲「八牌」，由其性質來判斷，應該不可能屬於第八級。〔註 15〕

（二）在第一級中均有正、副龍頭，而以正龍頭爲會首。除了陶成章先生未說明掌理五堂者是何職務外，都有五堂職掌之名。

（三）第二級的聖賢、第五級的紅旗與第九級的大九、小九都相同。其他職掌的名稱也多相同，祇是等級不同。

事實上不僅光緒年間如此，吾人將前舉同治時期之例和以上三表相較，同樣可以發現一些類似甚且相同之處：

（一）會員仍分十級、缺四、七二位，故實際仍僅八級。

（二）第二級聖賢、第五級紅旗都相同。另外，除表 4-3 是以新副爲第三級外，其餘第三級均爲當家。

〔註 13〕馮自由，《革命逸史》，第一集（臺北，商務印書館，民國 64 年 11 月台三版），頁 110。

〔註 14〕平山周，《中國祕密社會史》，頁 80。

〔註 15〕同上註，頁 83～84。陶成章，〈教會源流考〉，頁 9a～b。

（三）除了平山周、陶成章二位先生所述外，會員主要又分爲兩個等級，一、二、三、五四級爲「上四牌」，或「上四等」；六、八、九、十四級爲「下四牌」，或「下四等」。

儘管哥老會甚具變通性，在長期的演變下，產生了許多變化。然而，整個大的基本型態並未改變，亦即僅在一個大的結構原則下，作局部或細節上的改變。例如，光緒十七年（1891）九月，胡得魁在安徽十二圩地方起會，名爲「青山四喜堂」。會內老大是「總頭」，老二是「內當家」，老三是「錢粮官」，老五負責經理外面，老七、老八專門扒竊財物，沒有職稱。〔註16〕雖然前三級職稱和前述不同，但是在整個級數結構方面而言，大致沒有什麼差異。當然，這並不表示沒有其它的變化存在。一個在江南名爲「中華山、報國堂」的哥老會山堂，會內以坐、陪、行、立四字分等，並以行字八排充當「營務處」實際職務。〔註17〕其中四字等級中的內容如何？等級與職務的關係如何？則不得而知。

作爲一種社會實體，組織可視作該團體運作的工具。〔註18〕假如一個組織結構完整，而無實際負責運作的功能，則有如虛有其表的空殼子，哥老會自不例外。如前所述，一個完整的哥老會山堂內部組織分爲十級，各有其職掌人員以及固定權限，並且彼此之間構成一個相輔相成的合作體系。關於哥老會各級人員的職權，由於檔案、實錄之類官方文書缺乏這方面記載，無法提供有效資訊。而哥老會各山堂組織方面不完全相同，因此各職務權責亦有差異之處。按光緒三十四年（1908）《政治官報》上所刊載的一分奏摺，在江西武寗縣一個名爲「富有山、樹義堂、天下水、萬國香」的山堂，會中當家總管會內一切事件，管事藍旗負責傳人聚眾之事，紅旗管理上陣衝鋒並懲辦會內不法事件，巡風職司上下通風報信。〔註19〕另外，根據迪凡先生所撰「四川之哥老會」一文，作者將哥老會各級人員分爲當職者與不當職者兩部分。事實上，一個組織必須透過負實際責任的職掌人員，才能發揮其運作功能。迪凡先生所稱當職者有：龍頭大爺：即會中領袖，僅有一人，總攬一切會務，

〔註16〕《月摺檔》，光緒十八年八月二十二日，安徽巡撫沈秉成奏摺。

〔註17〕《月摺檔》，光緒十八年八月六日，護理浙江巡撫布政使劉樹堂奏摺。

〔註18〕謝劍，《香港的惠州社團——從人類學看客家文化的持續——》（香港，中文大學出版社，一九八一年初版），頁19。

〔註19〕《政治官報》，第七本，奏摺類，頁48，光緒三十四年四月初一日第一百八十一號，〈護理江西巡撫沈瑜慶奏武寗縣訪拿洪江會匪陳鴻賓等分別懲辦摺〉。

係各山堂的權力核心。掌旗大爺：亦僅一人，助理龍頭大爺，指揮各級職事，辦理會中一切事務。聖賢二爺；承龍頭大爺之命，指揮各級職事辦理事務。桓候三爺：職務與聖賢二爺同。管事五爺：得設二人，一名紅旗管事，主司號令。一名黑旗管事，專司財務。鳳尾么大：得設二人，一名大老么，奉紅旗管事之命，傳達各受令處，或交際一切。一名小老么，助理大老么，辦理一切傳達交際事項。〔註 20〕再根據〈四川哥老會改善之商榷〉指出，會內大哥多係年高德劭，或有勞績者。其中掌旗大哥掌握全會大權，凡升降哥弟，賞罰功罪，悉由其發號施令。當家三哥，掌管錢粮及一切內務。承行管事，負責訓練兄弟與對外交涉，即上與拜兄分憂任勞，下與兄弟剷高削平。至於六排、八排、么滿、十排等，則隨從眾拜兄學習一切，或替拜兄服勞。〔註 21〕

上引三例，顯示出哥老會內部組織的多變性，即使民國時期的四川，由於作者的經歷不同，論述哥老會的情形也各自不同，更遑論分布在其它省分的哥老會山堂了。在此有一疑點必須澄清，就是哥老會眞是如此的制度化嗎？由清代的一些資料來看，一個人數眾多、結構完整的山堂，應當是有較複雜的事務要處理，因此才會發展出層層關聯的體系，而一些人數稀少、組織不健全的山堂，自然無需龐大體系來維持其運作功能。不過，有的山堂衹要出錢若干即給予頭目職稱，這應該是哥老會借以歛錢的一種方式，或者是擴張勢力的辦法，似乎也含有滿足權力慾的意味。如此得來的職位，其實衹是虛有其表的稱謂，沒有部屬可供指揮，毫無實力可言。例如，在光緒年間江西的姚士林案件。姚士林，江西鉛山縣人，縣學武生。光緒十五年（1889）七月，爲熟識賣草藥的劉金彪邀入哥老會，不久劉金彪與開烟館的孔華仔叫姚士林出錢一百餘文買一張票布，在會內做個「大九」。光緒十七年（1891）七月間，姚士林將賣馬所得洋錢兩元交給孔華仔，旋即被提升爲「副龍頭」。〔註 22〕劉金彪、孔華仔二人皆身居副龍頭之位，由他們所屬山堂來看，其地位並非虛浮的。但姚士林得以升爲副龍頭，絕非有何特殊能力，而是因爲捐獻了洋錢二元。就姚士林身充大九到被提升爲副龍頭及其以後的情形而

〔註 20〕迪凡，〈四川之哥老會〉，《四川文獻》，第四一期（臺北，民國 55 年 1 月），頁 40。

〔註 21〕〈四川哥老會改善之商榷〉，傅況麟主編，《四川地方實際問題研究叢刊》之三（臺北，古亭書屋），頁 3～4。

〔註 22〕《軍機處月摺包》，第二七二九相，四五包，一三一七六二號，光緒二十年二月二十八日，江西巡撫德馨奏摺錄副供單。

言，不見他與會中兄弟有何接觸，更不見他有任何可以指揮的部屬，根本無法顯出一個副龍頭應有的權力。由以上可以想見，哥老會中某些山堂「賣官鬻爵」的情形應該相當普遍，以高位吸收會員，無法建立堅實的基礎。總之，沒有一個統一獨尊的總組織的哥老會，除了大的基本原則不變外，我們不能以固定的型態加以規範。

一個組織在不斷發展過程中，一方面受到傳統背景的影響，而有趨於承襲傳統政治文化的傾向；另一方面該團體面對的不僅爲該團體的構成分子，而是兼及團體以外的土地與人民。是時乃有政府之組成。〔註 23〕哥老會主要是各自獨立的單位，因此情形並非如此的規則。一般來說，哥老會各山堂的勢力一旦擴大後，往往會形成一股對抗官府的龐大力量，而有軍事組織型態的出現。同時，爲收攬人心，也常有「封官賜爵」的情形，以滿足個人的政治慾。例如，同治九年（1890）春，湖南米穀價昂，湘鄉縣人向充會中總堂老冒之賴榮甫，見貧民覓食維艱，易於煽誘，乃邀會中頭目商議起事。自封公爵，其餘各封候、伯、子、男爵位，又有神機軍師職位。事情準備妥當後，賴榮甫率眾前往甯家山祭旗，派分五隊，每隊約八、九十人。後眾由甯家山至田心廟，沿途裹脅貧民，號稱二、三千人，欲徑撲湘鄉縣城，直下湘潭，以犯省垣長沙，〔註 24〕另外，光緒年間的江西戴世宗案件。戴世宗被邀入會，充當巡風並黑旗五牌頭目，光緒十八年（1892），參與鄧海山在萍鄉縣大安里會議起事，被提升爲武威將軍，管理萍鄉縣一帶地方事務。〔註 25〕此例，一方面顯示出哥老會內部組織編制與軍事職務有重疊之處，亦即帶兵者同時也可以參與地方會務；另一方面就是將一些軍銜賦與高級頭目，加以籠絡。

事實上，哥老會若非受到政治意識的鼓動，多半缺乏政治色彩，而且本身也缺乏政治人才，他們的起事行徑看上去多是一種暴亂的行爲，不能藉此表達其宗旨理念。例如，湖南臨湘縣人汪殿臣於光緒十五年（1889）七月開立「天寶山、王華堂、青龍水、仁義香」山堂，分路糾人起事。光緒十七手（1891）九月，在巴陵縣界之大雲山糾黨嘯聚，自稱順天王，刻製銅木印，

〔註 23〕陸寶千，《論晚清兩廣的天地會政權》，中央研究院近代史研究所專刊（33）（臺北，中央研究院近代史研究所，民國 64 年 5 月初版），頁 98。

〔註 24〕《劉中丞（韞齋）奏稿》，卷六，頁 35b～36b，同治九年四月，〈撲滅湘鄉會匪仍籌賞辦團摺〉。

〔註 25〕《軍機處月摺包》，第二七二九箱，五四包，一三四九一一號，江西巡撫德馨奏摺錄副。

製造各項旗幟軍器火藥，聲稱天兵開世，在會諸人都封有官職，選在巴陵、臨湘縣各鄉焚掠。次年（1892）閏六月，復在臨湘縣屬之漁角亭豎旗起事，分派夥黨四出逼勒鄉民獻納財物米粮，稱爲「進貢」。汪殿臣分封的官職有元帥、副元帥、軍師、哨官、催貢將軍，均屬武官職稱。〔註 26〕就此例來看，他們的政治觀念其實甚爲簡單，但知蹂躪鄉民，視百姓爲甚其子民，必須「進貢」財物，儼然一方宗主。

除了上述三例中出現的武職名稱外，根據資料的記載，尚有許多不同的職稱，有九千歲大元師、水路大元帥、都天大元帥、南天元帥、保兵元帥、大將軍、白袍將、藍袍將、黑袍將、綠袍將、先鋒、副軍師、右護衛、指揮、總管、營務處、統領、營官、千總、百總、把總、百長、什長等等。〔註 27〕由於哥老會本身山堂林立，故其兵制十分凌亂不一致，顯然無法制度化。以上升總、把總乃襲自綠營的官階，而統領、營官、哨長、什長則仿效自清代勇營制度。光緒二十四年（1898），四川余棟臣武裝起事，隊伍曾發展到萬餘人，其中常駐營約五、六千人，此外還有一部分不駐營的羣眾。整個隊伍實行營哨軍事編制，每營設中哨、左哨、右哨、每哨一百五十人至二百人。各級官佐稱營長、哨長、什長。這主要是仿照湘軍的勇營制度，因爲，一方面，兩者營制設施，是大體相同的；另一方面，余棟臣隊伍的骨幹大多來自哥老會，其中不少是湘軍裁撤下來的營勇。〔註 28〕另外，營務處原係勇營制度中隨統領行動之機關，主持者爲統領，勇營功能之發揮，端賴此組織之

〔註 26〕《月摺檔》，光緒十八年八月二十五日，湖廣總督張之洞湖南巡撫張煦奏摺。

〔註 27〕《月摺檔》，光緒八年十月二十七日，江西巡撫李文敏奏摺。《月摺檔》，光緒十八年二月十日，湖廣總督張之洞湖南巡撫張煦奏摺。《月摺檔》，光緒十八年四月二十一日，安徽巡撫沈秉成奏摺。《月摺檔》，光緒十八年八月六日，護理浙江巡撫布政使劉樹堂奏摺。《月摺檔》，光緒十九年正月十八日，江西巡撫德馨奏摺。《軍機處月摺包》，第二七三九相，七一包，一四〇四七號，光緒二十三年五月二十九日，廣西巡撫史念祖奏摺錄副。《軍機處月摺包》，第二七三六箱，八一包，一四四〇五九號，光緒二十七年七月二十九日，安徽巡撫王之春奏摺錄副。《光緒朝東華錄》，頁 2773，(17)，光緒十六年九月辛卯。《光緒朝東華錄》，頁 3166，(9) 光緒十八年十月庚申。《宮中檔光緒奏摺》，第十一輯，頁 527，光緒二十三年十二月二十日，陝甘總督陶模奏摺。《宮中檔光緒朝奏摺》，第十九輯，頁 512，光緒三十年五月十八日，河南巡撫陳夔龍奏摺。《宮中檔光緒朝奏摺》，第二二輯，頁 906，光緒三十二年三月十八日，湖南巡撫龐鴻書奏摺。

〔註 28〕蔡少卿、展雪華，〈論余棟臣起義與哥老會的關係〉，《近代中國教案研究》，頁 91～92。

健全。〔註 29〕哥老會採用營務處名稱後，成爲一種職稱，而非一種組織系統。通常哥老會祗要會眾達到相當的數目，極易激起會中頭目的政治慾，遂仿效歷代職官制度，封官設職，特別是武官職稱，製造軍火器械，舉兵起事。至於行政組織方面，則顯得乏善可陳，僅在甘肅省發現有刑部之名。〔註 30〕

由於哥老會經常是隨處放票糾人入會，故不一定舉行儀式。即使舉行儀式，也未必一定有繁複的儀式與程序。一般是聚眾燒香，即開堂燒香焚紙聚拜，歃血盟誓，此所謂「開山堂」或稱爲「擺香堂」。當然，透過儀式的舉行，可以鞏固團體的團結力量，亦是維持個人忠誠最佳的方法，且可強化彼此間的認同感。其中有不分尊卑年齡，皆以兄弟相稱者；〔註 31〕亦有視其人之年齡身分結拜兄弟、派充職務者，〔註 32〕顯然哥老會內部有階級意識的存在。事實的確如此。資料顯示，至少在二十世紀初，四川哥老會分爲二、義、禮、智、信五堂，亦即五門，但不稱爲五級成五類。哥老會本不應有階級之分，以參加者良莠不齊、職業不同，遂有此區分。全會以仁字輩爲最高，其次是義字輩，於仁字輩爲姪。又次爲禮字輩，於仁輩爲姪孫。降而至信，則與仁字輩相隔至遠，略如五服外之疏族。大凡地方紳士、殷實之家，或智識較高者，加入仁字輩，即清水袍哥，又稱清水皮，樹黨結盟，自雄鄉里，專尚交游，不事刦掠。具有中等資力之商人，多加入義字輩。經營小貿易，或操低級職業者，則悉入禮字輩。渾水袍哥，又稱渾水皮，加入分子以無業游民最多，良莠不齊，敢於觸法犯禁，應當屬於禮字輩。就民國時期四川的情形而論，每一地方之會社，僅有仁、義、禮三輩，至智、信則多付闕如。彼此在地位上，有尊卑貴賤之分，不能視同弟兄關係。若一個人的父兄，先已加入禮字輩山堂，在父兄生前，斷不能加入高層山堂。父子同堂，則無不可。又如本身先入義字輩山堂，後轉入仁字輩山堂，謂之「翻山越嶺」，即升堂是也。反之，則謂「越嶺翻山」。〔註 33〕另外，哥老會內也有

〔註 29〕王爾敏，〈清代的勇營制度〉，收入氏著《清季軍事史論集》（臺北，聯經出版事業公司，民國 74 年 10 月第二次印行），頁 27。

〔註 30〕《軍機處月摺包》，第二七六三箱，一二三包，一六〇八三四號，光緒三十年五月二日，江西巡撫夏旹奏摺錄副。

〔註 31〕《月摺檔》，光緒六年二月四日，貴州巡撫岑毓英奏摺。《月摺檔》，光緒十六年三月十七日，湖廣總督張之洞湖南巡撫張煦奏摺。〈陝西辛亥革命中的哥老會〉，《辛亥革命回憶錄》，第五冊，頁 104。

〔註 32〕《諭旨彙存》，第四〇本，頁 171～1718，光緒二十八年三月初一日，陝西巡撫升允奏摺。

〔註 33〕迪凡，〈四川之哥老會〉，頁 41。甘作霖，〈西人所述哥會之歷史〉，《東方雜誌》，

「師徒制」的存在，〔註 34〕新入會者，賴所拜師父之提挈，以次擢遷。〔註 35〕凡此種種，均表現出哥老會內部階級之森嚴。

會中不論是頭目或是一般成員，都必須遵守規約，有所謂「紅十條」、「黑十寬」。〔註 36〕內容如何雖然無法確知，相信與《金不換》中所列之「十條」、「十款」的內容大同小異，主要在於強調忠、孝、節、義等倫理觀念。〔註 37〕另外，還須依三綱五常、五倫八德行事，並且奉周公、關羽、伯夷叔齊「三君子」以及顏回、曾參、子思、孟軻「四賢人」爲效法典範。〔註 38〕這些內容顯而易見受到儒家思想影響，含有濃厚的倫理道德觀念。哥老會之所以標舉這些以爲規律，可能是一般加入者，智識水平不高，必須繩之以禮教，尊以道義，懸以圭臬，以相勗勉。其中最爲會中之不易箴言者，乃兄弟義氣四字。以三國演義中劉關張桃園結義事爲模範，正所謂「異姓相約爲昆弟，同禍福，結盟立會，千里相應」是也。〔註 39〕不過，哥老會的弟兄義氣主要表現在同一階級的水平上，並沒有超越一切階級的觀念。同時，證諸哥老會的一些行徑來看，這些規律中含有濃厚的理想主義色彩，即使一般人也無法眞能加以實踐。雖然如此，哥老會仍是一個紀律嚴明的組織，對首領講的話絕對服從，不敢稍有抵觸。有誰犯了紀律，就畏按律自裁。所以哥老會間有句口號：「三刀六個眼，自己找點點」。〔註 40〕會內最大的罪是「穿紅鞋子」，即與同黨的婦女通姦。若犯其它的罪，尙可以「三刀六個眼」來抵消，但是穿

一九一七年十一月，第十四期第十一號，頁 75。傅況麟，〈四川哥老會改善之商榷〉，頁 5。

〔註 34〕《月摺檔》，光緒二年八月二十三日江西巡撫劉秉璋片。《月摺檔》，光緒九年五月八日，湖南巡撫卞寶第奏摺。《宮中朱批奏摺》，光緒二十七年六月十二日，河南巡撫松壽奏摺，收於中國第一歷史檔案館、北京師範大學歷史系編選《辛亥革命前十年間民變檔案史料》（北京，中華書局，一九八五年二月第一版），頁 191。《張文襄公全集》，卷三一，奏稿三一，頁 8a，光緒十七年十二月初七日，〈拏獲會匪訊明懲辦摺〉。

〔註 35〕甘作霖，〈西人所述哥會之歷史〉，頁 74。

〔註 36〕《月摺檔》，光緒十八年九月二十一日，安徽巡撫沈秉成奏摺。

〔註 37〕張贇，《金不換》（臺北、皖江書店），頁 15～16。

〔註 38〕同上註，頁 18～19。

〔註 39〕甘作霖，〈西人所述哥會之歷史〉，頁 74。《清史稿》，卷四九三，〈列傳〉二八〇，〈忠義〉七，頁 13658。

〔註 40〕詹秉忠，〈辛亥革命前後的回憶〉，《辛亥革命回憶錄》，第七冊（北京，中華書局，一九六二），頁 411。陳書農，〈四川袍哥與辛亥革命〉，《辛亥革命回憶錄》，第三冊，頁 176。

了紅鞋子，則是罪大不赦的。提交刑堂審訊，判定死刑日期，即期當夜，令其跳河自溺。〔註 41〕也有其它自盡之例，於月明之夜，擇空曠之所，召集會眾，環繞作四方形，由犯罪者自掘墓穴，俟號令一發，即自刎而亡，會眾乃舉土掩之而散。〔註 42〕一般而言，哥老會的規律，若牽涉到彼此間弟兄關係時，則顯得非常嚴格，否則未必奉行唯謹。

哥老會山堂的主持人通常是龍頭大爺，總理轄區會務。有的山堂開立者不只一人，因此龍者不限於一人，由彼此共掌一印。〔註 43〕倘若山堂勢力較大時，亦可將轄區分成若干部分，由山堂內一些高階層頭目分別掌管。例如，光緒十八年（1892）十二月，江西贛縣拏獲哥老會副龍頭唐洪才，他同時也是南贛一帶地方總頭目。唐洪才的二名屬下，新副盧秀鴻、管事李老柏分管桐䔿、葛湖等處，是地方散頭目。〔註 44〕再者，這些高階層頭目也可以自開山堂，〔註 45〕和原屬山堂不但不相抵觸，而且還會將其勢力作輻射狀向外擴張。雖然哥老會是橫向發展的組織，沒有最高機關為之統率，然而，由於開創山堂者只要能力足，可以在各地隨意開立山堂，因此形成一種由諸多山堂構成的勢力網，接受總頭目的指揮。下舉數例以資證明。胡名揚，咸豐年間投營當勇，斥革後入哥老會充行堂大頭目，後又自開「中華山、報國堂」、「太雄山、忠義堂」等十多個山堂，到處放飄糾人，自為坐堂老大。〔註 46〕李世瀆，曾在江南省督標右營當勇，是「來龍山」、「四方山」、「金龍山」、「青龍山」、「寶華山」、「天寶山」總首領，即開山頭人。五、六年間，會眾已逾萬人，勢力主要在江南和山西。〔註 47〕李典，亦為營勇出身，是「玉龍山」、「金象山」、「飛虎山」、「蓮花山」

〔註 41〕萬武，〈追記運動馬福益及紅鞋〉，中華民國開國五十年文獻編纂委員會，《中華民國開國五十年文獻》，第一編第十冊，革命之倡導與發展——興中會（臺北，民國 52 年 11 月 12 日第一版），頁 448～449。

〔註 42〕甘作霖，〈西人所述哥會之歷史〉，頁 77。

〔註 43〕《張文襄公全集》，卷三一，〈奏議〉三一，7b～8a，光緒十七年十二月初七日，〈拏獲會匪訊明懲辦摺〉。

〔註 44〕《月摺檔》，光緒十九年六月十七日，方冀汝片。

〔註 45〕《宮中檔光緒朝奏摺》，第二〇輯，頁 693，光緒三十年十二月十七日，〈調署江蘇巡撫署湖南巡撫漕運總督陸元鼎奏摺〉。《軍機處月摺包》，第二七四六箱，十六包，一八〇一七二號，宣統元年七月十日，江西巡撫馮汝騤奏摺錄副。

〔註 46〕《月摺檔》，光緒十八年八月六日，護理浙江巡撫布政使劉樹堂奏摺。《軍機處月摺包》，第二七二九箱，四一包，一三〇四九七號，護理浙江巡撫調補河南布政使劉樹堂奏摺錄副。

〔註 47〕《月摺檔》，光緒十二年十一月二十日，兩廣總督張之洞片。

四山堂大元帥，在會內稱爲龍頭大爺。每山約有數千人之多，共放飄六萬多張，其勢力主要分布在兩湖一帶。〔註 48〕根據上面幾個例子的情形加以分析，可以想見這三個哥老會總頭目應該都握有龐大的勢力網，祇是結構是否嚴整，值得商榷。開立堂太多，招收太過冗濫，會眾急速膨脹，固然擴充了勢力範圍，但是會眾間的關係，相對地容易趨於淡漠。因爲哥老會本身是靠結盟關係來維持基礎，就是以會中特別強調的「義」的觀念來強化他們的意志，維持一種潛沈信心。如此多的會眾，如何能以一個「義」字來約束，並且縮短相互的差距。同時，哥老會往往爲求勢力的擴展，常以威脅利誘方式糾人入會，特別是爲數不少的鄉村愚民。至此，弟兄情誼已無法有效地維持彼此間的關係了，一旦山堂爲官府破獲，則勢力極易迅速瓦解。而且會中高階層頭目也可以自創山堂，迨其力量擴張後，又怎能保證一定會聽令於總頭目呢？這些都可以說是哥老會所表現出來以及潛在的弱點。

當然，哥老會不像嘓嚕子是一種流蕩性質的團體，絕非建立在一個脆弱的基礎上。一旦山堂的根基在地方紮穩後，並和其它山堂建立起互通聲息的聯絡網，其勢力則非官府所能輕易拔除的。湖南哥老會大龍頭馬幅益在被官府捕獲後，其山堂很快由蕭克昌接手，並且再另開兩個山堂。〔註 49〕事實上這種迅速的傳承關係，主要就是奠基於馬幅益在湖南打下的穩固根基。又光緒二十七年（1902）十二月，貴州安順哥老會召開「黃漢公」成立大會，乃通知貴州各地方以及其它各省哥老會山堂派代表參加。會期共三天，屆時前來出席者共數千人之多，聲勢極爲浩大。光緒三十一年（1905）二月，貴州貞豐也召開「同濟公」成立大會，旋將山堂水香之名與詩二首印成十萬分，部分分艾各鄰縣鄰省地方碼頭，以示互相聯絡。〔註 50〕由貴州的情形來判斷，相信這種現象應當不是貴州所獨有的現象，而是普遍存於其它各地的。〔註 51〕一個新的山堂成立，其它山堂派員出席，不僅能聯絡感情互相認知，強化彼此間的認同感；同時也可以鞏固哥老會較爲鬆散的橫面組織型態，倘若一方

〔註 48〕《張文襄公全集》，卷三一，〈奏議〉三一，頁 2315，光緒十七年十二月初七日，〈拏獲會匪訊明懲辦摺〉。《月摺檔》，光緒十八年二月十日，湖廣總督張之洞湖南巡撫張煦奏摺。

〔註 49〕《宮中朱批奏摺》，光緒三十四年七月二十九日，護理江西巡撫沈瑜慶奏摺，收於《辛亥革命前十年間民變檔案史料》，上冊，頁 346。

〔註 50〕胡壽山，〈自治學社與哥老會〉，《辛亥革命回憶錄》，第三冊，頁 469～471。

〔註 51〕Cheng-Ynu, The Ko-Lao Hui in Late Imperial China（Ph. D. University of Pittsbrugh, 1983）, P,84。

有事，各方均可互相聲援，以壯聲勢。

綜合上述，筆者以光緒年間貴州巡撫林肇元的一段話作爲總結，同時也可視之爲前面所述的一個絕佳註腳。光緒八年（1882）一月二十一日，林肇元具摺指出：

> 竊惟現在天下之大患，一爲各國外夷，一爲哥弟會匪。外夷之患，顯而共見，既設海防以禦之矣。會匪之患，隱而漸彰，其根頗深，其蔓甚遠，不思所以弭之，其患恐更切於外夷。臣謹舉其略爲我聖主陳之，從來奸宄竊發，莫不詭託主名，行其詐術，以爲煽惑人心，糾結黨羽之具。往代無論矣，洪逆秀全結上帝之會，爲滔天之逆，其已事也，乃洪逆方平，而哥弟會又起，創爲堂名，造發號片。結數十百人或數十人爲一會，稱其首爲坐堂大爺，別其稱爲老冒，又連數會或十數會之黨羣，尊一首爲總老冒。其結會之所，或深山古寺，或辟野人居。入會者歃血羅拜，屠牛飲酒，人領一號片而去，亦有先發號片，名爲放飄，收集人數而後聚而爲會者。每一會必立盟單，載名氏於上，並以悖亂之言納之於老冒，堂名不一，而所謂口號堂語則無遠近或異也。其始一二滑賊倡之，無業之游民、撤營之游勇從之，繼遂轉相煽惑，或肆行刦制，則守地方之練勇、保身家之百姓亦從之，甚且豪紳武夫入歧途而不悔，圖擁眾以爲雄，則薦紳之家亦爲之。其聲息潛通氣勢連結達之數百里數千里而無閡也，其彼此傳書速於官家之置郵，其彼此相顧甚於父子之同命。〔註52〕

不但將哥老與外夷並列爲國之大患，甚且指出哥老會之患恐將大於外夷，就清朝立場而言，在清朝滅亡前數年間各省哥老會活動的情形來看，確是不爭的事實。其中關於哥老會組織型態的描述，也與前述相符。相信林肇元對於哥老會必定有相當的了解，才能陳述出如此深刻之論。

第二節　成員類別

哥老會山堂的大小，直接決定於成員的數量。而山堂人數不定，故無法做出較具代表性的統計數字，且人數多寡僅具表面意義，眞實含意應該探討其成

〔註52〕《軍機處月摺包》，第二七三五箱，九包，一二一一三五號，貴州巡撫林肇元奏摺錄副。

員的種類特徵，以了解哥老會的本質。哥老會的成員大致上可分爲二類，一類是屬於眞正的會員，多賴平時「開山放飄」所獲致的績效；另一類主要是起事時臨時裹脅誘惑而來，多屬暫時性的成員，若不加以分辨，則易產生誤解。

根據上一節所述，可以發現哥老會歃血拜盟的儀式自是另性結合的一種方式，嚴厲的刑罰也是針對男子而設訂，絕非女性所能忍受。同時，義氣強調的就是彼此間相互扶助的一種豪情的弟兄情誼，也是流蕩江湖的男子結合的凝聚力，自然不是女性所能表現出來的。再者，本章附錄所列均爲男性，不曾有女性出現，這些都可證明哥老會是一個純男性的組織，是一個開放給男性的秘密會黨。儘管哥老會內部有階級觀念存在，但是基本上確實是一個對外開放的型態，故其構成分子的涵蓋面甚廣。不過，哥老會本身畢竟是以下層社會爲其基礎，因此屬於較低階層的社會分子佔大多數。

由上一章我們知道營勇以及游勇是哥老會構成分子中的重要一環，特別是在咸、同年間，深具主導哥老會擴張的力量。其後，清軍士兵與游勇在哥老會成員當中仍然佔有相當的比例。在陝西，朱敘武、黨自新二人回憶說：「巡防隊的官兵，大多數都是哥老會的成員。」巡防隊是由綠營改編而來的。〔註53〕而新軍士兵中，加入哥老會者也不在少數，甚至建有和軍隊編制相適應的組織系統，標有「標舵」，營有「營舵」，隊有「隊舵」，以聯繫掌握他們的「哥弟」。〔註54〕四川方面，由隊長到伙伴，十之七八是袍哥。〔註55〕甚至遠在西北邊陲的新疆，「凡各軍營、機關及各族羣眾中，均有哥老會之祕密組織。」而「伊犂各地軍標、鎭標、練營官兵，大半爲哥老會中人。」。〔註56〕中法戰爭後，薛福成說道：「湖南營勇立功最多，旋募旋撤，不下數十萬人，哥老會之風，亦遂於湖南爲獨熾。」〔註57〕軍隊中不斷有哥老會組織的出現，尤其是在武昌起義前數年間，受革命派的運動，有愈演愈烈的趨勢。又軍隊的時招時撤，游勇自然不斷增加，繼續助長哥老會的聲勢。總之，上舉四省之例，主要在說明清軍士兵以及游勇一直都是哥老會的重要成員的事實，是無庸置疑的。

〔註53〕朱敘五、黨自新，〈陝西辛亥革命回憶〉，《辛亥革命回憶錄》，第五冊，頁9、頁11。

〔註54〕〈陝西辛亥革命中的哥老會〉，《辛亥革命回憶錄》，第五冊，頁105～107。

〔註55〕蔡少卿，〈論辛亥革命與會黨的關係〉，《紀念辛亥革命七十周年學術討論會論文集》，上輯（北京，中華書局，一九八三），頁523。

〔註56〕楊溱春，〈伊犂辛亥革命概述〉，《辛亥革命回憶錄》，第五冊，頁512。

〔註57〕薛福成，〈附陳處置哥老會匪片〉，《皇朝經世文三編》，卷五九，〈刑政〉二，頁74a。

哥老會標榜「四海皆兄弟」的義氣，而且具有廣泛的包容力，因此能夠吸引無數在各地流蕩的游離分子的加入。而游勇其實與游民可視爲一體兩面。例如，籍隸湖南之熊海樓，曾當營勇，因事斥革，到處游蕩滋事。後在安徽南陵縣遇何淋、王南山，商同起義糾黨結會。同樣籍隸湖南之曹菁停、嚴鈺、楊憪堂等，也都不安分謀生，在安徽爲熊海樓糾入會中。〔註 58〕他們這種在外游蕩不安分謀生的情形，根本與游民毫無二致。根據附錄三來看，無法得知這些游勇是否有工作，即使有也是低階層性質的工作，像開烟館、賣糕餅、教拳棒之類，而這些又僅僅佔極小的比例。事實上絕大多數在遣撤或斥革後就加入哥老會，顯然生活沒有保障，於是又變成了東飄西蕩的游民，並同原有的游民一齊去各地流浪，成爲哥老會糾約的基本羣眾。光緒十四年（1888），福建巡撫楊昌濬奏稱：「閩省外來游民散勇無營可投，謀生無計，哥匪即從中勾結，潛匿擾害，意圖不軌，幾有防不勝防誅《不》《勝》《誅》之勢。」〔註 59〕再看附錄三，其中不在原籍結會、起事以及在外游蕩者佔了百分之八七．一，這些超過五分之四的加入哥老會的游勇，不回原籍謀生，幾乎都過著在外飄蕩的日子。雖然不知他們平日如何維生，但是就這種走到那吃到那的生活方式而言，絕非一般正常職業所能維繫，否則也不至於游蕩度日，甚至扒竊、刦搶爲生。例如，李金山，湖南長沙縣人，遣撤後至安徽入「四合山」，復在台灣入「會同堂」和「四喜堂」。常溷迹輪船，偷竊爲生，并在江蘇十二圩等處販賣私鹽。〔註 60〕而早在同治十一年（1872）江西巡撫劉坤一就已指出：「即以江西而論，游勇劫搶之案，業經州縣破獲，或本省人，或湖南人，並有籍隸河南、安徽、廣東、福建、浙江各省者。其蹤迹之詭秘，情形之兇橫，迥非意料所能及。」而哥老會中又「多係此輩爲厲夫」。〔註 61〕

社會上游蕩無根者，除前述的游勇外，最主要的當屬不斷在各地飄蕩的流動分子。這些生活在社會邊緣的游離羣，與其他低階層的人，其實可以說就是哥老會主體的構成因子。例如，籍隸陝西南鄭縣的徐茂，傭趁度日，出外游蕩，

〔註 58〕《宮中檔光緒朝奏摺》，第三輯，頁 233，光緒十三年五月初十日，安徽巡撫陳彝奏摺。《宮中檔光緒朝奏摺》，第三輯，頁 592，光緒十三年十二月二十二日，安徽巡撫陳彝片。

〔註 59〕《月摺檔》，光緒十四年八月二十六日，福建巡撫楊昌濬奏摺。

〔註 60〕《月摺檔》，光緒二十年六月八日，安徽巡撫沈秉成奏摺。

〔註 61〕《劉忠誠公遺集》，奏疏，卷七，頁 62a～b，同治十一年四月二十八日，〈遣撤營員勇丁飭繳軍器並推廣收標章程片〉。

在四川遇段平章，段平章以加入江湖會則能患難相顧並有許多好處誘其入會。〔註62〕惠佔熬，甘肅鎮原縣人氏，平日在外游蕩，因在肅州環縣犯搶有案，往各處藏匿，光緒十七年（1891），與人結拜哥老會，到處放票糾人。〔註63〕以上乃就個人而論，類似之例甚多，聊舉二例以爲說明。若以整體情形來看，光緒十八年（1892），江西巡撫德馨曾指出，鄧海山將萍鄉與湖南醴陵縣交界之泰安里據爲巢穴，煽惑附近各邨，濫痞游民，歸之如鶩。〔註64〕河南方面，由於綰轂中原，五方雜處，哥老會常至此勾結地痞游民。〔註65〕湖北哥老會盛行，據湖南巡撫俞廉三奏摺中透露，是「軍營散勇無業游民，結會放飄」的結果。〔註66〕甚至遠在西北的新疆，無業游民與地痞流氓中都有哥老會的組織。〔註67〕具體而論，除了不務正業的游民外，由附錄四來看，這些下層社會的人，他們的職業主要有開烟館、唱戲、裁縫、傭工、小販、算命測字、僧道、工匠、剃頭匠、礦工、衙役、船夫等等。彼輩大多沒有固定的生活點，不是徘徊於城鎮周圍，就是穿梭於大小鄉鎮間，以求得填飽肚子的起碼生活。到處游蕩流動可以說是他們的一種生活型態，根據附錄四所列二百三十二人，其中不在本籍結會、入會與在外游蕩者有一百十一人，佔百分之四十七・八，將近一半，若將營勇三十人除外，則佔百分之五十五，超過一半。又無法確知地點者有九十一人，相信屬於流動分子的應該超過半數。再以前面所列游蕩游勇的比率與之相加，將更能顯示出這些流動分子在哥老會中所佔的分量。另外，由各山堂成員的籍貫來看，亦足以說明流動人口的重要性。光緒五人（1879）十月，在貴州破獲的一起哥老會案件，其成員來自貴州施秉廳、普安廳、桐梓縣、湖南湘鄉縣、祁陽縣、廣東連州以及廣西南丹縣。〔註68〕事實上，這並非特例，而是一個普遍存在的現象。很顯地，流動分子的確是構成哥老會的主畏成分。

關於哥老會各山堂的成員數目，限於資料記載的不完全，無法確知。張

〔註62〕《宮中檔光緒朝奏摺》，第七輯，頁759，光緒十九年五月初九日，陝西巡撫鹿傳霖奏摺。

〔註63〕《月摺檔》，光緒十八年閏六月二十六日，陝甘總督楊昌濬奏摺。

〔註64〕《光緒朝東華錄》，頁3161，(25)，光緒十八年九月乙巳。

〔註65〕《宮中檔光緒朝奏摺》，第十九輯，頁511，光緒三十年五月十八日，河南巡撫兼管河工事務陳夔龍奏摺。

〔註66〕《光緒朝東華錄》，頁4558，(1)，光緒二十六年九月己巳。

〔註67〕楊逢春，〈伊犁辛亥革命概述〉，頁510。

〔註68〕《岑襄勤公（毓英）遺集》，奏摺，卷十四，頁46b～47b，光緒五年十月二十五日，〈拏獲會匪訊明正法摺〉。

之洞曾指出，多者達數萬之譜，少者亦過數百。〔註 69〕其實這只能算是一種籠統的說法，究竟有多少，仍然沒有確切答案。同治八年（1869），湖南遭受水患，次年入春，米穀價昂，江湖會總堂老冒賴榮甫見貧民覓食維艱，易於煽惑，遂起意謀逆。其中屬於會中成員的派分五隊，每隊約八、九十人，而加上沿途裹脅的貧民，則號稱二、三千人。〔註 70〕其實此次起事，會黨人數最多不超過五百人，其餘則是被脅迫的一般農民，他們的參與當屬暫時的現象，而非眞正的會黨。同治十年（1871），湖南巡撫劉崑曾指出：「湖南會匪隨地放飄，分立山堂香水名色，互相勾結思逞。始而鄉愚誤爲煽惑，狼狽相依，繼則良懦亦被恫喝勉從避患，以致蔓延日廣徒黨日滋。必於青黃不接穀價昂貴之時，誘合貧民，乘機蠢動。」〔註 71〕光緒十一年（1885）五月，哥老會「五洋山、三結堂」頭目成祥，率眾二千餘人進攻浙江仙居縣城。根據生擒會黨的供稱：「實在匪徒數百人，餘皆糾合就地頑民，隨同助勢，許其入城搬取物件」。官方明了此次會黨起事，鄉里被騙入會者甚夥，故傳諭紳董，曉以順逆之情，凡繳票自首之人可免治罪。」〔註 72〕深知哥老會情形的張之洞於光緒十八年（1892）九月，建議有關當局亟應明訂章程，其中即主張：「其無知鄉民被誘被脅，誤受匪徒飄布，希冀保全身家並非甘心從逆之人，如能悔罪自首呈繳飄布者，一概寬免究治。」以「期嚴懲首要，解散脅從，以除奸宄，而安善良。」〔註 73〕可見這些鄉愚絕非哥老會的構成主體，否則不會如此輕易地從寬處理。總之，被哥老會誘脅的鄉民，或爲保全身家免受攻擊，或爲助長哥老會聲勢，他們成爲哥老會黨眾，祇是暫時的性質，一旦所屬山堂被破獲，事情結束後，他們與哥老會之間似乎又沒有任何的瓜葛了。

另外，有一點非常值得注意，哥老會對於成員的民族成分並沒有限制，

〔註 69〕《張文襄公全集》，卷九八，公牘十三，頁 8a，光緒十七年六月初九日，〈札南北臬司飭議嚴辦會匪章程〉。

〔註 70〕《劉中丞（韞齋）奏稿》，卷六，頁 35b～36a，同治九年四月，〈撲滅湘鄉會匪仍籌費辦團摺〉。

〔註 71〕《劉中丞（韞齋）奏稿》，卷八，頁 24b，同治十年三月，〈撲滅益陽龍陽會匪並跟蹤搜勦摺〉。

〔註 72〕《劉尚書（秉璋）奏議》，卷二，頁 34b～35b，光緒十一年六月十八日，〈奏台州府屬哥老會匪攻城即時撲滅疏〉。

〔註 73〕《張文襄公全集》，卷三二，〈奏議〉三二，頁 28b～29b，光緒十八年九月十四日，〈酌議嚴懲會匪章程〉。

至少在清末最後幾年是如此。在新疆方面，由於哥老會受到反滿革命風潮的影響，所吸收的成員，除滿、蒙、錫、索各族外，其他民族，不論成分，不論界別，一律吸收入會。〔註 74〕四川松潘、理縣、茂縣、汶川藏族地區也有哥老會組織，汶川瓦司二十三世土司索代賡就是汶川、理縣的哥老會首領。〔註 75〕就連西方人也可以加入，甚至還有優待。〔註 76〕這些也都顯示出哥老會具有廣泛包容的特性。

綜合上述，以「有容乃大」這句話來形容哥老會絕非誇詞。當然，也正因爲這項特質，使得哥老會成爲一個由極爲複雜的成分所凝聚而成的組織。在四川哥老會幾乎是無孔不入，滲透到各階層之中，「入會者自紳商學界，在官人役以及勞動苦力羣不逞之徒莫不有之。」〔註 77〕不少地方出現會黨、紳士、團練結合在一塊的情況，即所謂「一紳、二粮、三袍哥，隨處皆活躍。」〔註 78〕同時清末官吏貪污苟且，衙役多與哥老會勾結，竟使地主富商不能恃官威而反靠袍哥庇護，以保安全。〔註 79〕貴州哥老會的成員同樣具有複雜的成分，清末自治學社的大部分成員主要來自哥老會，有學生、秀才、舉人、手藝人、農人、小商人、富家子弟以及失業游民。〔註 80〕再者，根據哥老會的成分，大致可以將之歸納成三大類：（一）士紳階層，部分加入的原因，乃爲求得保護和免受哥老會攻擊。而四川的清水袍哥屬於此類，有些表面係當地巨紳，不涉渾水，其實暗中不免坐地分贓，〔註 81〕嚴格來說，應該視之爲土豪劣紳之流。（二）以下層羣眾爲主體的流動分子，像游勇、游民、小販、江湖術士、工匠等等。四川渾水袍哥可歸於此類，他們敢于觸犯禁令，是會中挺而走險的中堅勢力。〔註 82〕（三）一般的小商人和平常百姓農民，他們

〔註 74〕楊逢春，〈伊犁辛亥革命概述〉，頁 510～511。

〔註 75〕索觀瀛，〈松、理、茂、汶藏族人民反清鬥爭〉，《辛亥革命回憶錄》，第三冊，頁 227。

〔註 76〕甘作霖，〈西人所述哥會之歷史〉頁 75。

〔註 77〕《四川官報》，第九號，宣統三年三月六日，轉引自隗瀛濤、河一民，〈論同盟會與四川會黨〉，《紀念辛亥革命七十周年學術討論會論文集》，上輯，頁 549。

〔註 78〕〈哥老會組織一瞥〉，《四川月報》，第七卷第六期，轉引自隗瀛濤、何一民，〈論同盟會與四川會黨〉，頁 549。

〔註 79〕李璜，《學鈍室回憶錄》（臺北，傳紀文學出版社，民國 67 年 6 月 1 日再版），頁 16～17。

〔註 80〕胡壽山，〈自治學社與哥老會〉，頁 466。

〔註 81〕李璜，《學鈍室回憶錄》，頁 17。

〔註 82〕隗瀛濤、何一民，〈論同盟會與四川會黨〉，頁 549。

是會中的疏離羣，〔註 83〕與組織間沒有緊密結合的凝聚力存在。以上三類各爲不同的需求接受哥老會，儘管動機誠意不同，然而助其聲勢擴張的情形則無二致。在中國傳統社會中，士紳在地方上具有支配與穩定的力量，是地方的領袖，哥老會與之相結，在地方上較易取得發展的優勢。第二中類臥虎藏龍，江湖豪傑之士盡屬其中，哥老會的天下可以說大半是他們的功勞。而第三類與哥老會的關係，簡單地說，就是相互爲用罷了。

總之，哥老會具有患難相扶持的風尙，對於生活缺乏保障又沒有家庭依靠和幫助的社會邊緣的游離分子來說，哥老會自然成爲他們依賴與寄託的對象。同時，哥老會那種「四海之內皆兄弟」的擬親屬方式，又正可以彌補彼此間關係之不足。另外，由上一章我們了解到，種種因素的契合，哥老會已發展成社會上一股龐大勢力，儼然政治上具有力量的壓力團體，依附此勢力的人，易達成其目的和利益，並且能夠獲得自身安全。所以說，哥老會除了造成社會侵蝕的負面影響外，更具有正面的功能，對亟需幫助的人伸出援手，使其在陌生環境中易取得立足點，進而得到調適而有安定的歸屬感。

第三節　領袖群的產生方式及其社會特徵

本節討論的領袖羣涵蓋面甚廣，除了普通會員外，上起龍頭，下至一般小頭目，都包括在內。其中一些徒具虛名而無實權的高階層頭目。也在討論之列。同時，本節所謂的社會特徵主要有二項：即領袖羣的籍貫、出身背景與職業。出身背景和職業雖然有其差異，不過筆者爲討論方便起見，故將之列入同一項內。

根據資料顯示，哥老會領袖羣產生的方式，沒有特定的原則，可以說是一種因應情勢的方式。換言之，這種不拘形式的方法，也正顯現出哥疕會具有的變通性，毋怪乎哥老會能發展出遍及大半個中國的勢力網。一般而言，哥老會各山堂龍頭地位的取得，大都是在一種和平狀態下進行，普遍由創立山堂者担任龍頭。光緒十七年（1891），長江流域著名的流產暴動李洪案內各路頭目即爲典型的例子。李典開立「玉龍山」、「金象山」、「飛虎山」、「蓮花山」四個山堂，高德華開立「楚金山」、「護國堂」、「九華山」、「龍鳳山」三

〔註 83〕Cheng-Ynu Liu, The Ko-Lao Hui in Late Imperial China（Ph. D. University of Pittsbrugh, 1983）, P,101。

個山堂，龍松年開立「楚鄂山、永樂堂」、「雙龍山、公議堂」、「玉龍山」三個山堂，匡生明開立「飛龍山」、「龍華山、公議堂」二個山堂，濮雲亭開立「聖龍山、明議堂」，他們均爲自創山堂的龍頭大爺，在會內大哥李洪的召集下結合在一起。〔註 84〕有時一個山堂初立，強有力者不祗一人，爲了彼此的和諧，乃採用抽籤方式決定孰爲正龍頭。光緒十八年（1892），李發濚、郭其昌二人即以拈鬮方式決定正龍頭人選。〔註 85〕倘若某人是創會元老，較有資望，其他成員也會將之推舉爲龍頭。籍隸湖南鳳凰廳的米幗汝隨王敬之、楊洪軒在安徽寗國府創立「文武山」，派爲禮堂，後楊洪軒被拏獲，王敬之遠走，米幗汝於是被推作「文武山」龍頭。〔註 86〕由於哥老會有師徒制，因此也有由師父手中接替龍頭的情形。曹小湖昔年拜羅富爲師，後羅富病故，曹小湖接手爲「龍虎山」山主，亦即龍頭。〔註 87〕或許這是一種制度化的師徒相承方式，也可見哥老會組織嚴謹之一面。除了這幾種方式外，想在會內當上龍頭地位，不一定非得按步就班的往上爬，往往會有躐等而上的青形。例如，李正東聽從羅洪章糾邀入會，後由藍旗老五升做江西省吉安龍頭。〔註 88〕劉志和，原任馬幅益「迴龍山」老滿，後入蕭克昌「臥龍山」，升爲老六，復興王春和、李柏雲、劉正鰲四人同升爲正龍頭，幫辦會內事務。〔註 89〕不過，這二個例子顯然和組織規模的大小有關，也就是在一個由諸多山堂構成的勢力網內，某人在總頭目的提升下，可以越級而爲某山堂的龍頭。

然而，不是說哥老會龍頭地位的取得都是在和平狀態下完成，有時也有互爭的情形。〔註 90〕更有甚者，則是強迫善良百姓充當龍頭。同治六年（1867）四月二十七日夜，湖南湘鄉縣十九都毛田等處有哥老會黨數十人突入紳士謝

〔註 84〕《月摺檔》，光緒十八年二月十日，湖廣總督張之洞湖南巡撫張煦奏摺。《月摺檔》，光緒十八年四月二十一日，安徽巡撫沈秉成奏摺。《月摺檔》，光緒十八年八月二十二日，安徽巡撫沈秉成奏撫。《月摺檔》，光緒十八年九月九日，兩江總督劉坤一江蘇巡撫奎俊奏摺。

〔註 85〕《月摺檔》，光緒十八年九月二十一日，安徽巡撫沈秉成奏摺。

〔註 86〕《月摺檔》，光緒十九年八月二十日，安徽巡撫沈秉成奏摺。

〔註 87〕《月摺檔》，光緒九年五月八日，湖南巡撫卞寶第奏摺。

〔註 88〕《軍機處月摺包》，第二七二九箱，四二包，一五〇六六八號，江西巡撫德馨附片錄副。

〔註 89〕《宮中朱批奏摺》，光緒三十四年七月二十九日，護理江西巡撫沈瑜慶奏摺，收於《辛亥革命前十年間民變檔案史料》，上冊，頁 346。

〔註 90〕《岑襄勤公（毓英）遺集》，奏稿，卷十四，頁 47a，光緒五年十月二十五日，〈拏獲會匪訊明正法摺〉。

黴岳家，脅令爲首，謝黴岳不從，被逼投水。旋哥老會黨聚集五、六百人，將謝黴岳及附近房屋數十家悉行焚燬。〔註 91〕以上之例主要牽涉到哥老會與地方士紳的關係，上節對此已有說明，茲不贅述。

哥老會各山堂的龍頭之所以成爲龍頭，並非都是泛泛之輩所能爲之，通常還須具備特殊能力或是神化式的傳奇附會。〔註 92〕例如，前述的李典，即具有相當的本領，據說常在監獄將刑具扭斷打開。〔註 93〕籍隸江西崇仁縣的陳常，光緒八年間（1882），在蔣湝軒家飲酒睡醒，蔣湝軒告知見伊妻身現金龍，遂蓄異志，取別號立民，以「中天下而立定四海之民」編爲糾人暗號，招集黨羽，圖謀起事。〔註 94〕朱洪祚，原籍湖南長沙縣，寄在黔西。光緒五年（1879）正月十八日，路遇素識之姚方二，將伊引至徐小滿家，見徐小滿身背菩薩，口言禍福，聲稱朱洪祚是眞主出也。惟時在場之人均願結黨相助，朱洪祚乃起意謀反，約定在威寧州月亮硐歃血訂盟，商議各糾同黨，暗製軍械，並封官設職。〔註 95〕雖然哥老會沒有秘密宗教那種嚴格的信仰戒律，不過，由於與秘密宗教的接觸，多多少少受到神教觀念的影響，不但能堅定自己的信心；也足以證明他們超凡的一面，以別於常人，並且借此懾服會眾，提高本身的地位。再如周子意，江西鄱陽縣人氏，膂力過人，頗知拳勇，據聞其口內能發鋼鏢七支，並且蹤跳如飛，使人莫敢近前。其軍師謝海山自稱能知過去未來事情，同時宣稱周子意是「飛天白虎星」下世，能成大事。遂糾合數百人入會，徙授旗號口號，分官設職，備置軍械，約定光緒十六年（1890）五月十三日攻打安徽建德縣城。〔註 96〕這是將神道迷信荒誕不經之談與過人本事結合的典型例子，更能取得會眾的擁戴信任。

至於一般大小頭目的選定方式，同樣也是繁複多變，沒有一定的軌跡可尋。有些與山堂的創立方式有關，例如前述的朱洪祚，他旳山堂是集體歃血訂盟而成，然後再分封職位，有類分贓政治。不過，另有一種情形，山堂雖是集體創

〔註 91〕《劉中丞（韞齋）奏稿》，卷二，頁 31b，同治六年五月，〈撲滅湘鄉會匪並擊散瀏陽齋匪摺〉。

〔註 92〕Cheng-Ynu Liu *The Ko-Lao Hui in Late Imperial China*（Ph. D, University of Pittsbrugh, 1983） P.102, P.103。

〔註 93〕《月摺檔》，光緒十八年二月十日，湖廣總督張之洞湖南巡撫張煦奏摺。

〔註 94〕《月摺檔》，光緒十八年八月五日，江西巡撫德馨奏摺。

〔註 95〕《岑襄勤公（毓英）遺集》，奏稿，卷十六，頁 45b～46a，光緒七年五月初六日，〈拏獲逆匪朱洪祚正法摺〉。

〔註 96〕《光緒朝東華錄》，頁 2773，（17），光緒十六年九月辛卯。

立，而大小職位均由抽籤決定。前述郭其昌、李發灤二人山堂內其它職位如副龍頭、五堂、護印、心腹、金（聖）賢、王侯、紅旗等，也均以拈鬮方式決定。〔註97〕倘若山堂是由個人所創，則大小職位皆由其邀人擔任，而非事前的約定。籍隸湖南零陵縣的蔣德標，於光緒二十年（1894）五月間創立「天台金龍山」，自充龍頭，隨後邀得覃因詳爲副龍頭、莫溢山、賀肉籠、林纘庭爲新副，陳金萬爲第三排當家，名目均在坐堂、陪堂之上。〔註98〕有些因爲入會多年或是有功勞得受更高職位。李保山，入鄧海山「武嶽山、洪福堂」多年，升爲五牌大頭目，可管五百人，後又封爲保兵元帥。〔註99〕黃岐山，爲鄧海山邀約入會，由於領賣票布多張有功，得受八牌頭目。〔註100〕也有某人一旦升上龍頭後，其他大小頭目則由他來指派。像米幗洝當上龍頭後，乃指派張鼎臣爲坐堂、袁洪順爲陪堂、吳正烈爲刑堂、趙啓明爲管堂、柳正青爲値堂、郭㥩爲監堂、江大沅爲盟證、李洪汰爲總辦營務處〔註101〕倘若有本領的話，也會被重用而擔任某些職位。張順誠，入胡得魁「青山四喜堂」，由於年輕具有本領，遂被派爲老五，同時又被高華德封爲三江營務處。〔註102〕然而，有的山堂衹要出錢即給予頭目職稱，像本章第一節論述的姚士林案件，就是最顯明的例子。姚士林之所以能由大九一步登天至副龍頭地位，就是因捐獻洋錢二元，而非因他有何功勞或是特殊本事。此外，哥老會有一特色，各山堂間不但不互相排斥，成員甚且可以彼此交流，這種情形，導致先後入不同山堂，其職位也由低而上升。例如，盧玉咸先生袁九勝名下稱爲大爺。〔註103〕又張少卿先入「洪江會」充當江口老九，繼入「金華山」派充管事老五，又入「西梁山」派充當家老三，後入「臥龍山」派爲心腹老大。〔註104〕總之，哥老會各山堂內的領袖羣，其選定與升遷並無固定方式，所依循的可以說是一種沒有特定原則的原則，即使在一定的範疇內歸

〔註97〕《月摺檔》，光緒十八年九月二十一日，安徽巡撫沈秉成奏摺。

〔註98〕《月摺檔》，光緒二十年元月二十四日，廣西巡撫張聯桂奏摺。

〔註99〕《光緒朝東華錄》，頁3166，(9)，光緒十八年十月庚申。

〔註100〕《軍機處月摺包》，第二七二九箱，四二包，一三〇六六八號，光緒二十年二月十九日，江西巡撫德馨附片錄副。

〔註101〕《月摺檔》，光緒十九年八月二十日，安徽巡撫沈秉成奏摺。

〔註102〕《月摺檔》，光緒十八年八月二十二日，安徽巡撫沈秉成奏摺。

〔註103〕《宮中朱批奏摺》，光緒三十四年七月二十九日，護理江西巡撫沈瑜慶奏摺，收於《辛亥革命前十年間民變檔案史料》，上冊，頁346。

〔註104〕《軍機處月摺包》，第二七四六箱，一六包，一八〇一七二號，宣統元年七月十日，江西巡撫馮汝騤奏摺錄副。

納出不同的方式，一旦又有新的例子出現，則自會超出一定的範疇。

關於哥老會領袖羣的籍貫，茲據附錄三以及附錄四所列三〇二人中有籍貫可考者列表於下：

表 4-4　哥老會領袖羣籍貫分布表

籍　貫	人　數	百分比
湖　南	68	42.5
湖　北	23	14.4
江　西	17	10.6
四　川	13	8.1
貴　州	11	6.9
河　南	9	5.6
廣　西	7	4.4
安　徽	6	3.8
陝　西	2	1.3
甘　肅	1	0.6
雲　南	1	0.6
江　蘇	1	0.6
浙　江	1	0.6
總　計	160	100.0

表 4-5　哥老會領袖羣中屬於游勇的籍貫分布表

籍　貫	人　數	百分比
湖　南	39	78
湖　北	7	14
貴　州	2	4
江　西	1	2
陝　西	1	2
總　計	50	100.0

表 4-6　哥老會成員籍貫分布表

籍　貫	人　數	百分比
湖　南	88	34.2
湖　北	46	17.9
江　西	46	17.9

四　川	23	8.9
貴　州	16	6.2
河　南	11	4.3
廣　西	8	3.1
安　徽	8	3.1
陝　西	3	1.2
江　蘇	2	0.8
浙　江	2	0.8
廣　東	2	0.8
甘　肅	1	0.4
雲　南	1	0.4
總　計	257	100.0

按表4-4所列的數字，湖南籍的領袖羣佔了百分之四二・五，將近二分之一，這自然是因爲哥它會的發展與湖南有著密不可分的關係，以致領袖羣也多出自湖南省。再就表4-5來看，五十個出自游勇的領袖羣中，湖南籍的就佔了百分之七八，將近五分之四，比例不可謂不高。關於哥它會與游勇的關係，在第三章第二節已有詳細論述，將百分之七八的比例與參考對照，更能凸顯出湖南與哥老會的關係。另外，再將表4-4中湖南、湖北、江西、四川、貴州五省相加，其比例高達百分之八二・五，超過五分之四。然而單就領袖羣來看，似乎有些偏頗，故再將表4-6中這五省相加，比例更高達百分之八五・一，成員的比例，相信應當較領袖羣客觀些。雖然這些只是極少數有稽可考，不過領袖羣和成員相近的高比例以及排列次序的相同，絕非巧合所能解釋。其之四川、貴州是哥老會重要起源地；湖北、江西緊臨湖南，深受影響。因此這五省結合的比例，在在顯示出哥老會的源流與他們之間的關係，同時也強化了第二章第四節的論點。不過，在此有一點值得注意，單以表4-4與四——六中所列四川比例都偏低，不到十分之一，甚至在表4-5中連四川籍的也沒有，這是否意味著哥老會在四川的發展並不怎麼成功？其實不然。可能哥老會在四川早已深入民間，紮下堅實的基礎。形成一股龐大的社會力量。「蜀中之竊匪，死無一不屬會中哥弟。」〔註105〕雖然未免有誇大之嫌，但也反映出哥老會在四川的深厚基礎。同時，民國時期的一些相關記載，也以四川最

〔註105〕〈四川的哥老會〉，《四川日報》，第八卷第五期，轉引自隗瀛濤、何一民，〈論同盟會與四川會黨〉，頁553。

爲有名，而四川「袍哥」更可說是哥老會的代名詞，一般百姓均不敢與其爲敵。在此情形下，官方雖欲嚴拏哥老會，卻力有不迨。故此一疑點，對四川而言，僅是一表面化的現象，若深一層看，方能一探究竟。

最後要討論的哥老會領袖羣的社會特徵是出身背景與職業。茲據附錄三與附錄四中有資料可查的領袖羣列表於下：

表 4-7　（甲～丁）哥老會領袖羣出身背景、職業一覽表

甲

出身背景、職業	人　　數
候選知縣	1
候選縣丞	1
武　舉	2
武　生	3
文　生	3
監　生	1
總　計	11

乙

出身背景、職業	人　　數
營　勇	9
游　勇	59
總　計	68

丙

出身背景、職業	人　　數
匠　人	6
衙　役	6
僧　道	5
教拳棒	3
礦　工	3
卜　算	3

裁　縫	2
船　夫	2
賣　藥	2
開館子	2
醫　生	1
傭　工	1
貿　易	1
開烟館	1
無　業	5
總　計	43

丁

	人　　數	百分比
甲	11	9.1
乙	68	55.7
丙	43	35.2
總　　計	120	100.0

根據上一節所述，哥老會的組成分子主要是以下層流動分子爲主體，此處就領袖羣結構而論，也與整個成員比例相近似。按表 4-7 中（乙）項游勇類，如果更深一層加以剖析，則可列表於下：

表 4-8　哥老會領袖羣中屬於游勇的職業分布表

職　業	人　數	百分比
教拳棒	1	4.6
開烟館	1	4.6
賣糕餅	1	4.6
販私鹽	1	4.6
醫　生	1	4.6
游蕩無業	17	77.0
總　計	22	100.0

其中游蕩無業者佔了百分之七七，將近五分之四。而在三十七個無法得知是

否有職業者當中，相信與此表所列相差不遠。又游勇中有職業者與表 4-7（丙）項相符合，如同上一節所述，這羣屬於社會低階層分子，穿梭流動在市鎮鄉村間討生活，固定的生活點不是他們的生活型態，在各處游蕩流動才是他們實在的生活特色。由附錄四來看，除去營勇屬於領袖羣的一百一十六人當中，不在本籍入會、結會與在外游蕩者有五十九人，佔百分之五〇・九，超過半數。再就附錄三來看，屬於領袖羣的五十九個游勇當中，不在本籍結會、起事與在外游蕩共四十弓人，佔百分之八三・一，超過五分之四。這些高比例數字，顯然表示了流動分子同樣是哥老會領袖羣的主體，無怪他們在各處放飄糾約的對象也與他們屬於同一階層。

當然，哥老會的領袖羣中並非都是粗鄙無文之人，也有少數讀書人甚至具有功名資格。表 4-7（甲）項中所列應算得上是士紳階層，祇佔百分之七・五，這些有著有較高社會地位的人為何加入哥老會，原因並不清楚。不過，考查他們的生平狀況，或許能得到一個較合理的解釋。楊登峻，係湖北來鳳縣已革文生，住居山羊溪地方，山高路窄地勢險峻。楊登峻平素包攬詞訟，膂力過人，恃其居址險隘，勾結遠近會黨，日聚日多，屢屢四出刦掠燒殺，被害之家，畏其黨眾勢大，隱忍不敢告發。楊登峻遂益加橫行無忌，在深山僻處，聚集多人，開爐銷燬制錢，私鑄小錢。同時，又與湖南龍山縣會黨向太和、貴州婺川縣會黨陳爛氈帽、四川黔江縣會首孫寅壽等遙相應援，潛謀起事。〔註 106〕前面論及的陳常，亦是已革文生，平素包攬詞訟，武斷鄉曲，酗酒凶橫，人多畏懼。〔註 107〕陳希賢同樣是被革文生，住居貴州威甯州屬之七家灣，與「忠頂山、積賢堂」會首王沛霖同謀，約期進攻威甯甯州、畢節縣，迨事成後再犯四川。〔註 108〕籍隸安徽太和縣的李發灤，光緒三年（1877），捐監生，後經詳革。光緒十四年（1888）曾欲乘黃水氾濫時生事；光緒十七年（1891），又造謠煽亂，均因敗露逃匿遠處，後隨李丙甲入哥老會，職居老二。〔註 109〕在表 4-7（甲）項中所列的三個文生與一個監生，全部都被革除了資格，由他們簡單的生平事蹟來看，顯然導源於他們平素的惡

〔註 106〕《軍機處月摺包》，第二七三五箱，三包，一一九三八八號，光緒七年十一月八日，湖廣總督李瀚章等附片錄副。

〔註 107〕《月摺檔》，光緒十八年八月五日，江西巡撫德馨奏摺。

〔註 108〕《黎文肅公（敬培）遺集》，〈奏議〉四，頁 12a，光緒二年三月九日，〈拏獲威甯州會匪正法片〉。

〔註 109〕《月摺檔》，光緒十八年九月二十一日，安徽巡撫沈秉成奏摺。

行。特別是楊登峻和陳常二人，根本就是地方上的土豪劣紳，一方之惡霸。由他們這些劣行看來，似乎與秘密會黨之間不但有較易結合的性質，同時更是秘密會黨糾約的對象。事實上，這並非對秘密會黨作道德的價值判斷，由下一章的論述中將可證明這個觀點。

另外，在三位武生中也有二位已被革除資格，其中萬四益參與領導光緒二十七年（1901）二月在安徽甯國縣的暴動。〔註 110〕前面論到與李發灤拈鬮決定龍頭人選的郭其昌，是光緒己丑科（1889）江南武鄉試舉人。光緒十八年（1872）四月，郭其昌與友人邀請「萬里終南山」龍頭鐵通至其家，教導他們如何收人入會、燒香發誓以及傳習口號。同年閏六月，郭其昌在安徽太和縣境界首集地方糾集動員了一千多人，企圖起事。〔註 111〕

再就兩位具有地方官資格的哥老會大頭目來看，其中郭祖漢原任彭楚漢駐甘肅軍隊委員，由五品銜訓導保升花翎候選知縣，後別取郭漚林之名以爲發展其軍中會勢的掩護。同治五年（1866 年）十一月，郭祖漢乘該軍調動之際，暗飛號片於通渭地面，幾致部隊決裂。次年（1867）二月，郭祖漢託故進省城，又復暗地糾眾鬧餉。俟其還營，彭楚漢自其身搜出哥老會暗號圖記，旋即正法。〔註 112〕劉鴻怡，湖南益陽縣人氏，原係湖北候補縣丞，同治元年（1862），因籌措資金告假回籍，自此棄官在洞庭西湖港內當了哥老會大頭目。〔註 113〕

綜合前面就表 4-7（甲）項所述，他們爲何加入哥老會，動機何在，大致上可由兩方面來探討。一方面就他們本身而言，其中具有較高功名的是兩個武舉人，其他的不是僅具初步功名資格，就是低階層地方官員。這些得過最基層功名者，在清末總數已超過百萬，他們應該被視爲一羣「有學問的普通人」（Scholar-Commoners），即所謂「低層士紳」，在宦途上尚未能建立起本身的地位。〔註 114〕他們絕大多數與低階層的地方官員，在科場仕途上沒有進一步的發展，或許就因爲如此，導致他們心態有所偏差，由於心生憤恨，

〔註 110〕《軍機處月摺包》，第二七三六箱，八一包，一四四〇五九號，光緒二十七年七月二十九日，安徽巡撫王之春奏摺錄副。

〔註 111〕《月摺檔》，光緒十八年九月二十一日，安徽巡撫沈秉成奏摺。

〔註 112〕《月摺檔》，同治六年三月二十七日，陝甘總督楊岳斌片。

〔註 113〕《軍機處月摺包》，第二七六六箱，七四包，一〇九八一八號，同治十年十月，巴揚阿奏摺錄副。

〔註 114〕費正清（John. K. Fairbank）編，張玉法主譯，李國祁總校訂，《劍橋中國史》，第十冊，〈晚清篇〉上（臺北，南天書局，民國 76 年 9 月初版），頁 15～16。

乃起異心，朝向另外的方面發展，求得另一種成就感以爲補償心理的缺憾。與其說他們是反抗政權，不如說是爲了造成一股勢力以滿足權力欲的成就感。當然，一旦勢力達到某種程度，其野心自然也會成正比擴大。這種例子歷史上比比皆是，絕非他們所特有的。另一方面以哥老會而言，哥老會要在地方上根深蒂固，其中重要一點，必須與地方士紳有所聯繫。大體說來，維護地方教化之責的士紳，通常不屑與會黨來往，前面提到的謝徵岳即是一例。但是像楊登峻之流則是他們極易勾結的對象，這種惡霸劣紳似乎更容易在地方上建立勢力，哥老會與這種既成勢力結合，對於勢力的發展可收事半功倍之效。

第四節　名異實同的流派

根據資料顯示，在哥老會名稱出現後不久，又有所謂哥弟會稱呼的出現，事實上，兩者指的乃是同一個會黨。《辟邪紀實》一書謂：「哥老會，亦曰哥弟會。」〔註 115〕平山周先生在《中國祕密社會史》書中也說：「哥老會或稱哥弟會。」〔註 116〕迪凡先生撰「四川之哥老會」一文，更明白指出由於該會老少會員皆以弟兄相稱，故又名哥弟會。〔註 117〕迪凡先生所言，可由湖廣總督李瀚章的奏摺中得到證明，在「查明湘省文武辦理匪徒形摺」內，李瀚章云：「至會匪（哥老會）爲首者，向稱老冒，餘則依次哥弟相稱。」〔註 118〕

關於哥老會與江湖會之間的關係，同治五年（1866）五月，在左宗棠的一個摺片內，有如下的記載：「再近年江楚之間，游勇成羣，往往歃血會盟，結拜哥老會，又號江湖會。」〔註 119〕不單單是左宗棠如此的奏陳，其他一些疆吏的奏片中，也有相同的說法。同治九年（1870）十二月，閩浙總督英桂等奏稱：「伏查各路勇丁，每有江湖會匪徒，潛隨煽誘，聚黨結盟，變名爲哥老會。」〔註 120〕光緒二十四年（1898）十二月，湖廣總督張之洞具摺指出：「湖

〔註 115〕天下第一傷心人，《辟邪紀實》，頁 13a。
〔註 116〕平山周，《中國秘密社會史》，頁 76。
〔註 117〕迪凡，〈四川之哥老會〉，頁 39。
〔註 118〕《合肥李勤恪公（瀚章）政書》，頁 460，同治十年十二月初一日，〈查明湘省文武辦理匪徒情形摺〉。
〔註 119〕《奏摺檔》，同治五年五月分，閩浙總督左宗棠片。
〔註 120〕《軍機處月摺包》，第二七六六箱，五四包，一〇五一一三號，同治九年十二

北宜昌、施南兩府，與川省毗連，自川匪余蠻子鬧教以來，訛言四起，該兩府哥老會匪素多，亦名江湖會。」〔註 121〕不同的人，在不同的時間、地點，陳述的卻是同一件事，其間絕非巧合所能解釋，顯然哥老會和江湖會之間有著極不尋常的關係。甚至於可以直接的講，兩者就是同一個會黨，因爲在同、光年間的一些檔案文書中，有「江湖哥弟會」與「江湖哥老會」連稱的出現。〔註 122〕李榕〈稟曾中堂李制軍彭宮保劉中丞〉函中，又透露出嘓嚕子與江湖會間承襲的密切關係，李榕云：「竊按蜀中尚有嘓嚕會，軍興以來，其黨多亡歸行伍，十餘年勾煽成風，流毒湘楚，而變其名曰江湖會。」〔註 123〕同治五年（1866），湖南巡撫李瀚章奏稱：「近又訪問各省撤回勇丁，有以哥老會名目勾結伙黨，煽惑鄉愚，意圖不法。查此會一名江湖會，起自川黔，由來已久，湘省愚民竟有被其誘惑。」〔註 124〕按李瀚章所言，以及就整個演變情形來看，李榕說的江湖會即是哥老會而言。

再者，就江湖會的組織型態，結會的宗旨以及活動方式來看，基本上與哥老會是沒什麼差異的。下引數例，以資證明。光緒十六年（1890）九月，籍隸陝西南鄭縣的徐茂出外游蕩，在四川遇段平章，段平章聲稱江湖會能患難相顧，並有許多好處，於是徐茂應允，隨同尋得古廟燃燭焚香，加入「英雄山、少懷堂、必成香、長江水」山堂，段平章自稱冒頂，派徐茂爲老么。同時，段平章傳知徐茂內外口號，並稱俟飄布印好即行與與。〔註 125〕光緒二十六年（1900）八月，河南信陽州破獲江湖會「九龍山、仁義堂、漢堂香、長江水」山堂，起出飄布多張。訊據被捕會員供稱，加入此會可保身家，並有特殊方式以爲辨識。其結會方式爲宰雞滴血飲酒，燒香結盟。會內職稱有龍頭、聖賢等稱呼。〔註 126〕另外，就是拜霖的案子（見第三章第三節）。拜

月十五日，閩浙總督英桂等附片錄副。

〔註 121〕《光緒朝東華錄》，頁 4303，（54），光緒二十四年十二月乙巳。

〔註 122〕《月摺檔》，同治六年三月二十七日，陝甘總督楊岳斌片。《左文襄公全集》，奏稿，卷二二，頁 54b，同治六年九月二日，〈拏獲會匪正法片〉。

〔註 123〕轉引自蔡少卿，〈關於哥老會的源流問題〉，頁 54。

〔註 124〕《軍機處錄副奏摺》，農民運動類，秘密結社項，第二七二九卷。轉引自朱金甫，〈清代檔案中有關哥老會源流的史料〉，頁 67。

〔註 125〕《宮中檔光緒奏摺》，第七輯，頁 759，光緒十九年五月初九日，陝西巡撫鹿傳霖奏摺。

〔註 126〕《宮中朱批奏摺》，光緒二十七年六月十二日，河南巡撫松壽奏摺。收於《辛亥革命前十年間民變檔案史料》，上冊，頁 191～192。

霖自稱是會上大爺，並刊刷飄布，到處糾人入會，傳授內外口號。由這三個例子來看，結會的目的宗旨不外是患難相顧，可保身家安全，而「山、堂、香、水」、內外口號、成員稱呼、燒會結盟的型態，以及放飄的活動方式，正是哥老會的特點，江湖會既然也是如此，這又證明了江湖會與哥老會本是一家。〔註 127〕雖然有的會黨也有這些類似的特點，然而，由前面地方督撫的奏摺加上這些例證，更能顯示出哥老會與江湖會間的關係。

不過，這並不表示在哥老會之前沒有江湖會之名，早在道、咸年間，江湖會即已活躍於福建一帶，且具有根深蒂固的龐大勢力。〔註 128〕由於史料的缺乏，不僅對其起源、內部結構不得而知，更無法證明其與前述江湖會有何傳承關聯存在。總之，哥老會之所以又有江湖會之稱，筆者以爲有兩種可能性。其一，哥老會出現後，特別是在勢盛後，爲了混淆視聽以逃避官府的緝捕，而變其名爲江湖會。其二，爲表示哥老會有廣博之心，有容納江湖上各層次身分的胸襟，而取名江湖會。當然，並不是說同、光年間，甚至迄於宣統時出現的所有江湖會一定就都是哥老會。

江湖會其後也有在園會之名，光緒三十四年（1908），河南懷慶府知府李廷瑞研訊在園會著名大頭目張增盛、趙字功兩名，供稱先後入江湖會，即在園會。〔註 129〕而早於光緒三十年（1904）七月，河南安陽縣知縣李元楨研訊在園會徐添茌，供稱被邀入在園會，即哥老會黨別立名目。〔註 130〕這些又正顯示了江湖會與哥老會的關係。除此之外，江湖會還有英雄會之稱，〔註 131〕而哥老會也曾爲了掩人耳目，變名爲英雄會及十弟兄會。〔註 132〕由於時間以及成員的差異，這兩個英雄會顯而易見的不是同一個團體，不過，這與在園會的案件卻也說明了哥老會以及江湖會有變換會名的現象。

至於仁義會與哥老會之間的關係如何呢？光緒二年（1876）九月，江西

〔註 127〕朱金甫，〈清代檔案中有關哥老會源流的史料〉，《故宮博物院院刊》，一九七九年第三期，頁 68。

〔註 128〕《文宗顯皇帝實錄》，卷四九，頁 8a～b，咸豐元年十二月丁亥。

〔註 129〕《軍機處錄副奏摺》光緒三十四年四月十四日，河南巡撫林紹年奏摺，收於《辛亥革命前十年間民變檔案史料》，上冊，頁 221。

〔註 130〕《宮中檔光緒朝奏摺》，第十九輯，頁 868，光緒三十年八月初二日，河南巡撫兼管河工事務陳夔龍奏摺。

〔註 131〕《宮中朱批奏摺》，光緒三十四年九月十一日，護理河南巡撫朱壽鏞片，收於《辛亥革命前十年間民變檔案史料》，上冊，頁 26。

〔註 132〕《月摺檔》，光緒十八年九月二十一日，安徽巡撫沈秉成奏摺。

巡撫劉秉璋奏報破獲了一估仁義會的組織，其中明確的指出仁義會就是哥老會。〔註 133〕光緒二十年（1894），在河南祥符縣也拏獲一個以宋金隴為首的仁義會，後改為龍全會。就其刊刷、散放飄布的情形來看，與哥老會頗相近似。〔註 134〕此外，嘉慶、道光年間，在福建、湖南破獲的仁義會案件中，其成員結拜時有過刀關的儀式，〔註 135〕與哥老會有很大的差異，顯然不是源於天地會，即是天地會的變名。因此，將江西、河南的仁義會與福建、湖南的仁義會加以比較，雖然同仁義會，但實質上卻大相逕庭，分屬於兩大不同的體系。在清代，祕密會黨的名稱相同而內容相異的情形，不是個別的現象，故不能單憑某些組織的名稱一致，就斷定它們是同一組織或同一來源。重要的是，還須依組織內容和活動特點來鑑別。〔註 136〕

光緒十二年（1886）六月，向在烏龍會充當老冒的湖南桃源縣人氏龍老九，至武陵縣瓦屋壋白衣庵開立「太吉山」，放飄糾人，頭目有總理大爺、當家老三、紅旗老五以及軍師等名稱。〔註 137〕雖然湖南會黨林立，但是哥老會在湖南的勢力最為龐大，一些在地緣上與哥老會較為接近的會黨受其影響而擷取其特點，應當是有其可能性存在的。後面將要討論到的洪江會，正是最好例證。在如此情形下，或許我們可以說，烏龍會就是仿效哥老會形式而設立的屬於哥老會系統的祕密會黨。

清末，湖南、江西交界一帶地區，不但是哥老會同時也是洪江會活躍的地區。根據一些資料的記載，顯示出洪江會與哥老會之間關係非常密切，是哥老會的一大支派。光緒三十年（1904）七月，江西新喻等縣拏獲洪江會頭目數名，研訊彭云山，供稱伊曾當兵被革，投入哥老會，後改名為洪江會，屬於「臨潼山、忠義堂、天下黃河水、西岳華山香」山堂，歷在各處放票。〔註 138〕光緒三十四年（1908）七月二十九日，在護理江西撫巡沈瑜慶的一

〔註 133〕《月摺檔》，光緒二年九月二十九日，江西巡撫劉秉璋片。

〔註 134〕《月摺檔》，光緒二十年三月十七日，河南巡撫裕寬奏摺。

〔註 135〕《軍機處錄副奏摺》，農民運動類，秘密結社項，第二八二二卷，轉引自朱金甫，〈清代檔案中有關哥老會源流的史料〉，頁 69。《軍機處月摺包》，第二七四七箱，三二包，五九〇四四號，道光六年十一月十八日，唐紹鏞奏摺錄副。

〔註 136〕蔡少卿，〈關於哥老會的源流問題〉，頁 54。

〔註 137〕《宮中檔光緒朝奏摺》，第三輯，頁 317，恩承、薛允升奏摺。

〔註 138〕《軍機處錄副奏摺》，光緒三十年十一月十五日，署江西巡撫夏旹奏摺，收於《辛亥革命前十年間民變檔案史料》，上冊，頁 294。

分奏摺內指出，馬福益是洪江會會首。〔註 139〕又《醴陵縣志》記馬福益事提到：「閩贛鄂湘四省洪江會共擁為領袖。」〔註 140〕馬福益本身在當時是湖南哥它會獨一無二的正龍頭大爺，〔註 141〕又成為洪江會會首；而洪江會「山、堂、香、水」的形式與放票的方式，又均為哥老會的特點；同時再就活動地緣來看，雖然洪江會未必一定是哥老會的變名，然而這些種種證據，都表明了洪江會確實是屬於哥它會體系的一大支派。

關於哥老會與青幫、紅幫的關係，過去的一些記載，不是認為紅幫是哥老會的正統，就是認為青幫是哥老會的支派，甚至以為他們都是天地會的分支。〔註 142〕而晚清的地方督撫也有的以為「青紅幫本哥老會之所遺」。〔註 143〕事實上，紅幫與青幫的「幫」俱由漕運粮船幫得名，均是以信仰羅祖教的漕運粮船水手為主體的祕密組織。他們的宗教色彩雖較淡薄，而其械鬥性質，又跡近會黨，但是他們並非祕密會黨，既非源出洪門天地會，也不是哥老會的正統或旁支，而是屬於祕密宗教的範圍。〔註 144〕過去一些視同定理的錯誤觀念，實導因於戴玄之先生所言：「祕密社會，由祕密而神密，由神密而神話，此乃不易之理，以往研究中國祕密社會史的學者，皆從神話中去推求，牽強附會，諸多失實。」〔註 145〕

到底青幫、紅幫與哥它會的關係如何呢？倘若由哥老會的發展方向來解釋，或許能夠得到一個較為理想的答案。由上一章的論述，我們了解到，為了對抗太平車，湘軍順著長江而下，同時也將哥老會帶入長江流域的安徽、江蘇、浙江一帶。戰役結束後，裁撤營勇，使得哥老會更廣泛地散布在這些地方，自然而然與在此區有著龐大勢力的青幫、紅幫發生關係。光緒元年

〔註 139〕《宮中朱批奏摺》，光緒三十四年七月二十九日，護理江西巡撫沈瑜慶奏摺，收於《辛亥革命前十年間民變檔案史料》，上冊，頁 346。

〔註 140〕湖南《醴陵縣志》，人物志，人物傳，頁數不詳，一九四八年印。轉引自章開沅、林增平編《辛亥革命史》，中冊，頁 231。

〔註 141〕萬武：〈追記運動馬福益及紅鞋〉，頁 447。

〔註 142〕平山周，《中國秘密社會史》，頁 76。蕭一山，〈天地會起源考〉，收入氏編《近代秘密社會史料》，頁 4。

〔註 143〕《軍機處月摺包》，第二七七七箱，四二包，一八九五七六號，宣統二年七月一日，兩江總督張人駿江蘇巡撫程德全奏摺錄副。

〔註 144〕莊吉發，〈清代漕運粮船幫與青幫的起源〉，《中國歷史學會史學集刊》，第十八期（臺北中國歷史學會，民國 75 年 7 月），頁 229。

〔註 145〕戴玄之，〈青幫的源流〉，《食貨月刊》，第三卷第四期（臺北，食貨月刊社，民國 62 年），頁 28。

（1875），劉坤一在一分摺片內曾指出：「江蘇匪徒內，有安清道友、哥老會兩大起。」。〔註 146〕光緒十八年（1893）江蘇拏獲哥老著名會首陳金龍，他同時也是安清道友通字輩，在上海、吳淞等處開立「龍華山」與「玉龍山」〔註 147〕同年，江蘇又拏獲的一名哥老會會員曾同，供認原爲安清幫成員。〔註 148〕安清道友與安清幫就是青幫，按以上的記載，可知哥老會與青幫非但不排斥對方，甚至可以說彼此還互相認同，互相交流。另外，光緒二十五年（1899），劉坤一在一分奏摺中有如下的記載：「江南通州劉海沙地，與常熟、江陰毗連，近時哥老會、紅幫粮幫所窟宅。」〔註 149〕光緒三十二年（1906），江蘇江陰縣拏獲文漢湘、龔俊祥、蕭長壽等三名，起出飄布、木戳僞印等件，訊據文漢湘，供稱伊係紅幫成員，其兄文漢同是幫中正龍頭。〔註 150〕同年，江蘇省城地方拏獲紅幫正龍頭易翰一名。〔註 151〕由「近時哥老會、紅幫粮幫所窟宅」的情形來看，加上紅幫採行放飄的方式以及正龍頭的稱呼，在在表示出雙方關係之密切，否則紅幫不會仿效哥老會的特點。

總之，青幫、紅幫有其獨特的起源系統，與哥老會完全不同，同時內部王態也有著極大的差異。不能因爲他們和哥老會有所接觸，發生了結合甚至融合的現象，就斷言孰爲哥它會正統、孰爲哥老會旁支，如此一來，則混淆了他們發展的獨立性，並且將會誤導研究者的方向。

〔註 146〕《劉忠誠公遺集》，奏疏，卷十，頁 56a，光緒元年，〈密陳會匪情形設法鉗制片〉。

〔註 147〕《劉忠誠公遺集》，奏疏，卷二十，頁 13b，光緒十八年三月十八日，〈拏獲會匪土匪員弁擇尤請獎摺〉。

〔註 148〕《月摺檔》，光緒十八年九月九日，兩江總督劉坤一江蘇巡撫奎俊奏摺。

〔註 149〕《光緒朝東華錄》，頁 4343，（42），光緒二十五年二月癸巳。

〔註 150〕《宮中檔光緒朝奏摺》，第二三輯，頁 598，光緒三十二年八月二十八，江蘇巡撫陳夔龍奏摺。

〔註 151〕《宮中檔光緒朝奏摺》，第二三輯，頁 691，光緒三十二年九月二十八日，江蘇巡撫陳夔龍附片。

第五章　哥老會的活動與蛻變

第一節　平時的活動與分布狀況

秘密會黨之生命靈魂，不像秘密宗教完全憑恃著一種堅定的信仰、神祇崇拜，以及持齋誦經的宗教生活。〔註1〕基本上，秘密會黨有其獨特的生存環境與活動方式。早已深入民間並且如同老樹盤根錯節的哥老會。其行動絕非全像「盜匪」一般。爲了生存與發展，哥老會在一定的勢力範圍內，掌握著許多合法與非法的活動。而這些活動也具有一定的社會功能，即使是負面的功能，也不能完全將之抹煞。在某種程度與範圍內，哥老會扮演著屬於他們那種層次社會的安定角色，使那些活動在隱藏著的制度下維持運作。

哥老會由於深入民間，在地上有鞏固的地盤，平時和尋常百姓並無不同。爲了避人耳目，他們平日聚集的時間、地點沒有一定，此即安徽巡撫裕祿所謂：「聚散靡常」。〔註2〕基本上，在沒有「動員」通知時，哥老會成員除了無業遊民外，有職業者皆在其崗位上工作，這也就如巴揚阿所說：「散則混作良民，聚則仍成股匪。」〔註3〕他們平時活動的地區多在人口稠密的市鎮，特別是工商輻輳商賈薈萃之區，並非盡在山壑間。〔註4〕一方面工作好尋，易於生

〔註1〕王爾敏，〈秘密宗教與秘密會社之生態環境及社會功能〉，《中央研究院近代史研究所集刊》，第十期（臺北，中央研究所近代史研究所，民國70年7月）頁48。

〔註2〕《月摺檔》，光緒二年三月二十二日，安徽巡撫裕祿奏摺。

〔註3〕《軍機處月摺包》，同治十年十月，巴揚阿奏摺錄副。

〔註4〕《德宗景皇帝實錄》，卷二九九，頁18b，光緒十七年七月乙丑。《劉忠誠公遺集》，奏疏，卷二一，頁19b，光緒十九年三月二十九日，〈遵旨詳籌議覆摺〉。

存；一方面流動人口多，便於放飄糾人，同時也易於匿跡。在如此環境下，哥老會爲辨識會內兄弟以及傳遞訊息，則又發展出一套特殊的方法。他們接觸的公共場所中，主要是茶樓、飯館、鴉片烟館、賭場等龍蛇混雜之地。喝茶時，茶碗、茶壺、烟袋放的位置都有一定。〔註5〕遞茶、遞烟，皆以右手中指、食指、無名指伸出，大小指按下。使禮則手拱耳旁，亦伸三指。飯罷，左手執碗，右手伸三指，執箸向碗中一挑，復向碗底橫繞，然後放下。此皆所謂出指不離三。〔註6〕而在別的場合中，也有其它的隱語和手勢、體姿所表達的語言，作爲彼此會見時溝通的共同語言。

一般而言，開設賭場既能提供金錢，又能成爲招收新會員的重要據點，〔註7〕是哥老會擴張山堂的一個好方法。在清朝末期，人口僅逾萬人的湖南醴陵縣淥口市擁有賭場數十家，多爲哥老會頭目所控制。每逢年節、迎神賽會，富商大賈自遠方必來，聚賭於此。在長達三、四十天的賭期中，輸贏多至數萬金。賭博不但爲淥口帶來繁榮的商務，也使治安亮起紅燈，商民乃商請湖南著名哥老會龍頭馬福益出面維持治安。馬福益邀得各頭目訂定條規，實行後，不僅市面安然，更爲馬福益帶來聲譽。於是開堂放飄，淥口市民加入者頗眾，勢力遍於醴陵、湘潭、瀏陽各縣，並及於江西、湖北等省，徒眾發展至萬人之多，〔註8〕成爲哥老會重要的強大基地。根據張國燾先生的回憶，在清朝最後十幾年間，洪江會的黨徒在湘、贛邊境開設了許多賭場，其性質有類上海的「花會」，當地名爲「開標」。每天上午，賭場派人到各鄉村找人下注，下午四、五時開標。開標辦法是分三十六門下注，押中者，賭場則賠三十倍。同時，洪江會頭目也利用此吸收各地鄉民入會，擴展勢力。加以湘贛兩省官府行動難於一致，如果湖南官府取締，他們就逃往江西；江西官府取締，他們就逃往湖南，以致賭場勢力愈來愈膨脹，入會鄉民也就多起來了。〔註9〕事實上，張國燾先生說的這個地區，就是以上所說的馬福益建立起來的哥老會勢力範圍。

馬福益除了在其勢力範圍內掌握著賭場的運作外，更受僱爲湘潭縣屬雷

〔註 5〕平山周，《中國秘密社會史》，頁 114～117，張贇，《金不換》，頁 122～154。
〔註 6〕天下第一傷心人，《辟邪紀實》，附卷，〈哥老會說〉，頁 14a。
〔註 7〕Cheng-Yun Liu, The Ko-Lao Hui in Late Imperidl China,（Ph.D. University ofPittsburgh, 1983）, p.134
〔註 8〕張平子，〈我所知道的馬福益〉，《辛亥革命回憶錄》，第三冊，頁 240。
〔註 9〕張國燾，《我的回憶》，第一冊（香港，明報月刊，一九七四年第二版），頁 7。

打石窰廠總工頭，將整個礦區置於控制中。雷打石共有窰廠二十多座，窰工約千餘人，多已加入會黨。而流氓、地痞、盜賊間有混入者，以至良莠不齊，地方不靖。各廠廠主乃議聘馬福益爲總工頭，同時接受馬福益的建議，每廠設一分工頭，其下再設若干工頭，作爲廠主與窰工中間人。二、三個月後，礦山秩序井然，流氓盜賊絕迹，居民得以安居樂業。至是富人以及士紳亦有加入哥老會者，馬福益的勢力則較前益厚。〔註 10〕

由馬福益在淥口市與雷打石的情形來看，證明了祕密會黨的行爲並不全然會造成社會侵蝕的現象。相反地，他們甚至較官府更具威信，負起維護地方秩序的責任，扮演安地地方的角色。張國燾的回憶錄中也提及，洪江會所控制的賭場，組織算是不錯的。他們頗有信用，從未聽說賭場有明目張膽欺負鄉下人的事情發生。而且在洪江會活動的勢力範圍內，小股外路土匪就不敢在此出沒，搶劫的事反倒稀少了。〔註 11〕可見祕密會黨也具有正面的社會功能。

除了賭場外，鴉片烟館同樣也是三教九流混雜之地，「大凡無可託足之徒，皆於烟館爲藏垢納污之所。」〔註 12〕顯然，鴉片烟館提供了哥老會便於發展的活動空間。例如，姚士林即是在烟館內會遇熟人，彼此閒談後，遂被邀約入會。〔註 13〕而哥老會爲了方便起見，更有直接開烟館以及糾約烟館主人入會的情形。例如，光緒十一年（1885），溫元和在福建投營時入會，次年銷差回到江西，先後在湖口縣、彭澤縣開設烟館，與會黨交結往來。〔註 14〕楊四海，前爲水師營勇，被革後，在湖北武穴開茶烟館，聽糾入會，充當禮堂，招呼往來會友。〔註 15〕陳鴻賓，向開烟館營生，爲姜守旦邀入會中，嗣後陳鴻賓又陸續邀約多人入會。〔註 16〕事實上，早在光緒三年（1877），江西

〔註 10〕張平子，〈我所知道的馬福益〉，頁 241。

〔註 11〕張國燾，《我的回憶》，頁 7～8。

〔註 12〕《張文襄公全集》，卷八六，公牘一，頁 21a，光緒八年十二月，〈札保甲局查禁烟館〉。

〔註 13〕《軍機處月摺包》，第二七二九箱四五包，一三一七六二號光緒二十年二月二十八日，江西巡撫德馨奏摺錄副供單。

〔註 14〕《月摺檔》，光緒十八年五月十一日，江西巡撫德馨奏摺。

〔註 15〕《軍機處包摺》，第二七二九箱，五四包，一三四九一一號，光緒二十年八月九日，江西巡撫德馨奏摺錄副。

〔註 16〕《軍機處錄副奏摺》，光緒三十四年三月十七日，護理江西巡撫沈瑜慶奏摺，收於《辛亥革命前十年間民變檔案史料》，上冊，頁 342。

袁州府舉人廖連城就曾指出哥老會已繼「教匪」成爲當時之可慮者。而其患之烈，烟館實爲重要因素：

> 究之教匪與會匪往往串合爲一，近日教匪生事未有不先邀集會匪。夫教會二匪不同道又散處東西南北，其得串合爲一者，實由烟館夥聚而然。如同治六年湖南瀏陽會匪竄入萬載，經舉人團勇截勦，生擒逆首姜本致，供稱係與萬載教匪易某、楊某等在某處烟館商定起事。是烟館非羣奸鈎結之所乎？方今督撫大臣深以教匪徒爲可慮，檄屬嚴行保甲，稽查面生不識之人，辦理極爲妥善。而上年安徽等省猶時有匪竊發，見諸奏報不一而足，則由市有烟館之易鈎結也。蓋保甲既行，匪徒自不敢聚於舖户中，惟烟館則無論何人俱得屯聚聯床吸食，一見如故，土匪鈎引外匪者在此，外匪串通土匪者在此，即遠方匪徒謀不軌而探虛實者亦在此。且忽往忽來、忽聚忽散，保甲難以稽查。而烟館之設又日見其多，大縣約有一、二千間，小縣亦有數百間，編列各村，而城内爲最。故匪徒雖相隔數千里而呼吸相通，直如一室。如此而不生事者，未之有也。〔註 17〕

在烟館如此普遍的環境和甲保失效的情況下，鴉片烟館自然成爲哥老會交換情報，招收會員以及與別的山堂兄弟和其它團體接觸的重要活動據點。

由於哥老會內流動分子甚多，彼輩在中國社會中大體是一羣不甘寂寞、不守本分、並無恆產，然而又厭事生產之活動分子。他們經常爲社會罪惡的製造者，造成社會秩序不安定之主動者。〔註 18〕下舉數例以資證明。據陝西興安府審辦紫陽縣拏獲之陳洪發，供認於光緒二十三年（1897）三月初一日寅夜，與柯道群、石老三以及何木匠四人分執木棒撞門入室，搶到魏道堂家錢物，毆斃事主夫婦，並放火燒燬房屋屍身滅跡。〔註 19〕徐耀停，被糾入會，常在輪船扒竊衣物。〔註 20〕李金山，也常溷迹輪船，偷竊爲生。〔註 21〕事實上，光緒年間，哥老會早已佈滿長江一帶，自四川以迄江蘇，已不下數十萬

〔註 17〕《月摺檔》，光緒三年二月二日，都察院左都御史全慶奏摺。
〔註 18〕陸寶千，《論晚清兩廣的天地會政權》，中央研究院近代史研究所專刊（33）（臺北，中央研究院近代史研究所，民國 64 年 5 月初版），頁 142。
〔註 19〕《宮中檔光緒朝奏摺》，第十三輯，頁 162～163，光緒二十五年八月十三日，陝西巡撫魏光燾奏摺。
〔註 20〕《月摺檔》，光緒十八年八月二十二日，安徽巡撫沈秉成奏摺。
〔註 21〕《月摺檔》，光緒二十年六月八日，安徽巡撫沈秉成奏摺。

之多，〔註 22〕每多溷迹長江港灣，時時遊弋江面，乘機攘竊。〔註 23〕甚至販賣私鹽，與鹽梟合流。上述之李金山就曾在江蘇十二圩等處販賣私鹽，夥黨推爲老大。〔註 24〕另，范高頭更是江蘇沿海一帶巨梟，時時也是「青龍山」會首。恃其多財，招納亡命，自浦田以迄崇海一帶皆爲其黨盤踞。甚至自造船隻，購買軍械，並在黃埔一帶私收棉花捐。〔註 25〕

根據 G. Willian Skinner 的研究，在民國時期的四川，一旦哥老會的勢力網建立起來，即能控制鄉村市集各個等級。例如，一個名爲高店子的鄉村，穀物計量員、豬隻過磅員、牲口買賣的中間人以及其他特定代理職務都留待哥老會員擔任，而代理人所得酬金的一部分則交由山堂庫房，作爲哥老會的財源之一。〔註 26〕雖然以上情形是在民國時期，其實清末哥老會早已在四川有著廣泛而堅實的基礎。川北哥老會「各招黨羽私結祕密團體，強迫農民入黨。農民之安分者，若不相從，則身家莫保。」〔註 27〕李璜先生《學鈍室回憶錄》記載，在清末四川成都西南山區各縣的哥老會，儼然社會中堅。會中龍頭大爺平日號召流氓特眾，勢力動及數縣；一向包娼包賭，賣私鹽，惡索富戶，甚至打刼行商，又衙役多與之勾結，竟使地主富商不能恃官威而反靠袍哥保護，以保安全。〔註 28〕又迪凡先生「四川之哥老會」一文記載，哥老會中之青水皮雖然自亦有正派人物，但大多數平時豢養爪牙，把持地方，魚肉鄉里，至於混水皮，其甚者則作盜作匪；次則市井無賴，以聚賭抽頭、窩藏匪類、坐地分贓爲能事。〔註 29〕由此可見，哥老會在四川基礎之厚實，想要控制鄉村市集並非難事。

〔註 22〕丁文江撰，《梁任公先生年譜長編初稿》，上冊（臺北，世界書局，民國 61 年 10 月再版），頁 132。

〔註 23〕《月摺檔》，光緒十八年八月二十二日，安徽巡撫沈秉成奏摺。《月摺檔》，光緒二年三月二十二日，安徽巡撫裕祿奏摺。

〔註 24〕《月摺檔》，光緒二十年六月八日，安徽巡撫沈秉成奏摺。

〔註 25〕《宮中檔光緒朝奏摺》，第二三輯，頁 597～598，光緒三十二年八月二十八日，江蘇巡撫陳夔龍奏摺。

〔註 26〕G. W. Skinner, “Marketing and Social Structure in Rural China,“ part I, Journal of Asian Studies 24,1（November 1964）: P37

〔註 27〕《衡報》，六號第一九〇八年六月十八日，〈四川農民疾苦談〉，轉引自隗瀛濤、何一民，〈論同盟會與四川會黨〉，頁 551。

〔註 28〕李璜，《學鈍室回憶錄》（臺北，傳記文學出版社，民國 67 年 6 月 1 日再版），頁 16～17。

〔註 29〕迪凡，〈四川之哥老會〉，頁 42。

談到哥老會的分布特況，必須了解到，經過相當時期的發展，哥老會已如百年老樹盤根錯節深入民間。由於哥老會隨處放飄的特性，以至各山堂觸角所及之地無遠弗屆。然而因爲哥老會本身的隱密性，又使得許多山堂的分布以及活動地區無法得知。因此，若單就附錄五來看，似乎顯得哥它會分布的並不普遍。此處主要就其案件發生的地點加以論朮，固然這與山堂的分布有所差異，不過以某種角度來看，或許更能顯示出哥老會勢力所及之地。

茲據附錄二，將哥老會案件發生地區分省敘述於下：

湖南省：芷江縣、辰溪縣、邵陽縣（寶慶府）、新化縣、湘鄉縣、靜寗州、瀏陽縣、湘潭縣、益陽縣、龍陽縣、桃源縣、平江縣、湘陰縣、巴陵縣、武陵縣、灃州、溆浦縣、臨湘縣、永順縣、醴禮縣、衡陽縣（衡州府）、黔陽縣、華容縣、慈利縣、郴州、長沙縣、攸縣。

湖北省：黃梅縣、廣濟縣、宣恩縣、孝感縣、鄖西縣、應城縣、恩施縣（施南府）、建始縣、監利縣、房縣、興山縣、潛江縣、沙市（荆州）、長樂縣、長陽縣、巴東縣、沔陽縣、漢口。

江西省：萬載縣、東鄉縣、饒州府、九江縣、崇仁縣、萍鄉縣、贛縣、光澤縣、蓮花廳、鉛山縣、南昌府、新喻縣、高安縣、南坑。

安徽省：徽州府、休寧縣、廬州府、宣城縣、寗西縣（寗國府）、廣德州、太和縣、蕪湖縣、南湖縣、涇縣、大通、安慶府、青陽縣、建平縣。

江蘇省：揚州府、吳縣、宜興縣、儀徵縣、江寧縣（金陵）、上海、鎮江縣、溧陽縣。

浙江省：仙居縣、杭州府、台州府、湖州府、安吉縣、分水縣、永嘉縣、溫州府。

四川省：大足縣。

陝西省：鄜州、綏德州、醴泉縣、武功縣、扶風縣、咸陽縣、乾州、城固縣、平利縣、南山、南鄭縣、合水縣、紫陽縣、渭南縣、西鄉縣、鎮安縣、臨潼縣、富平縣、延川縣、紹南縣、涇陽縣、原利縣、興安府。

甘肅省：蘭州府、宜君縣、鎮原縣。

河南省：信陽州、安陽縣、汝州、鄧州、河北鎮。

河北省：天津、通州。

貴州省：下江縣、永從縣、貴陽府、桐梓縣、畢節縣、威寗州、龍泉縣、清鎮縣、修文縣、水城廳、興義縣（興義府）、安順府、開州、南關、仁懷縣、新城、平遠州。

雲南縣：羅平州、平彝縣、雲南府。

廣西省：梧州、興安縣、灌陽縣、全州、平樂府。

廣東省：肇慶府。

福建省：汀州、甌寧縣、廈門縣、澎湖、彰化、崇安縣、浦城縣、順昌縣。

根據以上所述各省哥它會案件分布情形，並綜合表 3-1，可列表於下：

表 5-1　哥老會案件地理分布表

區　域	涉及府縣數	案件數	百分比
湖廣華中地區	46	70	29.6
兩江華東地區	36	62	26.2
華北地區	33	50	21.1
雲貴地區	20	25	10.5
閩浙地區	16	20	8.4
兩廣地區	6	7	2.9
四川華西地區	1	3	1.3
總　計	158	237	100.0

按表 5-1，其中湖廣地區，不論那一項都在第一位，這當然主要是因爲哥老會與湖南有極密切的關係所致。而華北地區，特別是陝西省，何以會是如此的高比例？事實上，哥老會在陝西涉及的案件多是一些劫財傷人或者是被官拏獲幾個人的案件，屬於大規模暴亂案件的衹有二件。即使華北地區加上河北、甘肅的四件暴亂案件，也不過六件而已，仍然少於雲貴地區。此外，湖廣地區有四十一件暴亂案件，在八十四個暴亂案件總數中，將近一半；兩江一帶有十七件暴亂案件，佔了五分之一。單以案件的多寡來斷定哥老會在地方上的勢力分布，顯然會有誤差出現，還應該深一層探究案件的性質，以明其是否在地方上有較堅實的基礎。哥老會在兩湖地區的案件，不但涉及的府縣最多，同時大規模的暴亂事件也最多，顯然在此紮下了深厚的基礎。雖然哥老會動員的人數中有很多是受其煽誘的鄉愚，並非眞正的會員，但是由反面來看，若非有此厚實的力量，也不可能動輒動員數千人，造成如此龐大的聲勢。因此，僅以蜻蜓點水似的案件就判斷哥老會的勢力分布獎況，則是

會有所偏差的。閩浙、兩廣地區案件不多，其原因可能是福建、兩廣主要是屬於天地會系統範圍，故哥老會在此根基未如天地會紮實。至於四川方面，前面的章節已有論述，茲不贅述。

第二節　暴亂行爲及其宗旨理念

上一節論述的是哥老會平時一般的活動狀況，無論是否造成社會侵蝕，這都只能說是哥老會活動的一個斷面，無法見其較完整的圖像。因此本節專就對哥老會的「暴亂」行徑爲中心，試圖探究他們的另一層面，以窺其全貌，並藉以明瞭其宗旨理念。本節所謂的暴亂行徑，主要是指哥老會較具規模的武裝起事與暴動。包括哥老會在軍中鬧餉譁變、攻城掠地以及與官兵接仗對抗，其中起事前即被破獲之案亦涵蓋在內。從同治二年至宣統三年（1863～1911）各省哥老會案件中，屬於本節範圍內的共有八十四件，佔全部案件的百分之三五・四，平均一年一・七件，〔註 30〕比例不低。其實，這「暴亂」二字並非站在清官方立場而言，也非武斷地給予道德裁判，而是單純的就其行爲加以判斷。

一般而言，哥老會在準備武裝起事前，會舉行兄弟義氣的宣誓。同時，宰雞飲血，以象徵他們同心同德。〔註 31〕例如，光緒五年（1879）十月初三日，楊海泰邀約多人至其家歃血喫酒，議定初九日夜俟各官員在慶賀貴陽府公所行禮時，放砲爲號，一齊率隊進攻。另外，預留人員各帶千百人分伏城外要路，迨佔踞省城後，楊海泰即帶人馬往取四川。〔註 32〕不僅歃血飲酒，更殺牲祭旗，以祈求起事順利。例如，光緒八年（1882）十二月初七日，方雪敖在湖南平江縣約期舉事，不意事洩被捕，方惠映乃糾夥百餘人，提前於十二月十五日在白馬廟殺豬祭旗，並同至漁潭，一路焚搶。〔註 33〕事實上，這祭旗儀式更含有鼓舞士氣，穩定軍心的意義。光緒十八年（1892）七月二十八日，鄧海山在江西萍鄉縣大安里約期攻襲縣城，乘勝西取湖南醴陵縣以爲根本，卻因祭旗時，大

〔註 30〕見附錄二。

〔註 31〕Charlton M. Lewis, “Some Notes on the Ko-Lao Hui in Late Ch’ ing China” inJean Chesneaux edited Popular Movements and Secret Societies in China 184-01950（California: Standford University Press, 1972） P. 106

〔註 32〕《岑襄勤公（毓英）奏稿》，卷十四，頁 47a～b，光緒五年十月二十五日，〈拏獲會匪正法摺〉。

〔註 33〕《月摺檔》，光緒九年五月八日，湖南巡撫卞寶第奏摺。

風徒起，將旗吹倒，以致眾心解體，散去甚多。〔註34〕

自然災害以及經濟情況惡化的現象，往往爲哥老會的暴動提供了一個有利的時機。例如，賴榮甫的起事即爲一顯著的例子（見第四章第一節）。另外，光緒十一年（1885）五月初間，浙江台州府拏獲會黨數名，供出湖南人成祥爲台州府哥老會總首領，創立「五洋山、三結堂」，勾引愚民入會，約期五月十六日先攻仙居縣城，十八日再攻郡城，並且派員入城伏匿，屆期內應，以圖大舉。五月十六日凌晨，哥老會眾二千餘人由仙居縣南蜂擁而至，兵勇分投迎擊，哥老會眾不支，紛紛敗退鷲峰寺，僅存數十人。此次哥老會起事聲勢頗大，實因台州府地瘠民貧，哥老會准許入會助勢之民入城搬取物件，以致入會者甚夥。〔註35〕可見經濟環境的不良，不僅是哥老會起事的良機，更能爲哥老會號召爲數龐大的民眾。

民間廟會、趕集之類的活動，也常是哥老會藉以聚眾預備起事的掩護。張之洞即曾指出，他們「往往藉廟會拜神爲名，訂期聚會，私開爐座，製造軍器。」〔註36〕前面提及的方雪敖，原先就是欲以耍龍燈作爲起事的掩護。〔註37〕光緒三十年（1904）八月，馬福益領導的哥老會，更以湖南瀏陽縣普集市的牛馬大會作爲配合黃興長沙起事的拜盟宣誓之日。〔註38〕

地理環境通常對於哥老會聚眾起事也具有相當的影響力。邊境交界五方雜處之地以及山箐林密之區，都是哥老會眾易於潛藏起事的絕佳環境。例如：湖北監利縣屬東南鄉唐家洲地方，與湖南臨湘、巴陵等縣接壤，該區犬牙交錯，會黨、游民易於混跡。光緒三年（1877）三月，哥老會黨潛串該處游民，約期搶劫起事。〔註39〕另外，哥老會首汪殿臣更在此處前後暴劫起事三次。光緒十七年（1891）九月，在巴陵縣界的大雲山糾黨嘯眾，焚劫居民，抗拒軍官。復在臨湘縣屬小湄飛鳴山聚眾劫掠，經官兵追勦逃匿。光緒十八年（1892）閏六月，汪殿臣又於臨湘縣之藥姑山漁角亭糾眾豎旗起事。藥姑山界跨湖南、湖北、江西三省，廣闊三百餘里，山林深邃，向爲逃匿之藪。汪

〔註34〕《月摺檔》，光緒十八年九月二十四日，江西巡撫德馨奏摺。
〔註35〕《劉尚書（秉璋）奏議》，卷三，頁34a～36a，光緒十一年六月十八日，奏台州府哥老會匪攻城即時撲滅疏。
〔註36〕《張文襄公全集》，卷三〇，頁21a，光緒十七年八月十九日，〈添募勇營摺〉。
〔註37〕《月摺檔》，光緒九年五月八日，湖南巡撫卞寶第奏摺。
〔註38〕劉揆一，《黃興傳記》，頁187～188。
〔註39〕《月摺檔》，光緒三年五月二十日，湖南總督李瀚章湖北巡撫翁同爵奏摺。

殿臣利用此特殊地理環境，搭立營棚，分段把卡。並與各頭目商議約期先破湖北通城縣，次下湖北蒲圻縣，再轉湖南岳州。〔註 40〕而湖北施南府屬各縣與湖南、四川兩省毗連，山深箐密，加以民俗素稱強悍，哥老會黨時常潛匿該處，搶刼滋事。楊登峻即憑著此區山高路窄險峻異常的地勢，與各處會黨遙相應援，約期舉事。〔註 41〕湖南醴陵縣與江西萍鄉交界處之武功山，地勢險峻，環延百里，統名泰女里，又作大安里。鄧海山據此以爲根據地，煽惑鄰近各邨，「痞濫游民，歸之如騖」。隨後鄧海山邀集哥老會各路頭目帶領會眾約八、九千人，聚集此處。光緒十八年（1892）七月二十八日，鄧海山率民竪旗起事，先赴萍鄉縣屬蘆溪市搶刼團防軍火軍械，並計畫襲擊袁州、萍鄉各城，旋爲官兵所敗，鄧海山等先後被擒獲。〔註 42〕

在所有八十一個案件當中，幾乎可以說絕大多數的哥老會行事均是如此。燒殺搶掠、擾害百姓以及攻擊抗拒官府，直如「盜匪」一般，距所謂反滿情緒的表現相去甚遠，和以後革命黨人的行動在政治意識上更不可同日而語。倘若當政者不是滿清，而是漢族，相信哥老會的行徑並不會有所改變。同時，就哥它會那種「封官賜爵」的情形來看，他們這種深受傳統影響建立在小傳統社會制度上的會黨，本身就含有相當大的局限性，宗旨理念頗爲原始落後，不過是「取而代之」的傳統政治觀念。至於「打富濟貧」的提出，只是用以號召的手段罷了，打刼倒是時有所聞，所謂濟貧似乎只是一種口號。

十九世紀六十年代開始，中國全部開放，進口激增。由於洋貨充斥，致使土貨產量，出口銳減。同時，西教勢力入侵內地，民教衝突時起。經濟勢力的壓迫加上傳教士的一些所作作爲，均使人民感到切膚之痛，怨憤之心由然而生，咸以洋人爲一切禍源，而傳教士與教民正首當其衝。〔註 43〕隨著群眾反教聲浪的高漲，光緒十六年（1890 年），四川大足縣爆發了著名的余棟臣事件。早在光緒十四年（1888）的大足教案中，余棟臣已牽涉在內。不過光緒十六年的事件，余棟臣才成爲領導人，並且哥老會也是此次打教事件的主

〔註 40〕《張文襄公全集》，卷三二，〈奏議〉三二，頁 13a～17a，光緒十八年八月初三日，〈湘鄂合勦臨湘會匪擒獲首要摺〉。

〔註 41〕《軍機處月摺包》，第二七三五箱，三包，一一九三八八號，光緒七年十一月八日，湖廣總督李瀚章附片錄副。

〔註 42〕《月摺檔》，光緒十八年九月十日，江西巡撫德馨奏摺。《月摺檔》，光緒十八年九月二十四日，江西巡撫德馨奏摺。

〔註 43〕郭廷以，《近代中國史綱》（臺北，南天書局，民國 69 年 5 月景印），頁 326～328。

要力量。自此以後，哥老會就一直扮演著長江流域反教運動的主要組織者和骨幹力量。〔註 44〕光緒十六年的四川反教運動中，除焚燬龍水鎮、跑馬場之天主堂，毆奪搶掠附近教民外，余棟臣並與蔣贊臣等公然發布檄文，歷數三十年來洋人如何欺侮中華以及傳教士的種種不法。〔註 45〕光緒二十四年（1898），以余棟臣爲首加上哥老會中堅的四川反教運動達到了最高潮。余棟臣在檄文中對社會、經濟、禮教、領土各方面，指陳洋人罪行：

> 今洋人者，海泊通商，耶穌傳教，奪小民農桑之生計，廢大聖君臣父子之倫，以洋烟毒中土，以淫巧蕩人心。自道光以迄於今，其焰愈張，其勢愈暴。由是奸淫我婦女，煽惑我人民，侮慢我朝廷，把持我官府，佔據我都會，巧取我銀錢。小兒視如瓜菓，國債重於邱山。焚我春（夏）宮，滅我屬國，既佔上海，又割台灣，膠州強立埠，國土欲瓜分。自古夷狄之橫，未有甚於今日者！我朝文宗駕幸熱河，苟非犬洋之逼，豈抱鼎沸之痛？試問我朝臣子，孰非不同戴天之仇耶！〔註 46〕

又聲明：「但誅洋人，非叛國家」。〔註 47〕同時，提出了以「順清滅洋」爲宗旨的口號，明確表達了武裝起事的根本目的。〔註 48〕

雖然這次反教事件的結局像以往類似事件一樣，歸於失敗。不論它所採取的方式如何，它確實是義和團運動之前規模最大、意義最深遠、影響力最大的一次愛國反洋運動。在整個運動的形式上，它突破以往一般教案分散無計畫的格局以及「騷亂」的感覺，採用了有組織、有計畫、有綱領、有策略的武裝起事方式。總的來說，在余棟臣反教運動當中，哥老會取代了士紳階層成爲運動的組織發動者，而且基本骨幹多是哥老會黨眾。從招兵買馬、籌糧集款到衝峰陷陣，也無一不由哥老會骨幹來承擔。〔註 49〕事實上，我們可以說余棟臣事件是一次以哥老會爲主體的反洋反教運動。同時，它和其它一

〔註 44〕蔡少卿、屠雪華，〈論余棟臣起義與哥老會的關係〉，《近代中國教案研究》，頁 90。

〔註 45〕呂實強，〈義和團變亂前夕四川省的一個反教運動——光緒二十四年余棟臣事件〉，《中央研究院近代史研究所集刊》，第一期（臺北，中央研究院近代史研究所，民國 58 年 8 月 31 日），頁 114。郭廷以，《近代中國史綱》，頁 328。

〔註 46〕《民國重修足縣志》，卷五，〈余棟臣傳〉，轉引自呂實強前引文，頁 134。

〔註 47〕同上。

〔註 48〕蔡少卿、屠雪華，〈論余棟臣起義與哥老會的關係〉，頁 92。

〔註 49〕同上註，頁 93。

些哥老會暴動那種燒殺劫掠侵擾平民的行為大相逕庭，充分表現出愛國的民族理念與反洋的政治宗旨。

這次事件，直接擾及的地區為川東十餘州縣，間接受到影響的三十有餘，〔註 50〕有力地推動了四川鄰省哥老會眾的反教運動。受此影響，鄂西施南、宜昌兩府哥老會眾群起效尤，假余棟臣旗號起事，從事反教運動，光緒二十四年（1898）九月，施南府屬利川縣哥老會焚燒教堂育嬰堂，並焚掠教民房舍，闔縣大擾。同年十月，宜昌府屬長樂縣教民畢開榜教唆劉義敦休妻起釁，哥老會乘機起事，以向策安、李策卿、李少白等為主，殺畢開榜，燒教堂，進擾長陽、巴東等縣，殺死比利時教士董若望。而長樂縣屬漁陽關另起李清臣一股，聲言係余棟臣分股，為之聲援，旗上大書「滅洋」字樣，並擾及湖南石門鄉。〔註 51〕光緒二十五年（1899）九月，貴州遵義縣哥老會陳玉川，聞川人張立堂係余棟臣黨羽，乃與之結合，以仇教為名，聚眾燒搶仁懷縣教堂及教民二十六家，並攻撲縣城，搶署刼獄。〔註 52〕

光緒十七年（1891）夏，江蘇、安徽、湖北、江西等長江流域省分教案迭起，主要由哥老會從中主謀，「游手之徒相率附和」。〔註 53〕整個這次長江中下游反教運動，可以說是梅生事件的另一面，事實上，更可以說就是李洪案件的全部環節。李洪即李鴻，為報其父前江南提督李招壽被正法之仇，聯通長江上下哥老會，並託英人梅生購辦軍火，預備武裝暴動。光緒十七年六月，各處哥老會頭目在李洪知會下齊集安慶會議，商定十月十五日各邀集黨與分為上游下游兩支，分別在沙市、安慶會齊，同時豎旗起事。旋因下游一帶防範較嚴，礙難聚集，乃於同年七月中旨在大冶縣屬三夾地方再行商議。由於沙市兵勇不多，又與湖南、四川連界，進退有據，決定依原訂日期僅在沙市一地舉事，並派各頭目在漢口、黃州、樊口、黃石港、三夾、楊葉州、武穴、九江、大通、蕪湖、金陵、鎮江、十二圩等處布置，〔註 54〕眞可謂長江上下已聯為一氣。並且為了造成清廷的對外困難，於是在長江上下各處打

〔註 50〕郭廷以，《近代中國史綱》，頁 329。

〔註 51〕《張文襄公全集》，卷四九，〈奏議〉四九，頁 18a～19a，光緒二十四年十二月二十六日，〈勦辦宜施會匪摺〉。

〔註 52〕《光緒朝東華錄》，頁 4504，(25) 光緒二十六年三月丁卯。

〔註 53〕《張文襄公全集》，卷三二，〈奏議〉三二，頁 27a～b，光緒十八年九月十四日，〈酌議嚴懲會匪程摺章〉。

〔註 54〕《張文襄公全集》，卷三一，〈奏議〉三一，頁 1a～9a，光緒十七年十二月初七日〈拏獲會匪訊明懲辦摺〉。

教滋事，製造糾紛。〔註 55〕

表面上來看，雖然這次事件的目的衹是李洪爲報父仇所起，若深一層來看，它反映出長江流域一帶的不滿情緒，否則哥老會不會一呼百應，迅速動員。同時，事後哥老會頗恨洋人洩其謀，打教滋事層出不窮，〔註 56〕更眞正轉變成排外運動的一部分。也正因爲排外，至少對清廷而言，他們製造了不少對外的困擾。但是，十幾年後形成的一致反清情緒，在此時大體上是不具備的。〔註 57〕

總之，余棟臣事件和李洪事件已突破哥老會以往那種完全是抗官擾民的形象，在行動意義上有極大的轉變，不再是盲目的暴亂，而是一種稱得上較有政治頭腦的行動。余棟臣提出的「順清滅洋」口號，旨在鼓舞存在已久的反洋情緒，並且也希望能消除官方旳疑慮而得到諒解，使其行動不致窒礙難行。而李洪事件的刻意排外，旨在引起外國對清廷的不滿和干涉，增加清廷的困擾。這些都較過去有了長足的進步，同時也擺脫了濃厚的「盜匪式」行徑。

第三節　近代政治思想的滲入與本質的蛻變

自太平軍之役結束營勇大量裁撤後，哥老會的活動愈趨頻繁，不法的經濟活動是他們生活的重要依據，至於一般抗官擾民的活動，根本看不出他們有何宗旨理念。雖然如此，但是在一些官方文書中，也發現了有些哥老會成員有反清復明的意念存在。同治十年（1871），江西破獲一個名爲「青龍山、白虎堂」的哥老會山堂，其中發現有總理江西漢世軍務正一品職稱。〔註 58〕光緒六年（1880），在貴州破獲的一個哥老會案件裏，查獲「天道復明」木質印章。〔註 59〕顯然前者希望恢復漢族統治，後者不僅如此，更希望恢復明朝的尊號。然而值得注意的是，這衹是極少數的特例，至少就目前現存檔案文

〔註 55〕郭廷以，《近代中國史綱》，頁 328。

〔註 56〕尚秉和，《辛丑春秋》，《中國現代史料叢書》，第一輯（臺北，文星書店，民國十一年六月一日），頁 218。

〔註 57〕Charlton M. Lewis, "Some Notes on the Ko-Lao Hui in Late Ch' ing China,"P.107.

〔註 58〕《劉忠誠公遺集》，奏疏，卷七，頁 18a，同治十年六月初十日，〈拏獲會匪首犯請獎出力人員摺〉。

〔註 59〕《岑襄勤公（毓英）奏稿》，卷十六，頁 11b，光緒六年十月二十日，〈撲滅桐梓縣會匪摺〉。

書資料而言，故不能據此斷言哥老會是反清復明的會黨。另外，李洪案內著名的哥老會大頭目高德華，在其所開「楚金山、護國堂」山堂供奉「洪世武祖」，〔註 60〕這「洪世武祖」到底代表什麼意義，限於資料，不得而知，因此無法論斷。

雖然哥老會的行徑，大多如同一般的不法集團一樣，不應該給予過高的評價。但是對於他們的反教排外，也不應該簡單的視爲非理性的行爲，畢竟在列強的侵略下，同樣的也激起了他們的民族意識與愛國心。

由於清廷對外戰爭的挫敗，特別是在甲午戰後，知識份子的反滿情緒愈來愈激烈，並也漸次蔓延到會黨之間，革命派與改良派也開始尋求哥疕會的支持，光緒二十五年（1899）冬，畢永年偕哥老會首領楊鴻鈞、李雲彪、辜天佑、辜鴻恩、張堯卿、師襄等赴港，與興中會、三合會舉行聯合會議，議定將三會合定爲興漢會，公推孫文爲總會長。是爲湘、鄂秘密會黨與廣東秘密會黨結合之嚆矢。〔註 61〕宮崎滔天將這次三會聯合的重要情節作了如下的記載：

> 我們先會晤了×××、×××兩位骨幹，他們的舉止風度頗具古風，與讀書舌辯之士迥不相同。他們說：「現今世界大開，國事亦非昔比，我國豈能固步自封？因此特來向諸位請教。」他們微露合併三合、興中、哥老等三會以及共擁孫先生爲首領的意思。並說：「現在，如不了解國際情勢，貿然揭竿而起，則將遺禍於百年之後。而我們會黨之中無人通曉外國情況，所以，對孫先生期待甚切。」。〔註 62〕

從這些言論，可以看出，在社會危機日深，民族危亡在即的急劇變化形勢下，舊式會黨也感到不能獨守故態了。〔註 63〕這次的結合，不但開創了反滿知識分子與哥老會間的合作關係，並且這種合作關係一直持續到清朝滅亡。〔註 64〕

〔註 60〕《張文襄公全集》，卷三一，〈奏議〉三一，頁 12a，光緒十七年十二月初七日，〈拏獲會匪訊明懲辦摺〉。

〔註 61〕馮自由，《革命逸史》，第一集（臺北，商務印書館，民國 65 年 11 月台三版），頁 101。尚秉和，《辛壬春秋》，頁 219。

〔註 62〕啓彥譯、宮崎滔天著《三十三年之夢》（臺北，帕米爾書店，民國 73 年 1 月第一版），頁 158。

〔註 63〕蔡少卿，〈論辛亥革命與會黨的關係〉，《紀念辛亥革命七十周年學術討論會論文集》，頁 516。

〔註 64〕Charlton M. Lewis, “Some Notes on the Ko-Lao Hui in Late Ch’ ing China” P. 110.

然而這種合作，基本上祇是表面形勢化的關係，哥老會在實質的改變上太淺薄，知識分子的啓蒙，並不能眞正將其觀念層次提高，往往因爲礙於他們固有習性的缺陷，造成無法彌補的遺憾。

用金錢比用思想上的抽象概念更易於將各地哥老會頭目動員起來。〔註65〕光緒二十六年（1900），參加興漢會的幾名哥老會頭目株守上海，浪用無度，聞唐才常方面富而多資，遂紛向唐才常報名領款，願爲勤王效力。〔註66〕由於哥老會本身的狹隘性、江湖性，不但與革命派的合作有一定的局限性，在與保皇派合作時亦如此。庚子自立軍之役是唐才常和保皇派利用哥老會所從事的最初起事，也是最後一次的合作，爲了便於聯絡哥老會，唐才常採用哥老會開山放飄的方式，成立富有山，散發富有票。因爲哥老會限於傳統束縛，所持宗旨與自立軍主張並不相同。其實哥老會持「滅洋」口號，立場與北方拳民實無二致，足亡中國有餘。自立軍在散發富有票時，很自然的將滅洋排外的字句除去，貫穿本身的政治主張。由當時梁啓超致狄楚青的一封信中可以得知，梁啓超云：「我輩宗旨既專在救國，會名既已定，故爲自立甚好。其票間宗旨下，原只滅洋二字者，則於自立救國等字外，加用新保種等字均可。」〔註67〕雖然如此，但也無法徹底改變哥老會本質。

自立軍經濟賴以維持的主要是康梁的海外濟助，無奈康有爲停款不發，唐才常窘於餉需，起事計畫一再延期，然「聚十萬游手無訓練之民，而責以危險之事，復飢之寒之雖愚者知其無濟也。〔註68〕而哥老會龍頭李雲彪、楊鴻鈞又聞馬福益先前得資較多，不悅，乃率先離異。同時，辜鴻恩別散貴爲票，李和生別散回天票，各樹一幟，自是富有票、貴爲票、回天票充斥長江上下，不待發動事已洩〔註69〕由於款項的問題，哥老會內部已先分崩離析，各自爲政，彼此無法在同一旗幟下團結，本身勢力已告解體，並且當富有票散放之初，即有人云：「持有此票即可向該匪首處領錢一千文，以後乘坐怡和、太古輪船不索船價。」又云：「中國即將大亂，以後持票即可保家。」以故各地會黨趨之若鶩。〔註70〕一開始即動之以利，無怪乎哥老會因利益因素而離心。

〔註65〕同上註。

〔註66〕馮自由，《革命逸史》，第一集，頁111。

〔註67〕丁文江，《梁任公先生年譜長編初稿》，上冊，頁132。

〔註68〕張難先，《湖北革命知之錄》，頁19。

〔註69〕尚秉和，《辛壬春秋》，頁250。

〔註70〕《張文襄公全集》，卷五一，〈奏議〉五一，頁10b，光緒二十六年八月三十日，

同時，哥老會紀律鬆弛，自立軍起事時，哥老會每有搶掠行爲發生。光緒二十六年（1900）七月十七日，上海《中外日報》譯報欄刊載：「頃接長江上游來信，謂大通有土匪滋事，搶刼店舖外，復將電報局焚燒，並拆毀電線十餘里之長，聞係哥老會匪煽動所致。」〔註 71〕他們在經濟發生問題時，其破壞性的本質就表露無遺，「刼財掠物，囂囂然以騷擾爲事。」〔註 72〕也顯示出自立軍對哥老會約束力量之薄弱。

哥老會本身蘊藏著相當大的革命潛力，然而卻又含有下層社會濃厚的落後原始性。日人田野橘次曾對哥老會的本質有很清楚的描述：「哥老會者皆係散兵游勇，不知國民道義爲何物，雖踞蟠一隅，跳梁跋扈，然啖之以重賞，撫之以官爵，則感戴自榮不止，如徐老虎之得五品官即揚揚然輕裘快馬，誇稱於鄉黨，皆此類也！奚足以謀天下之大事？」〔註 73〕唐才常與如此的會黨發生關係的時間並不長，沒有在會眾間進行組織上、政治上的訓練，衹是簡單的利用。林圭對其運用的辦法是「激之以義，動之以財，戊之以信誠，餌之以爵。」〔註 74〕這樣集結起來的會黨力量如何會有堅定的政治信念以及鞏固的戰鬥力量。也難怪在大通起事時爲清軍拏獲的哥老會頭目中，其職稱有三千歲、七千歲、四王爺、八王爺等名目〔註 75〕無法脫離以往的形態。哥老會每因利益問題而棄目標於不顧，忽而與革命派合作，忽而轉效保皇派，並無一定立場和宗旨，根本不易以近代政治思想導引他們進入正軌。

儘管哥老會搖擺不定，仍有部分哥老會眾受到革命排滿情緒的激盪，再一次與革命派合作。光緒三十年（1904）黃興準備在長沙領導華興會起事，採取了類似唐才常運動哥老會的方式，別立一同仇會，以便聯絡吸收哥老會。同年春，黃向與劉揆一約湖南哥老會龍頭馬福益相會於湘潭茶舖一巖洞中，各傾肝膽，共謀光復。〔註 76〕由於劉揆一親身參與其事，所言共謀光復當屬

〈擒誅自立會匪頭目分別查拏解散摺〉。

〔註 71〕轉引自李守孔，〈唐才常與自立軍〉，《中國現代史叢刊》，第六冊（臺北，文星書店，民國 53 年 11 月 12 日），頁 119。

〔註 72〕張難先，《湖北革命知之錄》，頁 23。

〔註 73〕田野橘次，《朝野新談》，(J)，轉引自皮明庥，《唐才常和自立軍》（湖南，人民出版社，一九八四年一月第一版），頁 119。

〔註 74〕張篁溪，〈記林圭〉，《辛亥革命》，第一冊（上海，人民出版社，一九六一年）頁 280。

〔註 75〕同上註，頁 262。

〔註 76〕劉揆一，《黃興傳記》，頁 187。

不虛，實寓滿族政權之意，革命排滿的情緒實際上已和哥老會產生共鳴。雖然雙方再度的合作，但是將哥老會和革命派知識分子嚴格分開的組織形勢固然系統分明，不過這種遷就哥老會組織的方式，卻令革命派並不能直接指揮哥老會，也不能給予直接的影響，〔註77〕使得雙方依然存在著有「貌合神離」的隱憂。

光緒三十二年（1906），在湖南江西邊境爆發的萍、瀏、醴大規模起事，可以說是哥老會受到革命排滿思想浸濡後，所發動的一次最大規模的起事和政治行動。其中最集中最明顯對這次起事思想影響的是，龔春台所發布的起事檄文。在淚文中龔春台自稱是「中華國民軍南軍革命先鋒隊都督」，並且明白宣布這次興師是奉中華民國政府命令，以表明願意接受同盟會的領導。宣言不但充滿了強烈革命排滿的字句，同時主張建立共和民國，破除數千年來專制政體，不使君主一人獨享特權。又提出社會問題解決之法在使地權與民平均，不致成不平等之社會。另外，在檄文中也宣布對外國教士一體保護，不使其生命財產受到傷害。〔註78〕這可說是在政治意識上一個絕大的轉變，使得他們和以後的革命團體在性質上更接近。

不幸的是，在同盟會政綱的指導下，並不能使他們的本質上完全改變，也再一次顯示出革命知識分子相當沒有能力控制哥老會的思想和組織。〔註79〕這個團體太分散，組織的太不嚴密，與傳統關係太密切，故造成了宗旨的分歧。另一篇檄文是以「中華大帝國南部起義恢復軍」的名義發表，宣言中雖也強烈反滿，種族意識溢於言表，然而却只是要建立一個新中華大帝國和恢復漢族天子家系，在終極目標上與同盟會大相逕庭。顯然這和過去改朝換代在實質上是一致的，而與近代革命建立共和的精神相違背。

總之，哥老會在列強侵略所激發的愛國心以及近代政治思朝的衝擊下，由過去地方上的不安勢力漸次轉化成一股對清廷具有震撼性的反清力量。然而革命派的教導無法有效的徹底的改變他們旳思想與組織，在本質上，他們固有的傳統習性時時會顯露出來，每到緊要關頭，就組織渙散，指揮失靈。〔註80〕革

〔註77〕邵循正，〈辛亥革命時期資產階級革命派和農民的關係問題〉，收於《辛亥革命五十周年紀念論文集》（北京，中華書局，一九六一年），頁150。

〔註78〕此篇檄文和另一篇檄文內容見馮自由《革命逸史》，第一集，頁247～250，頁252～254。

〔註79〕Charlton M. Lewis, "Some Notes on the Ko-Lao Hui in Late Ch'ing Ching",P.111.

〔註80〕蔡少卿，〈論辛亥革命與會黨的關係〉，頁522。

命派根本沒能眞正的領導他們，彼此間有著無法克服的困難、矛盾存在，以是從事運動會黨工作多年經驗的陶成章就曾說道：「若論運用，則駕馭教門也易，而驚馭會黨也難，欲得教門之死力也易，欲得會黨之死力也難。」〔註 81〕其實這些革命派與會黨的聯合，不過是「助其其焔而揚其波」罷了。〔註 82〕所以我們可以說，哥老會在經過受近代政治思想洗禮的知識分子運動下，本質是發生了蛻變的現象，但是蛻變的程度與時代的演進無法相比。

〔註 81〕陶成章，〈教會源流考〉，收於蕭一山編《近代秘密社會史料》，卷二，〈附錄〉，頁 10a。

〔註 82〕陶成章，〈浙案紀略〉，《辛亥革命》，第三冊（上海，人民出版社，1961），頁 18。

第六章　結　論

哥老會本身是建立在小傳統的社會制度上，以下層社會的羣眾爲基本骨幹。其初起，並未含有政治意念或者種族意識，而是移墾社會中，受到外來流民的衝擊所產生的一種異姓結拜組織。四川在明末長期大亂後，人口銳減，土地荒蕪，成爲其它人口稠密省分人民前往落戶生根的移墾區。由於自然條件的吸引力，加上政府政策的鼓勵，外來移民如潮水般湧入四川。雖然耕地不斷開墾出來，但是四川整個社會的整合却跟不上人口的增加與土地的開發，以致社會上有著極明顯的不穩定性。在這不健全的社會中，人口問題又不得不到正常的疏解，外來無業游民，乃與由當地游離出來的不肖分子子結合，形成擾害四川甚深的嘓嚕子。嘓嚕子主要是由年輕人組成，他們由家鄉困難的生活條件中游離出來，前往四川發展，其中不乏厭事生產者，而四川在雍乾時期也出現了社會經濟大不如前的現象，因此他們依舊過東飄西蕩的日子，遇有其他「流棍」，互相勾結牽引，形成四川社會的游離羣，成爲破壞社會秩序、製選社會罪惡旳一股暗流。

從嚕嘓子到哥老會的出現，其間經歷了長期而複雜的轉化過程。嚕嘓子在經過乾隆四十六年（1781）高宗下令嚴懲重創之後，乃依附基礎穩固龐大的白蓮教以圖生存，而白蓮教也藉其狂悍之性、刼殺之勇以擴充教勢，特別是在「川楚教亂」時，嚕嘓子大量混入白蓮教中，壯大了白蓮教的聲勢。由於彼此長期的合作關係，嚕嘓子在組織上開始產生變化，鬆散的型態逐漸系統化，內分白、黑、藍、紅、黃五旂，不相混淆。這種分成五旂制的方式，主要就是襲自白蓮教內部青、白、黃、藍等線字號的型態。

「川楚教亂」平定後，嚕嘓子再度進入一個轉型階段，特別是與貴州移墾社會有著密不可分的關係。嚕嘓子和四川一些不法團體在四川相互影響融合，其後進入貴州移墾區，如同當初受外來游民衝擊而致四川嚕嘓子興起的情形一樣，又與當地莠民、盜匪、會黨勾結呼應，組織上再度經過一番整合而漸趨完備，採取了帽頂、大五、小五等對頭目的稱呼以代替過去棚頭和掌年兒的稱謂，同時也有了明顯的階級區分。咸豐年間，清廷傾力與太平軍博鬥之際，又爲嚕嘓子的發展帶來了新的機運，漸與會黨、散勇、游民合流，使其構成分子較以往更爲複雜更多元化。尤其是會黨的影響，促使嚕嘓子的基本型態起了極大的變化，由過去類似「流匪」的組織轉變成爲祕密會黨的型態。

湖南本是一個會黨林立之區，哥老會在此出現前，林林總總的會黨不勝枚舉，且實力雄厚。在如此環境背景下，嚕嘓子經轉化進入湖南後，很可能已開始使用哥老會的名稱，或許因爲其時哥老會規模不大，活動力較弱，祇能說是一股萌芽滋長的暗流，還未形成龐大的勢力，以故未被政府所注意，至多也僅知曉他們的存在，實際情形並不明白。在機緣巧合下，太平軍興，隨著湘軍的招募，哥老會滲入其中，成爲哥老會得以迅速發展的契機。事實上，哥老會不僅流行於湘軍之中，同時也在其它勇營裡潛滋暗長，藉著軍隊作爲發展的工具。其後由於曾國藩等人鑑於湘軍各營不相顧，將士不相習的缺點以及太平軍有誓不相棄之死黨，乃利用哥老會生死相顧的結拜情誼，改善湘軍本身的缺點，加強他們的戰鬥力，由是間接助長了哥老會勢力的擴張。

太平軍平定後，清廷沒有堀畫出一個良好的復員計畫，以致遣撤下來的勇游流蕩各省。這些久經戰陣的游勇，生活上清廷沒有給他們籌一個救濟的辦法，飢寒則思亂，在眾人尚且好此，何況這班獷悍成性的戰士，到這時候，更怎能夠安於飢寒，不躍然有鷹隼思秋之意呢？彼輩有的在營之日即已加入哥老會，一旦裁撤，哥老會自然隨著他們傳佈到各處。而那些原未入會者，旋因生計困頓也相率加入哥老會。在這種「雙管齊下」的情況下，更助長了哥老會的深入民間社會。再者，清朝末年下層社會動盪不安，維持一般人生活的傳統結構解體，傳統結構所確保的相關經濟保護遭到破壞。由都市和鄉村中游離出來的生活在社會邊緣的流民，加上因新興運輸業發展而投閒置散的船夫苦力，提供了哥老會易於動員的部隊。〔註1〕在如此適於發展的客觀大

〔註 1〕 John K Fairbank 編，張玉法主譯，李國祁總校訂，《劍橋中國史》，第十冊，〈晚清篇〉（下）（臺北，南天書局，民國 76 年 9 月初版），頁 658～659。

環境下，再配合哥老會本身所擁有的一套內在條件，使其達到「花開並蒂」的局面，成爲清末一股極其龐大且不容忽視的羣眾力量。

我們由哥老會歃血拜盟的儀式，嚴厲的刑罰、義氣的強調來看，在在顯示出這一個針對男子而發展出來的秘密會黨。僅管將女子排除在結盟之列，同時內部有階級觀念存在，但是基本上確實一個對外開放組織，故其涵蓋面甚廣。哥老會的成員，大都經濟低下，多爲家無恒產的各行各業人等，靠勞力謀生是其特徵，包括卜算爲生、傭工度日、負販肩挑以及小手工業者等等。彼輩多是迫於生計而流浪在外的游離羣，終日穿梭於大小鄉鎮間，或是徘徊於城鎮週邊，幾無固定的生活點。他們在外相遇時，每每談及自身貧苦無依的困境，而哥老會「四海一家」的豪放胸襟以及「福禍同當」的義氣信念，正是他們賴以依託的希望所在。這些離鄉背井的社會邊緣人，傳統社會的鈕帶已被割斷，〔註2〕以擬親屬方式結盟拜把的哥老會也正好給予他們安全的保障以及互助的情誼。就如柏格（P. Berger）所說：「每個身份都需要特定社會關係來維持它的存在。物以類聚並不見得是快樂而是出於需要。」〔註3〕雖然哥老會是下層社會的產物，但是對於來自其它階層的成員均一視同仁。並不排斥，顯示出哥老會具有廣泛的包容力，表明了「四海一家」絕非空談的理想，而是一種去實踐的信條。

哥老會的組織系統有一個主要的型態存在，包括「山、堂、香、水」的山堂形式以及放飄的活動方式。雖然經過長期的演變，哥老會爲了適應新的環境而作一些局部的改變，但是仍然保持著基本的結構。而且哥老會早已自嚕嘓子那種完全流蕩的性質中脫出，絕非建立在一個脆弱的基礎上。一旦山堂的根基紮穩後，並和別的山堂形成互通聲息的聯絡網，強化彼此的認同感，其勢力則非官府所能輕易拔除。這種變通性而非僵化的結構，與廣博的包容力，同樣均是哥老會不斷茁壯的重要因素。雖然哥老會的組織具有如此的優越性，但是始終衹是維持一種橫面的關係，未能形成一個超地域性的唯一縱向領導機構，以致哥老會組織也具有鬆散的特性，使得許多起事行動多屬獨立事件，沒有遙相呼應的援助，加速了起事的失敗，同時也減低了他們潛在

〔註2〕莊吉發，〈清代社會經濟變遷與秘密會黨的發展：台灣、廣西、雲貴地區的比較研究〉，《近代中國區域史研討會論文集》，抽印本（臺北，中央研究院近代研究所，民國75年8月），頁51。

〔註3〕彼得・柏格（P. Berger）著，黃樹仁、劉雅靈合譯，《社會學導引——人文取向的透視——》（臺北，巨流圖書公司，民國75年6月，一版），頁105。

的影響力。

從政府的觀點來看，祕密會黨最危險的一點是，他們常與不法行業以及盜匪相結合，最後結果可能導致叛亂。由謀利的角度來看，祕密會黨的基本目的是與正統社會共存，進而侵蝕正統社會，並非要摧毀這個社會。〔註4〕就哥老會的活動狀況而論，確是如此，有時攻城掠地的大規模暴亂事件，直如叛亂一般。他們雖然生活於小傳統的社會制度內，反對既存的社會秩序，對於正統社會具有侵蝕作用，但是也倚賴既存的社會秩序，將生活於社會邊緣的游離分子導入一個屬於他們的行爲模式與價值系統內，加以規範約制，由這點來看，他們又扮演著安定社會的角色，具有正面的社會功能，使得社會在另一層隱藏的制度下維持運作，俾免正規秩序急速瓦解。

哥老會既是祕密會黨，則其本身自然帶有封閉性，既爲封閉的劃體，乃逐漸與社會隔離。故哥老會雖在傳統社會中，然而却又在傳統社會之外。彼輩另成一個獨立世界，此世界中人物另有其價值標準。正因其價值標準不同於傳統社會，故所仗之義，在傳統社會來看，或竟係私義；所疏之財，在傳統社會來看，或竟係不義之財。因此傳統社會的知識分子，在道德主義觀念下，多不會與之合流。於是哥老會不僅於生活上與傳統社會隔離，在文化上也與傳統社會隔離，呈現孤立狀態，無法產生第一流的領袖人物。〔註5〕再者，根據哥老會的儀式、規律、官爵頭銜以及他們的意識型態來看，顯示出他們與傳統制度又有著密不可分的關係，以致本身含有相當大的局限性，宗旨理念頗爲落後。正因爲如此，而阻礙了他們本質眞正蛻變。由於政治情勢的演變，在地方上擁有深厚力量的哥老會，乃成爲具有近代政治思想的知識分子爭取的對象。但是這個團體太渙散，沒有一定的立場與宗旨，常因利益問題而棄目標於不顧。所以，在他們和那些具有近代政治思想的知識分子的結合過程中，礙於本身條件的限制，始終無法自傳統窠臼中脫出，以接受近代思想的洗禮。就是因爲哥老會本身的條件限制，使得他們在一九一一年的革命中，雖然貢獻了莫大的力量，却大大地減低了他們的影響力，無法享有勝利成果，而扮演著一種悲劇性的角色。

〔註 4〕《劍橋中國史》，第十冊，〈晚清篇〉（上），頁 159～160。

〔註 5〕陸寶千，《論晚清兩廣的天地會政權》，中央研究院近代史研究所出刊（33）（臺北，中央研究所近代研究所，民國 64 年 5 月初版），頁 283～284。

徵引書目

一、基本史料

1. 《十二朝東華錄》，三十冊，臺北，大東書局，民國 57 年 8 月初版。
2. 《丁文誠公遺集》，羅文彬編，四冊，臺北，文海出版社，民國 56 年。
3. 《丁中丞政書》，溫廷敬編，五冊，臺北，文海出版社，民國 69 年。
4. 《大清歷朝實錄》，九十四冊，臺北，華文書局。
5. 《大清十朝聖訓》，二十冊，臺北，文海出版社，民國 54 年 4 月初版。
6. 《三省山內風士雜識》，嚴如熤，收於王雲五主編，叢書集成簡編，第七八一號，一冊，臺北，商務印書館，民國 55 年台一版。
7. 《月摺檔》，臺北，故宮博物院（未刊行）。
8. 《方本上諭檔》，臺北，故宮博物院（未刊行）。
9. 《巴縣志》，王鑑清修，向楚等纂，民國 28 年刊本，《四川方志》之六，臺北，學生書局，民國 56 年 10 月景印初版。
10. 《毛尚書奏稿》，毛丞霖著，二冊，臺北，文海出版社，民國 55 年。
11. 《卞制軍政書》，卡寶第著，一冊，臺北，文海出版社，民國 55 年。
12. 《中華民國開國五十年文獻》，第一編第十冊，革命之倡導與發展，臺北，中華民國開國五十年文獻編纂委員會，民國 52 年 11 月 12 日第一版。
13. 《左文襄公全集》，楊書霖編，九冊，臺北，文海出版社，民國 53 年。
14. 《左文襄公家書》，左孝同編，一冊，臺北，文海出版社，民國 61 年。
15. 《四川通志》，常明等重修，楊芳燦等纂，清嘉慶二十一年刊本，十冊，臺北，華文書局，民國 56 年 12 月初版。
16. 《合肥李勤恪公政書》，李經畬等編，二冊，臺北，文海出版社，民國 56 年。

17. 《李文忠公全集》，吳汝綸編，八冊，臺北，文海出版社，民國69年。
18. 《李忠節公奏議》，李秉衡編，二冊，臺北，文海出版社，民國59年。
19. 《李申夫先生全集（十三峰書屋全集）》，蔣德鈞輯，一冊，臺北，文海出冊社，民國55年。
20. 《辛亥革命》，中國史學會主編，八冊，上海，人民出版社，1951～1957年。
21. 《辛亥革命回憶錄》，中國人民政治會議全國委員會編，七冊，北京，中華書局，1961～1963年。
22. 《辛亥革命前十年間民變檔案史料》，中國第一歷史檔案館、北京師範大學歷史系編選，二冊，北京，中華書局，1985年。
23. 《岑襄勤公遺集》，岑春蓂刻，六冊，臺北，文海出版社，民國66年。
24. 《那文毅公奏議》，章佳容安撰，二十冊，臺北，文海出版社，民國55年。
25. 《近代祕密社會史料》，蕭一山編，一冊，臺北，文海出版社，民國69年5月。
26. 《洪北江先生遺集》，洪亮吉撰，洪用勤等編纂，清光緒三年授經堂重刊本，十八冊，臺北，華文書局，民國58年，影印本。
27. 《軍機處月摺包》，臺北，故宮博物院（未刊行）。
28. 《皇清奏議》，仁和琴川居士編輯，十冊，臺北，文海出版社，民國56年十一台初版。
29. 《皇朝經世文編》，賀長齡輯，八冊，臺北，世界書局，民國53年6月初版。
30. 《皇朝經世文續編》，葛士濬輯，五冊，臺北，文海出版社，民國60年。
31. 《皇朝經世文三編》，陳忠倚輯，二冊，臺北，文海出版社，民國60年。
32. 《皇朝經世文編續編》，盛康輯，二十二冊，臺北，文海出版社，民國61年12月初版。
33. 《皇朝掌故彙編》，張壽鏞等撰，三冊，臺北，文海出版社，民國53年。
34. 《政治官報》，四十七冊，臺北，文海出版社，民國54年12月。
35. 《奏摺檔》，臺北，故宮博物院（未刊行）
36. 《宮中檔》，臺北，故宮博物院。
37. 《骨董瑣記、續記、三記》，清鄧之誠撰，一冊，臺北，大立出版社，不著出版日期。
38. 《恩施縣志》，清多壽等纂修，清同治三年修，民國20年鉛字重印本，三冊，臺北，成文出版社，民國64年台一版。
39. 《清朝文獻通考》，清高宗敕撰，三冊，臺北，新興書局，民國52年。

40. 《清朝續文獻通考》，劉錦藻編纂，四冊，臺北，新興書局，民國 52。
41. 《清朝文獻彙編》，二十冊，臺北，鼎文書局，民國 67 年 4 月。
42. 《清史稿》，趙爾巽編纂，十八冊，臺北，鼎文書局，民國 70 年 9 月初版。
43. 《張文襄公全集》，王樹枏編，二十九冊，臺北，文海出版社，民國 55 年。
44. 《欽定大清會典事例》，光緒十二年敕撰，光緒二十五年刊本，二十四冊，臺北，中文書局，民國 52 年 1 月。
45. 《欽定剿平三省邪匪方略》，章煦、錢楷等奉敕撰，嘉慶十五年刊本，六十乾冊，臺北，成文出版社，民國 59 年，影印本。
46. 《童山選集》，李調元撰，收於嚴一萍選輯，《百部叢書集成》，臺北，藝文印書館。
47. 《童山詩集》，李調元撰，收於嚴一萍輯，《百部叢書集成》初編之三部：函海，第十七～十八函。
48. 《湘軍志》，王闓運撰，一冊，臺北，成文出版社，民國 57 年 11 月，台一版。
49. 《曾文正公全集》，李鴻章等編，四十冊，臺北，文海出版社，民國 63 年。
50. 《戡靖教匪述編》，趙雲崧編，道光六年京都琉璃廠刊本，一冊，臺北，成文出版社，民國 57 年影印本。
51. 《道咸同光四朝奏議》，國立故宮博物院史料叢書，十二冊，臺北，商務印書館，民國 59 年 6 月初版。
52. 《辟邪記實》，天下第一傷心人撰，一冊，同治辛末季夏重刊。
53. 《劉尚書奏議》，朱孔彰編二冊，臺北，文海出版社，民國 55 年。
54. 《劉忠誠公遺集》，歐陽輔之編，十五冊，臺北，文海出版社，民國 55 年。
55. 《劉中丞奏稿》，劉崑著，二冊，臺北，文海出版社，民國 56 年。
56. 《黎文肅公遺書》，黎承禮編，十六冊，臺北，文海出版社，民國 52 年。
57. 《諭旨彙存》，五十六冊，臺北，文海出版社，民國 56 年 11 月台初版。
58. 《羅壯勇公年譜》，羅思舉撰，一冊，臺北，廣文書局，民國 60 年 11 月初版。

二、專　著

1. 丁文江撰，《梁任公先生年譜長編初稿》，臺北，世界書局，民國 61 年 10 月再版。
2. 王爾敏，《淮軍志》，中央研究院近代史研究所博刊（22），臺北中央研究院近代史研究所，民國 70 年 2 月再版。
3. 平山周，《中國祕密社會史》，臺北，古亭書屋，1975 年。

4. 皮明庥，《唐才常和自立軍》，湖南，人民出版社，1984 年 5 月第一版。
5. 且文譯，Eric Hoffor 著，《羣眾運動》，香港，今日世界出版社，1981 月 10 月，第四版。
6. 李璜，《學鈍室回憶錄》，臺北，傳記文學出版社，民國 67 年 6 月 1 日再版。
7. 尚秉和，《辛壬春秋》，臺北，文星書局，民國 51 年 1 月。
8. 孟祥森譯，Wm Bruce Cameron 著，《近代社會運動》，臺北，牧童出版社，民國 67 年 1 月。
9. 莊吉發，《清世宗與賦役制度的改革》，臺北，學生書局，民國 74 年 11 月。
10. 莊吉發，《清代天地會源流考》，臺北，故宮博物院，民國 70 年 1 月初版。
11. 莊政，《國父革命與洪門會黨》，臺北，正中書局，民國 70 年。
12. 黃樹仁、劉雅靈合譯，P. Berger 著，《社會學導引 —— 人文取向的透視 —》，臺北，巨流圖書公，民國 75 年 6 月一版。
13. 張贇，《金不換》，臺北，皖江書店。
14. 張國燾，《我的回憶》，香港，明報月刊，1974 年第二版。
15. 張難先，《湖北革命知之錄》，臺北，文海出版社，民國 70 年。
16. 張玉法主譯，李國祁總校訂，John K Fairbank，劉廣京編，《劍橋中國史》，〈晚清篇〉1800～1911，臺北，南天書局，民國 76 年 9 月初版。
17. 陸寶千，《論晚清兩廣的天地會政權》，中央研究院近代史研究所專刊（33），臺北，中央研究院近代史研究所，民國 60 年 5 月初版。
18. 郭廷以，《近代中國史綱》，臺北，南天書局，民國 69 年 5 月景印。
19. 啓彥譯，宮滔崎天著，《三十三年之夢》，臺北，帕米爾書店，民國 73 年 1 月第一版。
20. 傅況麟主編，《四川地方實際問題研究會叢刊之三》，臺北，古亭書屋。
21. 馮自由，《中華民國開國前革命史》，臺北，世界書局，民國 60 年 4 月再版。
22. 馮自由，《革史逸史》，臺北，商務印書館，民國 65 年 11 月台三版。
23. 趙季青，《細說中國預言》，台中，郵購出版社，民國 75 年 4 月。
24. 劉揆一，《黃興傳記》，收於左舜生，黃興評傳，臺北，傳記文學出版社，民國 70 年 7 月 1 日再版。
25. 蕭一山，《清代通史》，臺北，商務印書館，民國 74 年 4 月，修訂本台六版。
26. 謝劍，《香港的惠州社團 —— 從人類學看客家文化的持續 ——》，香港，中文大學出版社，1981 年，初版。

27. 羅爾綱，《湘軍新志》，臺北，文海出版社，民國 72 年。
28. Cheg-Yun Liu, *The ko-lao hui in late imperial china*, Ph. D. University of Pittsburgh, 1983。
29. Fei-Ling Dairs, *Primitive revolutionaries of china*, Honolulu: The University Press of Hawaii, 1977。

三、論　文

1. 一波，〈四川人口的消長〉，《四川文獻》，第三十八期，民國 54 年 11 月。
2. 王業鍵，〈清代經濟芻論〉，《食貨月刊》，複刊第二卷第十一期，民國 62 年 2 月。
3. 王業鍵、全漢昇，〈清代的人口變動〉，《中央研究院歷史語言研究所集刊》，第三十二本，民國 50 年 7 月。
4. 王敏爾，〈祕密宗教與祕密會社之生態環境與社會功能〉，《中央研究院近代史研究所集刊》，第十期，民國 70 年 7 月。
5. 王敏爾，〈清代勇營制度〉，收入氏著，《清季軍事史論集》，臺北，聯經出事業公司，民國 74 年 10 月，第二次印行。
6. 甘作霖，〈西人所述哥會之歷史〉，《東方雜誌》，第十四卷第十一號，1917 年 11 月。
7. 朱金甫，〈清代檔案中有關哥老會源流的史料〉，《故宮博物院刊》，第二期，1975 年 5 月。
8. 李守孔，〈唐才常與自立軍〉，收入吳相湘主編，《中國現代史叢書》，第六冊，臺北，文星書店，民國 53 年 11 月 12 日。
9. 呂實強，〈義和團變亂前夕四川省的一個反教運動——光緒二十四年余棟臣事件〉，《中央研究院近代史研究所集刊》，第一期，民國 58 年 8 月 31 日。
10. 呂實強，〈近代四川的移民及其所發生的影響〉，《中央研究院近代史研究所集刊》，第六期，民國 66 年 6 月。
11. 邵循正，〈辛亥革命時期資產階級革命派和農民的關係〉，收於《辛亥革命五十周年紀念論文集》，北京，中華書局，1961 年。
12. 胡珠生，〈天地會起源初探〉，《歷史學》，第四期，1979 年 12 月。
13. 迪凡，〈四川之哥老會〉，《四川文獻》，第四十一期，民國 55 年 1 月。
14. 黃芝崗，〈明鐮徒與清會黨——四川哥老會考證〉，《歷史教學》，第三期，1951 年。
15. 郭松義，〈清代的人口增長和人口流遷〉，《清史論叢》，第五輯，北京，中華書局，1984 年。
16. 莊吉發，〈清代社會經濟變遷與祕密會黨的發展：台灣、廣西、雲貴地區的比較研究〉，收於《近代中國區域史研討會論文集》，抽印本，中央研究院近代史研究所，民國 75 年 8 月。

17. 莊吉發，〈從國立故宮博物院典藏清代檔案談天地會的源流〉，《故宮季刊》，第十四卷第四期，民國 69 年夏季。
18. 莊吉發，〈清代漕運糧船幫的起源〉，《中國歷史學會史學集刊》，第十八期，民國 75 年 7 月。
19. 莊吉發，〈清代哥老會源流考〉，《食貨月刊》，復刊第九卷第九期，民國 68 年。
20. 莊吉發，〈四海之內皆兄弟——歷代的秘密社會〉，收於《中國文化新論社會篇——吾土吾民》，臺北，聯經出版事業公司，民國 71 年，社版。
21. 隗瀛濤、何一民，〈論同盟會與四川會黨〉，收於《紀念辛亥革命七十周年學術討論會論文集》，上輯，北京，中華書局，1983 年。
22. 劉光明，〈明末清初之四川〉，《東方雜誌》，第三十一卷第一號，1934 年 1 月。
23. 劉錚雲，〈湘軍與哥老會——試析哥老會的起源問題〉，收於《近代中國區域史研討會論文集》，抽印本，臺北，中央研究院近代史研究所，民國 75 年 8 月。
24. 蔡少卿，〈關於哥老會的源流問題〉，《南京大學學報》，第一期，1982 年。
25. 蔡少卿，〈論余棟臣起義與哥老會的關係〉，《近代中國教案研究》，出版地點、日期不詳。
26. 蔡少卿，〈論辛亥革命與會黨的關係〉，收於《紀念辛亥革命七十周年學術討論會論文集》上輯，北京，中華書局，1983 年。
27. 戴玄之，〈啯嚕子〉，收於《慶祝朱健民先生七十華誕論文集》，民國 67 年 4 月。
28. 戴玄之，〈清幫的源流〉，《食貨月刊》，復刊第三卷第四期，民國 62 年。
29. 戴玄之，〈天地會名稱的演變〉，《南洋大學學報》，第四期，1970 年。
30. 羅爾綱，〈太平天國革命前的人口壓迫〉，《中國社會經濟史集刊》，第八卷第一期，民國 38 年 1 月。
31. 渡邊惇，〈清末哥老會の成立——1981 年長江流域起事計劃の背景——〉，收於東京教育大學亞洲歷史研究會編，《近代中國濃村社會史研究》，東京，1973 年 2 月。
32. Charlton M. Lewis, "Some Notes on the Ko-Lao Hui in Late Ch'ing China" in Jean Chesneaux ed. Popular Movements and Secret Societies in China 1740-1950 Califonia: Standford University Press. 1972.
33. Cheng-Yun Liu, *kuo-lu: a sworn-brothehood organization in szechwam*, Late lmperial China Vol. 6, NO1, June 1986.

34. William Skinner, "Marketing and social structure in rural China", Journal of Asian Studies Vol. 24, NO. 1 1964. 11

35. Jerome Chen, "Relels between rebellions-secret societies in the novel, P'eng kung An", Journal of Asian Studies Vo1. 29, NO. 4, 1970. 8

附　錄

附錄一　乾隆四十六年四川、湖南、湖北、貴州、陝西拏獲嘓嚕子一覽表

姓　名	年　齡	籍　貫	職業或平日行徑	備　　註
胡範年	三三	四川大竹縣	無恆業 遊蕩綹竊	在大竹縣楊通廟遇劉鬍子一夥兄弟，互道窮苦，因些微綹竊不夠吃用，糾約搶刼。棚頭
吳正德	三六	四川墊江縣		○△平與胡範年、劉鬍子熟識，無父母兄弟
張二鑾	二四	四川墊江縣		○△
熊　珍	二八	四川梁山縣		○△
劉三兒	十九	四川墊江縣		○△
夏第傳	二九	四川墊江縣		○△
羅癩子	二五	四川墊江縣		平日與胡範年等熟識，在梁山縣加入胡範年一夥
胡尊三	三八	四川鄰水縣	遊蕩	同上
嚴石保	二九	四川墊江絡		○△△△
趙得相	三一	四川涪州	綹竊	△△△
陳尚德	二八	四川長壽縣		△△△
李大經	二○	四川忠州		○△△
嚴　斌	十八	四川墊江縣		○△△
廖小九	三十	四川長壽縣		○△△△
李包牙	三二	四川墊江縣		○△△△
羅　富	二二	四川大竹縣		○△平日與胡範年熟識
楊碧倫	二二	四川長壽縣		○△
王　貴	三十	四川內江縣	游蕩綹竊	△△△平日與劉鬍子相識
李富榮	十九	四川大竹縣	游蕩綹竊	△△△李滿八乾子
劉巨寬	二五	四川鄰水縣	游蕩綹竊	△△△
楊　奇	二一	四川長壽縣		△△

江老七	三十	四川長壽縣		△△與胡範年、廖豬販平識日熟，做過棚頭
李添瓏	二四	四川鄰水縣	游蕩	在合州加入胡範年一夥，與胡範年、廖豬販平日熟識
羅和尚	二九	四川岳池縣		△△與胡範年、廖豬販平日熟識，做過棚頭
彭黑兒	二四	四川大竹縣		△△與胡範年、劉鬍子熟識。
歐滿七	二二	四川大竹縣		△△與胡範年、廖豬販子平日熟識
夏宗信	三八	四川墊江縣	在場市偷竊	○△△△
劉小十	二七	湖北利川縣	傭工、掏摸	△△△赴川住鄰子縣在場市掏摸
李老七	二八	四川墊江縣		△△與胡範年、廖豬販子平日熟識，做過棚頭
陳文新	二二	湖北利川縣	傭工、遊蕩偷竊	△△△
田洪仁	二一	四川彭水縣	遊蕩	在貴州入川縣入劉鬍子夥黨
張守玉	十九	湖北利川縣	遊蕩	在湖北利川縣入劉鬍子夥黨
張正宇	三八	貴州安化縣	遊蕩	在貴州入劉鬍子夥黨
謝代武	二四	四川鄰水縣	遊蕩	△△△與劉鬍子認識，因窮困難度而入夥
李滿三	二四	四川長壽縣	遊蕩綹竊	與胡範年、劉鬍子熟識，在墊江縣加入胡範年夥黨
陳祥倖	二一	四川江北廳	綹竊	△△△
何起倖	十八	四川鄰水縣	遊蕩綹竊	合州加入胡範年夥黨
徐登元	十八	湖南長沙府	遊蕩	在四川彭水縣入劉鬍子夥黨
田洪義	二八	四川彭水縣	遊蕩	在貴州入劉鬍子夥黨
汪世瀣	二六	四川江北廳	綹竊	△△△
熊長兒	二 七	四川墊江縣		△△
劉鬍子	三六	湖南	開飯店	住過四川大竹縣，並曾在金堂縣開飯店，後因沒錢歇業，出外搶刼，平日遊蕩綹竊。棚頭
廖豬販子	二九	四川墊江縣	遊蕩	△與胡範年熟識。棚頭
朱大漢	二九	四川墊江縣	綹竊	△與胡範年熟識。棚頭
王貓兒		四川梁山縣		△△△
劉老七	三十	四川鄰水縣		△△與胡範年、劉鬍子認識，因窮困難度入夥，做過棚頭
張小滿	二十	四川大竹縣		△△張二蠻乾子，做過棚頭
潘人美	二十	四川定遠縣		△△與胡範年、劉鬍子認識，因窮困入夥，做過棚頭

包老滿	二六	四川鄰水縣		△△
郭小四	二九	四川資陽縣	遊蕩	△△
傅起元	十六	四川達州		△△熊光光乾子
劉添榮	三四	四川富順縣	游蕩偷竊	在四川瀘州入劉鬍子夥黨
蔡　榮	二七	四川瀘州	遊蕩	同　右
王　俸	十九	貴州思南府	傭工、偷竊	△△傭工赴川，因窮苦在場市偷竊
李心鰲	二六	湖南永州府	入川遊蕩	在四川安岳縣入劉鬍榮子夥黨
吳世榮	二四	貴州桐梓縣		△△△
彭猴子	二 四	四川大竹縣		△△與胡範年認識等
張保兒	二十	貴州桐梓縣	遊蕩綹竊	△△△因赴川尋工沒有僱主乃綹竊遊蕩
王朝應	十六	四川廣安州		△△△羅和尚乾子
何　貴	十七	四川鄰水縣		△△△
劉純玉		四川大竹縣		
蔣安榮	十八	四川墊江縣	遊蕩	△△△劉鬍子乾子，隨同各場遊蕩
婁一恒	二二	湖北荊州府	在四川傭工	△△
陳　德		湖南臨武縣		
宋貴兒		貴州		張大鑾乾子
熊先閑		四川墊江縣		廖豬販子乾子
舒　俸		貴州仁懷縣		
馬洪綱	二一	四川大竹縣		△△△父死母嫁
張盛瑞	二十	四川大竹縣		△張浩然族叔
張浩然	二六	四川大竹縣		△被唐眼子拉去背鋪蓋
徐大才		四川大竹縣		△△△
龍老滿		湖廣		△△△
嚴　剛		四川墊江縣		○△△
陳光前		湖廣		
朱小二	二十	四川涪州	遊蕩	△父死母存，無兄弟
張大鑾		四川梁山縣		△
胡榮生		四川大竹縣		○△
李滿八		湖廣		○△
熊耀貴		四川彰明縣		
萬載隆		四川廣安州		
楊在揚		四川富順縣		
張　會		四川達州		
梁　仲		四川江津縣		

梁三娃		四川江津縣		
張光耀		湖北廣濟縣		
熊登貴		四川岳池縣		
楊光里		貴州安化縣		
李有得		四川彭縣		
張登榮		湖北江夏縣		
唐大順		湖南寶慶府		
劉榮德		湖廣		
饒克瑞		四川資州		
李世華		湖南湘陰縣		
張其貴		四川綦江縣		
銀太清		湖廣		
吳老么		四川樂至縣		
謝榮才		湖南武崗州		
張　元		貴州遵義縣		
吳得賢		湖廣		
榮　瓏		湖廣		
吳功成		四川安岳縣		
段三娃		貴州桐梓縣		
劉朝總		四川隆昌縣		
王朝俸		四川岳池縣		
劉朝貴		貴州		
曾紹榮		廣東		
張彭珍		四川內江縣		
朱添名		四川東鄉縣		
楊志忠		四川內江縣		
曹大滿		四川太平縣		△△
毛耳朵		四川太平縣		△△△
劉小滿		四川墊江縣		△△△
周大鑾		四川永寧縣		△△△
張滿兒		湖廣		△△△
熊癩子		四川墊江縣		△△△
李大毛		四川瀘州		△△△
楊滿六		湖廣		△△△
鄧滿兒		四川大竹縣		△△△

張世榮		湖廣		
陳滿八		四川鄰水縣		△△△
熊朝瓏	二九	四川墊江縣		平日與胡範年等熟識，在四川梁山縣入胡範年夥黨
陳滿六	二二	湖北利川縣		△△△因窮困遊蕩偷竊
楊空子	四七	貴州印江縣		乾隆四十四年即在四川內江縣入劉鬍子一夥，與熊光光在四川遊蕩綹竊，在四川合州加入胡範年一夥。棚頭
鄒滿三	二十	湖廣		父母俱亡，住四川金堂縣，在四川巴縣入胡範年夥黨
張天明				
周駝子				△△△
胡大漢				△△△
甘滿四				△△△
蔡友應				△△△棚頭
安老二				不知在湖北或貴州加入劉鬍子夥黨
陳正山				同上
文瘦子	三十	四川重慶府		胡範年一夥
小　一	二五、六	四川順慶府		胡範年一夥
小　二	二一、二	四川保寧府		同上
小　三	二二	四川保寧府		同上
王老滿	三十	四川順慶府		同上
楊朝鎮	三十	湖北荊州府		同上
劉世保	二七、八	江西吉安府		同上
王　光	四十	湖南茶陵		同上
陳應宗	二七、八	四川長壽縣		同上
李尙嘉	四十	湖南茶陵州		同上
郭一廷	三五、六	湖南茶陵州		同上
王駝子	三五、六	湖南茶陵州		同上
熊老大	三七、八	四川鄰水縣		同上
陳良六	二七、八	四川長壽縣		同上
陳上垣	三四、五	貴州思南府		同上
季朝相	四十	四川順慶府		同上
劉　雲	四十	四川保寧府		胡範年一夥
王如林	二七、八	四川長壽縣		同上
楊朝棟	三七、八	湖南茶陵州		同上

張有成	三二	貴州桐梓縣		同上
劉學之	四十	四川保寧府		同上
蔣狗保	二一、二	四川嘉定府		同上
張老六	二十餘	四川嘉定府		同上
周朝棟	十七、八	四川瀘州		胡範年乾子。同上
劉老八	十八、九	四川合州		胡範年乾子。同上
楊集榮	四三	湖南清泉縣	入川抬轎度日	未娶妻，因窮苦難度，於乾隆四十五年自願加入胡範年
石添香	三六	湖南祁陽縣	入川傭工 挑腳	因重慶無生意赴別處就食，後返重慶，遇楊集榮，被誘入嘓嚕行列挑行李
廖文遠	二七	四川長壽縣	挑腳	未娶妻。胡範年乾子。同上
趙滿一	三十餘	貴州		△乾隆四十三年在四川金堂縣和劉鬍子結夥搶刼
王金祿	三十餘	貴州鎮遠府		乾隆四十四年在四川內江縣入劉鬍子一夥
趙子隴	三十餘	湖南寶慶府	討乞	乾隆四十五年在四川清江縣唐成美勾引下入劉鬍子一夥
田老岩	三十餘	四川華陽縣		王金祿乾子
徐子隴	二十餘			王金祿乾子
謝正華		四川內江縣		趙滿一舊窩家
唐成美		貴州清溪縣		乾隆四十四年在四川內江縣入劉鬍子一夥
羅添富	三一	湖南邵陽縣	在四川金堂縣飯店幫工	在金堂縣遇劉鬍子，因係同鄉而熟識，乾隆四十三年入劉鬍子一夥搶劫
楊老節	三一	貴州銅仁縣	討乞	父母俱亡，無兄弟妻子，乾隆四十五年在四川清江樹唐成美勾引下入劉鬍子一夥
胡大順	二五	江西高安縣	打鐵	入川尋生理，乾隆四十六年在清江樹入劉鬍子一夥
劉　雲				乾隆四十三年在四川金堂縣和劉鬍子結夥
劉矮子				乾隆四十三年在四川金堂縣入劉鬍子一夥
甘矮子				同上
傅胖子				同上
何可山				乾隆四十四年在四川內江縣入劉鬍子一夥
曾士達				同上
李老四				同上
姚癩子				乾隆四十四年在四川內江縣入劉鬍子一夥
劉老貴			討乞	乾隆四十五年在四川清江樹唐成美勾引下入劉鬍子一夥

<table>
<tr><td>劉國教</td><td>二十餘</td><td>湖南澧州</td><td>陝西紫陽縣鹽廠傭工</td><td>遷居湖北荊州府</td><td rowspan="5">乾隆四十五年胡範年至紫陽縣勾引入夥前，因工錢不夠用，已在姜元發起意下在紫陽六一山搶劫</td></tr>
<tr><td>吳澤雲</td><td>三十餘</td><td>湖南澧州</td><td>同上</td><td>遷居四川雲陽縣</td></tr>
<tr><td>吳光潮</td><td>三二</td><td>湖南湘陰縣</td><td>同上</td><td>遷居四川雲陽縣</td></tr>
<tr><td>姜元發</td><td>三八</td><td>江西南昌縣</td><td>同上</td><td>遷居四川雲陽縣</td></tr>
<tr><td>王三豹</td><td>三六</td><td>湖南長沙縣</td><td>同上</td><td>遷居四川雲陽縣</td></tr>
<tr><td>孫老么</td><td>二二</td><td>湖北巴東縣</td><td></td><td colspan="2">胡範年一夥</td></tr>
<tr><td>董老五</td><td></td><td>四川萬縣</td><td></td><td colspan="2">同上</td></tr>
<tr><td>朱　玉</td><td>二十餘</td><td>湖北巴東縣</td><td></td><td colspan="2">同上</td></tr>
<tr><td>胡長生</td><td></td><td></td><td></td><td colspan="2">胡範年侄子</td></tr>
<tr><td>黃勝才</td><td>四二</td><td>江西臨川縣</td><td>到四川重慶傭工</td><td colspan="2">父母兄嫂皆亡，因窮困難度前往四川彭水縣覓食，乾隆四十六年爲李小八勾引入夥背行李</td></tr>
<tr><td>李小八</td><td></td><td></td><td></td><td>棚頭</td><td rowspan="5">一夥</td></tr>
<tr><td>羅吉尚</td><td></td><td></td><td></td><td>棚頭</td></tr>
<tr><td>楊文彬</td><td></td><td></td><td></td><td>棚頭</td></tr>
<tr><td>張紀善</td><td></td><td></td><td></td><td>棚頭</td></tr>
<tr><td>尤步亨</td><td></td><td></td><td></td><td>棚頭</td></tr>
<tr><td>熊光光</td><td>四十多</td><td>江西豐城縣</td><td></td><td colspan="2">△曾作棚頭</td></tr>
<tr><td>劉　榮</td><td>四十多</td><td>四川保寧府</td><td></td><td colspan="2">熊光光一夥</td></tr>
<tr><td>劉國太</td><td>二五、六</td><td>貴州</td><td></td><td colspan="2">同上</td></tr>
<tr><td>周老四</td><td>四十多</td><td></td><td></td><td colspan="2">同上</td></tr>
<tr><td>劉和尚</td><td>四十多</td><td>江西清江縣</td><td>和尚</td><td colspan="2">年長後還俗，屢次犯竊，在家鄉無處傭工乃赴四川，乾隆四十五年爲王景文糾入熊光光一夥</td></tr>
<tr><td>王景文</td><td>三六</td><td>江西清江縣</td><td>在四川討乞</td><td colspan="2">無父母妻子，乾隆四十五年爲周老四等勾引至巴縣入熊光光一夥</td></tr>
<tr><td>劉　雲</td><td>六十多</td><td>湖南長沙縣</td><td></td><td colspan="2">老大，起意約集</td></tr>
<tr><td>蕭　三</td><td>三十多</td><td>湖南寶慶府</td><td></td><td colspan="2">劉雲一夥，在四川糾集</td></tr>
<tr><td>蕭　四</td><td>二十多</td><td>湖南寶慶府</td><td></td><td colspan="2">同上</td></tr>
<tr><td>張　三</td><td>二十多</td><td>湖南辰州府</td><td></td><td colspan="2">同上</td></tr>
<tr><td>李　榮</td><td>二十多</td><td>湖南辰州府</td><td></td><td colspan="2">同上</td></tr>
<tr><td>張子元</td><td>二十多</td><td>湖南麻陽縣</td><td></td><td colspan="2">劉雲一夥，在四川糾集</td></tr>
<tr><td>王　瓏</td><td>二十多</td><td>湖南龍山縣</td><td></td><td colspan="2">同上</td></tr>
</table>

王　榮	二十多	湖南龍山縣		同上	
廖啓明	二七、八	湖北蒲圻縣		同上	
張老么	二十多	四川		同上	
張苗子	三十多	湖南永順府		同上	
文老八	四十多	湖南衡山縣		棚頭	一夥
亢作四	三十多	湖南清泉縣		棚頭	
周爛眼子	三五、六	湖南清泉縣		棚頭	
袁滿四	三十多	貴州		棚頭	
陳添善	三十	湖南常寧縣	四川鐵廠、雲南金沙廠傭工	乾隆四十五年在貴州威寧州入文老八一夥	
劉榮華	三二	湖南瀘溪縣	在四川奉節縣傭工	父母早亡，無兄弟妻子，乾隆四十五年入劉雲一夥	
顏自遠	四五	湖南衡山縣	在四川射洪縣傭工討乞	父死母嫁，無兄弟妻子，乾隆四十六年遇劉榮華，被引誘入劉雲一夥	
顏應超	四五	湖南衡山縣	在四川巴州種地討乞	無父母妻子兄弟，乾隆四十五年在萬縣糾約搶奪，乾隆四十六年遇劉榮華，被引誘入劉雲一夥	
劉小滿	十四	湖北歸州	在湖南辰州討乞	乾隆四十六年爲劉榮華等引誘入夥	
羅和尙	四十餘	湖南郴州		乾隆四十六年在四川太平縣太和場起意搶劫	
金小二	三十餘			△△△羅和尙在太和場最初夥黨	
任永富	二十餘	貴州婺川縣		羅和尙太和場最初夥黨	
王　二	二十餘	貴州婺川縣		同上	
余小夥	二十餘	四川彭水縣		同上	
陳惟權	三十餘	貴州婺川縣		同上	
楊　四	十七、八	貴州婺川縣		同上	
袁老八	三十餘			△△△羅和尙在太和場最初夥黨	
陳跛子	三十餘			羅和尙在太和場最初夥黨	
周三虎	三十餘	江西撫州府		稍後在四川加入羅和尙一夥	
盧士俊	三十餘	江西撫州府		同上	
周包包	四十餘	貴州		同上	
陳大漢	三五	川東		稍後在四川加入羅和尙一夥	

王上云	三十餘	貴州遵義府		同上	
汪添云	四十餘	湖南寶慶府		同上	
周滿兒	二八	湖南武崗州		同上	
吳滿兒	二十餘	貴州石泉縣		羅和尚等逃入貴州婺川縣時加入	
張之松	五四	湖南武陵縣	在四川射洪縣開豆腐店	後因無本錢，與妻子散，出討外乞，乾隆四十六年在四川太平縣太和場入羅和尚一夥	
皮學禮	十五	貴州安化縣	討乞	父死母嫁，張之松乾子	
傅開太	四三	湖北東湖縣	在四川梁山縣討吃	在梁山縣入胡範年一夥	
胡　文	二二	湖南祁陽縣	在四川岳池縣討吃	在岳池縣入胡範年一夥	
王興國	十五	四川大竹縣	討吃	母早死，父逃荒在外，傅開太乾子	
楊潮臣		湖北松滋縣		由四川夔州府至湖北利川縣時被誘加入嘓嚕子	
李維高		湖北松滋縣	推橈	推橈至四川巴縣遇熟人商同邀人結夥	
鄧成德		四川			
周老么		湖南澧縣	在四川蠟燭店幫工	乾隆四十四年被逼入嘓嚕背負刀桿	
劉玉彩		四川重慶府		被逼迫加入嘓嚕子背包	
李老七		四川成都府	在陝西興安縣種田	被誘入夥	
楊　在		四川		入夥背包	
楊麻子		四川黔江縣		入夥背刀桿	
李東祥		湖南永興縣	在四川奉節縣鐵廠傭工	被誘入夥	
彭家柱	二九	湖北監利縣	在四川奉節縣賣酒推橈	因折本乃推橈過活，遇熟人誘入嘓嚕子，陳升、羅恒一夥	
陳　升		四川忠州			
羅　恒		四川忠州			
王士花		湖北公安縣	無恆業，遊蕩	曾至陝西平利縣被逐，父死母嫁，無妻子	在四川太平縣入胡隆一夥
向迪勝		湖南瀘溪縣	無恆業，遊蕩	曾至陝西平利縣被逐，住湖北恩施縣，父死母嫁	
黃自禮		湖廣		因叔祖在重慶生理，乃前去尋找	
肖申明		湖廣	在四川卜算遊方		

張正魁		湖廣		赴四川覓了，背行李
巴　德		湖廣	在陝西平利縣開飯店	胡隆一夥至此飯店時，被迫加入背負行李
胡　隆				
彭宏富		湖南清泉縣	在四川重慶駕船乞食	因患病乞食，在四川巴縣入嘓嚕背包裹
王正爵		四川酉陽州	在彭水縣傭工	
張明高		湖南沅陵縣	自幼赴川遊蕩	被遊入夥背行李
王明學		湖南澧州	自幼赴川傭工乞食	因病方乞食，入夥背舖蓋
周　德		貴州清溪縣		在重慶入劉鬍子一夥，替眾人背行李，劉鬍子之乾子
范良才		湖南龍山縣		在秀山遇其他人，各言貧苦而結爲一夥
彭老八		四川秀山縣		在秀山遇其他人，各言貧苦而結爲一夥
喻攀靈		四川	無恆業，遊蕩	在太平縣由朱大漢邀入胡範年一夥
王　昇		湖南	在四川涪州剃頭	在墊江縣遇朱大漢等被脅入劉鬍子一夥
李再瓏			駕船爲業	同船結爲一夥
劉宗禮			駕船爲業	同船結爲一夥
張錫光			駕船爲業	同船結爲一夥
余士榮			乞食	
胡士周		江西贛州府		
謝老大		江西		
喻維海		湖北漢川縣	拉牽	強脅入夥
徐癩子			拉牽	強脅入夥
黃世見		四川廣安州	開糕餅舖	因折本至重慶推橈，替袁老八背行李
李老三	十九	貴州婺川縣	乞食	父母俱亡，無兄弟妻子，被迫加入背包袱
王　雲		湖南	遊蕩	隨父遷居四川，乾隆四十四年在劍州加入嘓嚕
李麻子		陝西	乞食、掏摸	自幼入四川，乾隆四十五年在劍州加入嘓嚕
曾老二	二九	湖南麻陽縣		已娶妻同胞兄弟，遷居貴州，爲尋工作到四川酉陽州而加入嘓嚕子
曾老巖	三一	湖南麻陽縣		未娶妻同胞兄弟，遷居貴州，爲尋工作到四川酉陽州而加入嘓嚕子

童臣貴		四川資陽縣	賣小菜	在江津縣被強拉入夥
嚴正綱		四川合州		在重慶府遇嘓嚕，被迫背行李，至江津縣始令入夥
張和尚		四川巴縣	和尚	酗酒被逐，在重慶府入夥
王元周		湖南	至貴州婺川縣傭工	在四川被拉入劉鬍子一夥
萬方旦		湖南		寄居四川，乾隆四十六年二月至汪鬍子家遇其他人互道貧苦，起意糾約出外遊蕩尋食，乘便搶食掠竊
艾　隆		湖南	素無恆業	
汪鬍子		四川		

△　劉鬍子結拜兄弟，在四川大竹縣楊通廟加入胡範年一夥。

△△胡範年等由四川巴縣逃往合州時加入。

△△△劉鬍子等逃入四川太平縣雪泡山時加入。

○　在未加入胡範年一夥時，已結爲嘓嚕，在四川長壽縣搶錢。

資料來源

《軍機處月摺包》

△第二七〇五箱，一三五包，〇三一三二八號，乾隆四十六年七月二日，署理陝西巡撫畢沅奏摺錄副。

△第二七〇五箱，一三五包，〇三一五八七號，乾隆四十六年七月二十日，貴州巡撫李本奏摺錄副。

△第二七〇五箱，一三五包，〇三一六四三號，乾隆四十六年八月六日，兵部尚書福隆安奏摺錄副。

△第二七〇五箱，一三五包，〇三一八〇八號，乾隆四十六年八月二十日，四川總督文綬奏摺錄副。

△第二七〇五箱，一三五包，〇三一八一二號，乾隆四十六年八月九日，四川總督文綬奏摺錄副。

△第二七〇五箱，一三五包，〇三一八一三號，乾隆四十六年八月十二日，湖南巡撫劉墉奏摺錄副。

△第二七〇五箱，一三五包，〇三一八四五號，乾隆四十六年八月十六日，湖廣總督舒常湖北巡撫鄭大進奏摺錄副。

△第二七〇五箱，一三五包，〇三一九六七號，乾隆四十六年八月二十六日湖南

巡撫劉墉奏摺錄副。

△第二七〇五箱，一三五包，〇三一九六八號，乾隆四十六年八月二十六日湖南巡撫劉墉奏摺錄副。

△第二七〇五箱，一三五包，〇三二〇八一號，乾隆四十六年九月二日，特成額奏摺錄副。

△第二七〇五箱，一三五包，〇三二〇八七號，乾隆四十六年九月七日，湖廣總督舒常奏摺錄副。

△第二七〇五箱，一三五包，〇三二〇八八號，乾隆四十六年九月七日，湖廣總督舒常奏摺錄副。

△第二七〇五箱，一三五包，〇三二一三八號，乾隆四十六年九月九日，湖廣總督舒常奏摺錄副。

△第二七〇五箱，一三五包，〇三二一六六號，乾隆四十六年九月十三日，湖廣總督舒常湖北巡撫鄭大進奏摺錄副

△第二七〇五箱，一三五包，〇三二二七八號，乾隆四十六年九月二十二日，湖南巡撫劉墉奏摺錄副。

△第二七〇五箱，一三五包，〇三二二七九號，乾隆四十六年九月二十二日，湖南巡撫劉墉奏摺錄副。

《宮中檔乾隆朝奏摺》

△第四十八輯，乾隆四十六年八月二十五日，署理陝西巡撫畢沅奏摺。

△第四十八輯，乾隆四十六年九月九日，湖廣提督李國梁奏摺。

△第四十八輯，乾隆四十六年九月十九日，湖南鎮筸鎮總兵黃模奏摺。

△第四十九輯，乾隆四十六年九月二十二日，湖南巡撫劉墉奏摺。

△第四十九輯，乾隆四十六年九月二十二日，湖南巡撫劉墉奏摺。

△第四十九輯，乾阪四十六年十月十日，湖南鎮筸鎮總兵黃模奏摺。

△第四十九輯，乾隆四十六年十月二十八日，署理陝西巡撫畢沅奏摺。

△第四十九輯，乾隆四十六年十一月十一日，胡南巡撫劉墉摺奏。

△第四十九輯，乾隆四十六年十一月十三日，廣西提督李國梁摺奏。

△第四十九輯，乾隆四十六年十一月十八日，湖南巡撫劉庸摺奏。

△第五十輯，乾隆四十六年十二月九日，署理陝西巡撫畢沅摺奏。

附錄二 哥老會案件內容一覽表

時 間	地 點	事 由	備 註
同治 2 年	湖南芷江縣;辰溪縣交界	聚眾數千起事	△
同治 2 年 5 月	湖南邵陽縣	同上	○△
同治 2 年 5 月	湖南新化縣	進犯老鴉田	○△
同治 4 年 5 月	安徽徽州府	湘軍譁變	△
同治 4 年 5 月	安徽休寧縣	湘軍譁變	△
同治 5 年	福建汀州	煽惑軍士	○
同治 5 年	貴州	與土匪游勇勾結刦殺	○
同治 5 年 11 月	甘肅	煽惑軍營	△
同治 6 年 2 月	甘肅蘭州府	鬧餉	△
同治 6 年 4 月	湖南湘鄉縣	聚眾燒掠抗官	○△
?	湖南靜寗州	刼財殺人	
?	陝西鄜州	勾結營勇	○
同治 7 年	福建甌寗縣	搶刼	○
同治 7 年	湖北黃梅縣	脅迫散勇滋事	△
同治 7 年	湖北武穴龍坪	脅迫散勇滋事	△
同治 8 年	湖南湘鄉縣		
同治 8 年	江蘇揚州	撤勇勾結江湖會	○
同治 8 年 2 月	陝西綏德縣	兵變攻陷州城	○△
同治 8 年 2 月	甘肅宜君縣	兵變	△
同治 9 年 2 月	湖南湘鄉縣	聚眾數千攻城	○△
同治 9 年 4 月	湖南瀏陽縣	焚縣焚署刼獄	△
同治 9 年 7 月	湖北宣恩縣	圖撲縣城	△
同治 9 年 9 月	湖南湘潭縣	焚掠衙署縣屬	△
同治 9 年 9 月	湖北孝感縣	糾約愚民	
同治 9 年 9 月	福建廈門縣	拏獲 1 人	
同治 9 年	台灣澎湖	拏獲 1 人	

同治 9 年	台灣彰化	拏獲 1 人	○△
同治 10 年 4 月	湖南益陽縣	進攻縣城	○△
同治 10 年 4 月	湖南龍陽縣	拏獲 1 人	
同治 10 年 6 月	江蘇吳縣	拏獲 1 人	○
同治 10 年 6 月	江蘇宜興縣	拏獲 1 人	
?	陝西醴泉縣	共拏獲 8 人	
?	陝西武功縣		
?	陝西扶風縣		
?	陝西咸陽縣		
同治 11 年 5 月	陝西乾州	拏獲 2 人	
同治 11 年 6 月	陝西乾州	勾誘武毅右軍勇丁	
同治 13 年 3 月	湖北鄖西縣	約期起事	△
光緒 1 年	貴州下江縣永從縣	陷城	○△
光緒 1 年	貴州平遠州	拏獲 2 人	
光緒 2 年	安徽廬州府	拏獲 4 人	○
光緒 2 年	江西萬載縣	拏獲 2 人	
光緒 2 年	江西東鄉縣	拏獲 3 人	
光緒 3 年 1 月	河北天津	煽惑營勇燒掠	△
光緒 3 年 4 月	湖北監利縣	約期舉事	
光緒 4 年春	湖南桃源縣	聚眾起事	△
光緒 4 年春	湖南平江縣	聚眾起事	△
光緒 4 年 12 月	湖南湘陰縣	欲舉事	△
光緒 5 年 6 月	湖北應城縣	約期舉事	○△
光緒 5 年 10 月	湖北恩施縣建始縣交界	約期搶刧	△
光緒 5 年 10 月	貴州貴陽府	約期舉事	○△
光緒 6 年 5 月	貴州梵淨山	與官兵接仗	○△
光緒 6 年 9 月	貴州桐梓縣	攻縣城	○△
光緒 6 年 9 月	貴州畢節縣		
光緒 6 年 9 月	貴州威寗州	共拏獲 67 人	

光緒 6 年 9 月	貴州龍泉縣		
光緒 6 年 9 月	貴州清鎮縣		
光緒 6 年 9 月	貴州修文縣		
光緒 6 年 9 月	貴州水城廳		
光緒 6 年 9 月	貴州興義縣		
光緒 6 年 9 月	貴州安順府		
光緒 7 年 12 月	貴州興義府	拏獲數人	
光緒 7 年	湖北施南府	勾結外省會黨潛謀滋事	△
光緒 8 年 9 月	江西饒州府	約期舉事	△
光緒 9 年 1 月	湖南平江縣	起事	△
光緒 9 年 2 月	湖南巴陵縣	爲官兵擊散	
光緒 9 年 3 月	湖南龍陽縣	拏獲 1 人	
光緒 9 年 3 月	雲南雲南府	拏獲數人	
光緒 9 年 11 月	貴州開州	接仗拒捕	△
光緒 9 年 12 月	江蘇儀徵縣	拏獲 1 人	
光緒 11 年 5 月	浙江仙居縣	進攻縣城	△
光緒 11 年 11 月	浙江杭州府	拏獲 4 人	○
光緒 11 年 11 月	福建崇安縣	搶刧	○
光緒 12 年 1 月	貴州南關	拏獲 1 人	○
光緒 12 年 1 月	浙江台州府	抗官	△
光緒 12 年 4 月	浙江台州府	拏獲 2 人	
光緒 12 年 8 月	廣東肇慶府	拏獲 2 人	○
光緒 12 年 12 月	福建崇安縣	抗官兵	△
光緒 12 年 12 月	廣東	約期舉事	△
光緒 13 年 3 月	福建浦城縣	欲在城內縱火	△
光緒 13 年 3 月	湖南武陵縣	約期舉事	△
光緒 13 年 3 月	安徽宣城縣	搶刧店舖	○△
光緒 13 年 3 月	安徽寗國縣	鬧事	○
光緒 14 年	四川大足縣	鬧教	△

光緒 14 年	陝西	強佔人妻	
光緒 15 年 9 月	湖北房縣興山縣交界	勾誘流痞飢民	△
光緒 15 年 12 月	陝西城固縣	搶刧	
光緒 15 年 12 月	福建順昌縣	與江西船幫勾結燒殺搶掠	△
光緒 15 年	福建順昌縣	拏獲 1 人	
光緒 16 年 8 月	湖南澧州	約期起事	△
光緒 16 年 8 月	安徽	約期起事	○△
光緒 16 年 8 月	四川大足縣	鬧教	△
光緒 16 年 8 月	陝西平利縣	拏獲 1 人	
光緒 16 年 8 月	陝西南山	拏獲 4 人	
光緒 16 年 8 月	陝西城固縣	搶刧民家殺人	
光緒 17 年 1 月	江西	偷竊	
光緒 17 年 3 月	湖北	約期起事	△
光緒 17 年 3 月	江西九江縣	殺人強暴	
光緒 17 年 5 月	陝西	拒殺巡役	
光緒 17 年 5 月	湖南溆浦縣	搶刧	
光緒 17 年 6 月	湖南溆浦縣	搶刧	
光緒 17 年 6 月	湖南溆浦縣	焚署刧獄	△
光緒 17 年 9 月	湖南巴陵縣	焚刧居民抗官	○△
光緒 17 年 11 月	湖南	行刧	
光緒 17 年 12 月	甘肅鎮原縣	搶刧	
光緒 17 年 12 月	湖北潛江縣	拏獲數人	
光緒 17 年 12 月	湖北黑流度	搶當舖	
光緒 17 年 12 月	湖北京山	拏獲 2 人	
光緒 17 年 12 月	湖北	奴獲 1 人	
光緒 17 年 12 月	湖北沙市	李洪案	○△
光緒 17 年 12 月	雲南		
光緒 17 年 12 月	廣西梧州	拏獲數人	
光緒 17 年 12 月	陝西城固縣	拏獲 3 人	
光緒 17 年 12 月	安徽廣德州	欲乘機起事	△

光緒 17 年 12 月	江蘇	豎旗舉事	△
光緒 17 年 12 月	湖南巴陵縣臨湘縣交界	抗官	△
光緒 17 年 12 月	湖南巴陵縣臨湘縣交界	抗官	△
光緒 17 年 12 月	湖南臨湘縣	聚眾刼掠	○△
光緒 17 年 12 月	湖南永順縣	聚眾約期起事搶刼	△
光緒 18 年 2 月	江西崇仁縣	約期舉事	△
光緒 18 年 4 月	雲南羅平州	放火刼掠	△
光緒 18 年 5 月	江西	拏獲數人	
光緒 18 年 5 月	浙江湖州府	抗官	○
光緒 18 年閏 6 月	雲南平彝縣	拏獲 7 人	
光緒 18 年閏 6 月	湖南臨湘縣	聚眾勒逼民眾	○△
光緒 18 年 7 月	湖南醴陵縣	刼獄刼店	○△
光緒 18 年 8 月	江西萍鄉縣	與官兵接仗	○△
光緒 18 年 10 月	湖南	行刼	
光緒 18 年 12 月	湖南衡州府	拏獲 1 人	
光緒 18 年 12 月	江西贛縣	擬入城起事	△
光緒 18 年 12 月	江西光澤縣	拏獲 1 人	
光緒 18 年 12 月	江西光澤縣	行刼	
光緒 18 年 12 月	陝西南鄭縣	毒人刼財	
光緒 18 年 12 月	安徽太和縣	約期起事	○△
光緒 18 年 12 月	安徽太和縣	刼船	
光緒 18 年 12 月	湖南黔陽縣	拏獲十多人	
光緒 18 年 12 月	湖南	約期舉事	△
光緒 18 年 12 月	湖南	拏獲 1 人	
光緒 18 年 12 月	江蘇	拏獲 1 人	
光緒 18 年 12 月	江蘇江寧縣	拏獲 1 人	
光緒 18 年 12 月	江蘇瓜洲鎮	拏獲 1 人	
光緒 18 年 12 月	江蘇上海	拏獲 1 人	
光緒 18 年 12 月	江蘇金陵	拏獲 1 人	
光緒 18 年 12 月	江蘇金陵	拏獲 1 人	

光緒 18 年 12 月	江蘇金陵	拏獲 5 人	
光緒 19 年 1 月	湖南華容縣	約期起事	△
光緒 19 年 3 月	湖南衡陽縣	刼搶	
光緒 19 年 3 月	湖南慈利縣	拏獲 3 人	
光緒 19 年 8 月	廣西平樂府	約期起事	△
光緒 19 年 11 月	湖南寶慶府	拏獲 1 人	
光緒 19 年 11 月	湖南郴州	拏獲 1 人	
光緒 19 年 11 月	湖南衡陽縣	拏獲數人	
光緒 18 年 11 月	安徽廣德州	盤獲 2 人	
光緒 18 年 11 月	安徽南陵縣	拏獲 1 人	○
光緒 18 年 11 月	江西蓮化廳	拏獲 5 人	
光緒 18 年 11 月	浙江安吉縣	拏獲 1 人	
光緒 20 年夏	陝西南鄭縣	拏獲 2 人	
光緒 20 年	福建浦城縣	拏獲 1 人	
光緒 20 年	江西東鄉縣	拏獲 1 人	
光緒 20 年	江西鉛山縣	拏獲 1 人	
光緒 20 年	安徽	拏獲 6 人	
光緒 20 年	安徽蕪湖縣	拏獲 1 人	
光緒 20 年	安徽南陵縣	拏獲 3 人	
光緒 20 年	湖南	拏獲 1 人	
光緒 23 年 2 月	陝西合水縣	約期舉事	△
光緒 23 年 3 月	陝西紫陽縣	搶刼	
光緒 23 年 4 月	廣西興安縣	拏獲 1 人	
光緒 23 年 5 月	廣西灌陽縣	進攻縣城	△
光緒 23 年 5 月	廣西全州	進攻四所地方	△
光緒 23 年 5 月	浙江分水縣	拏獲 3 人	
光緒 24 年 8 月	陝西渭南縣	拏獲	
光緒 24 年 8 月	四川大足縣	鬧教	○△
光緒 24 年 9 月	湖北利川縣	鬧教	△
光緒 24 年 10 月	湖北長樂縣	鬧教	△
光緒 24 年 10 月	湖北長陽縣	鬧教	△
光緒 24 年 10 月	湖北巴東縣	鬧教	△

光緒 24 年 10 月	湖北長樂縣	攻 城	△
光緒 24 年 10 月	浙江永嘉縣	拏獲 1 人	
光緒 24 年 10 月	浙江溫州府	拏獲 3 人	
光緒 25 年 5 月	安徽涇縣	拏獲 1 人	
光緒 25 年 7 月	江蘇鎮江縣	拏獲 1 人	
光緒 25 年 9 月	貴州仁懷縣	鬧教	△
光緒 25 年 9 月	陝西紫陽縣	拏獲 2 人	
光緒 26 年 8 月	河南信陽州	拏獲數人	
光緒 26 年	安徽大通	自立軍之役	
光緒 26 年	湖北漢口	自立軍之役	
光緒 26 年	湖北沔陽	自立軍之役	
光緒 27 年 2 月	安徽寗國縣	大規模刦掠	△
光緒 27 年 2 月	浙江杭州	拏獲 2 人	
光緒 29 年	湖南衡陽縣	倡言仇教希圖起事	△
光緒 29 年	江西萍鄉縣	拏獲 1 人	
光緒 30 年 4 月	江西南昌府	拏獲 2 人	
光緒 30 年 7 月	江西新喻縣	鬧教	△
光緒 30 年 7 月	江西高安縣	鬧教	△
光緒 30 年 7 月	江西南昌府	拏獲 3 人	○
光緒 30 年 7 月	河南安陽縣	拏獲	
光緒 30 年 7 月	河南汝州	拏獲	
光緒 30 年 9 月	湖南長沙縣	長沙之役	○
光緒 31 年 10 月	湖南邵陽縣	燒殺	△
光緒 31 年 10 月	江西萬福縣	拏獲數人	○
光緒 31 年 10 月	安徽安慶府	放火欲起事	△
光緒 31 年 10 月	陝西西鄉縣	搶刦殺人	
光緒 31 年 10 月	陝西西鄉縣	搶刦殺人	
光緒 32 年 3 月	河北	拏獲數人	
光緒 32 年 3 月	江蘇溧陽縣	拏獲 2 人	
光緒 32 年 3 月	江蘇江寧府	拏獲 1 人	

光緒 32 年 3 月	湖南醴陵縣	丙午之役	○
光緒 32 年 3 月	湖南瀏陽縣	丙午之役	○
光緒 32 年 3 月	江西萍鄉縣	丙午之役	○
光緒 33 年冬	陝西鎮安縣	拏獲	
光緒 33 年冬	陝西	搶刼殺人	
光緒 34 年夏	陝西臨潼縣	拏獲	
光緒 34 年夏	陝西富平縣	拏獲 1 人	
光緒 34 年 7 月	河南鄧州	拏獲 1 人	
光緒 34 年 7 月	河南河北鎮	拏獲 2 人	
光緒 34 年 7 月	江西	拏獲數人	○
宣統元年冬	陝西延川縣	拏獲數人	
宣統元年冬	陝西紹南縣	拏獲數人	
宣統元年冬	陝西涇陽縣	拏獲數人	
宣統 2 年	陝西原利縣	拏獲數人	
?	貴州新城	變亂	△
?	安徽青陽縣	刼強	○
?	湖南攸縣	行刼	
?	湖南湘鄉縣	拏獲 1 人	
?	湖南	行刼	
?	湖南	行刼	
?	安徽南陵縣	刼犯殺人	
?	江蘇儀徵縣	刼殺	
?	江西南坑	與官兵對抗	△
?	陝西	殺人	
?	陝西興安府	放火未成	
?	陝西興安府	強暴婦女	
?	陝西興安府	搶民宅殺人	
?	陝西興安府	搶刼	
?	江蘇	搶刼	
?	安徽建平縣	拏獲數人	○
?	河北通州	行劫	

△代表暴亂案件

○代表與游勇有關的案件

資料來源

《軍機處月摺包》

△第二七六六箱、五三包、一〇四七二六號，同治九年十一月二十五日，李瀚章附片錄副。

△第二七六六箱、五四包、一〇五一一三號，同治九年十二月十五日，英桂等附片錄副。

△第二七六六箱、六六包、一〇七八七二號，同治十年六月一日，巴揚阿等奏摺錄副。

△第二七四五箱、九八包、一一五二五二號，同治十三年五月一日，李瀚章奏摺錄副。

△第二七三五箱、三包、一一九三八八號，光緒七年十一月八日，李瀚章等附片錄副。

△第二七三五箱、九包、一二一一三六號，光緒八年二月九日，林肇元奏摺錄副。

△第二七三五箱、十九包、一二四三〇一號，光緒八年六月二十二日，彭祖賢奏摺錄副。

△第二七二二箱、二四包、一二五五四一號，光緒十年，林肇元奏摺錄副。

△第二七二二箱、二五包、一二五七〇二號，光緒十年，左宗棠附片錄副。

△第二七二九箱、四三包、一三一二三六號，光緒二十年二月二十八日，德馨附片錄副。

△第二七二九箱、四五包、一三一七六二號，光緒二十年二月二十八日，德馨奏摺錄副供單。

△第二七三九箱、六三包、一三七八五三號，光緒二十三年三月六日，廖壽豐奏摺錄副。

△第二七三九箱、六七包、一三九三五九號，光緒二十三年五月十三日，史念祖附片錄副。

△第二七三九箱、七一包、一四〇四〇七號，光緒二十三年五月二十九日，史念祖奏摺錄副。

△第二七三九箱、七五包、一四一五七六號，光緒二十三年八月一日，史念祖奏

摺錄副。

△第二七三六箱、八一包、一四四〇二九號，光緒二十七年八月二十二日，任道鎔附片錄副。

△第二七五五箱、九一包、一四八〇四一號，光緒二十八年七月十五日，關榕祚奏摺錄副。

△第二七六三箱、一二三包，一六〇八一二號，光緒三十年五月二日，夏旹奏摺錄副。

△第二七七七箱、三二包、一八六二九七號，宣統二年二月二十八日，恩壽奏摺錄副。

《月摺檔》

△同治四年十二月一日，曾國藩奏摺。同治五年十一月三日，兆琛片。

△同治六年三月二十七日，楊岳斌片。同治七年八月一日，英桂片。

△同治八年六月二十日，李瀚章片。同治十一年一月五日，張之洞奏摺。

△同治十一年七月二十八日，曹克忠奏摺。

△光緒元年十二月二十五日，黎培敬片。光緒二年六月一日，裕祿片。

△光緒二年八月二十三日，劉秉璋片。光緒二年九月二十九日，劉秉璋片。

△光緒八年十月二十七日，李文敏奏摺。光緒十三年六月二日，劉秉璋片。

△光緒十二年十一月二十日，張之洞片。光緒十三年三月九日，劉秉璋片。

△光緒十三年閏四月十日，楊昌濬奏摺。光緒十六年三月十七日，張之洞、奎斌奏摺。

△光緒十七年十二月二十四日，奎斌奏摺。光緒十八年四月二十一日，沈秉成奏摺。

△光緒十八年五月一日，德馨奏摺。光緒十八年閏六月二十二日，楊昌濬奏摺。

△光緒十八年七月二十三日，張之洞、張熙奏摺。光緒十八年八月六日，劉樹堂奏摺。

△光緒十八年仈二十二日，沈秉成奏摺。光緒十八年八月二十五日，張之洞、張熙奏摺。

△光緒十八年九月二十一日，沈秉成奏摺。光緒十八年十月六日，吳大澂奏摺。

△光緒十八年十一月二十六日，王文韶、譚鈞培奏摺。

△光緒十九年六月十七日，方冀汝片。光緒十九年七月六日，張之洞、吳大澂奏摺。

△光緒十九年八月二十日，沈秉成奏摺。光緒十九年十一月八日，吳大澂奏摺。
△光緒二十年正月二十四日，張聯桂奏摺。
△光緒二十年六月八日，沈秉成奏摺。

《奏摺檔》

△同治五年五月分，左宗棠片。

《清實錄》

△卷二八九，同治九年八月辛酉頁 16b～17a，卷二三四，同治七年五月戊辰，頁 1b。

《東華錄》

△光緒十五年七月甲子（35），頁 2639～2640。
△光緒十七年四月丁酉（14），頁 2878～2882。
△光緒二十四年十二月乙巳（54），頁 4303。
△光緒二十五年正月辛亥（3），頁 4307。

《諭旨彙存》

△第 26 本，光緒二十六年一月十一日，劉坤一片，頁 181。

《宮中檔》

△第 3 輯，光緒十三年五月十日，陳彝奏摺，頁 232。
△第 5 輯，光緒十六年八月八日，鹿傳霖奏摺，頁 497。
△第 5 輯，光緒十六年十一月十二日，鹿傳霖奏摺，頁 770。
△第 6 輯，光緒十七年二月八日，鹿傳霖奏摺，頁 51。
△第 6 輯，光緒十七年五月八日，慶傳霖奏摺，頁 269。
△第 7 輯，光緒十九年五月九日，鹿傳霖奏摺，頁 759。
△第 8 輯，光緒二十年九月十八日，慶傳霖附片，頁 534。
△第 11 輯，光緒二十三年十二月二十日，陶模奏摺，頁 527。
△第 13 輯，光緒二十五年八月十三日，魏光燾附片，頁 162。
△第 20 輯，光緒三十年十二月十七日，陸元鼎奏摺，頁 692。
△第 21 輯，光緒三十一年五月二十日，曹鴻勛奏摺，頁 501。
△第 22 輯，光緒三十二年三月十八日龐鴻書奏摺，頁 504。
△第 23 輯，光緒三十二年八月二十八日，陳夔龍奏摺，頁 597。
△第 24 輯，光緒三十二年九月二十八日，陳夔龍奏摺，頁 691。

△第 25 輯，光緒三十四年三月十二日，恩壽奏摺，頁 457。

《毛尚書奏稿》

△卷十，同治二年六月一日，〈辰沅逸匪逃匿寶慶起事調兵進勦摺〉

《劉中丞奏稿》

△卷二，同治六年五月，〈撲滅湘鄉會匪並擊散瀏陽齋匪摺〉

△卷六，同治九年四月，〈撲滅湘鄉會匪仍籌費辦團摺〉

△卷六，同治九年四月，〈辦理瀏陽會匪片〉

△卷七，同治九年九月，〈辦理湘潭會匪並籌掃除伏匪摺〉

△卷八，同治十年三月，〈撲滅益陽龍陽會匪並跟蹤搜剿摺〉

《左文襄公全集》

△奏稿，卷二二，同治六年八月二十六日，〈拏獲會匪正法片〉

△奏稿，卷三一，同治八年四月一日，〈劉松山剿除綏德州叛卒收復州城摺〉。

△奏稿，卷三一，同治八年四月一日，〈審明戕害高連陞全案叛逆擬辦完結并收輯成營摺〉。

《曾文正公全集》

△奏稿，卷二二，同治四年七月八日，〈徽休防軍索餉譁譟現擬查辦摺〉。

《劉尚書奏議》

△卷三，光緒十一年六月十八日，〈奏台州府屬哥老會攻城即時撲滅摺〉。

《岑襄勤公奏稿》

△卷十四，光緒五年十月二十五日，〈拏獲會匪訊明正法摺〉。

△卷十五：光緒六年五月十七日，〈搜剿梵淨山積年悍匪全股殄滅摺〉。

△卷十六：光緒六年十月二十日，〈撲滅桐梓縣會匪摺〉。

△卷十九：光緒九年五月十一日，〈拏獲會匪正法片〉。

《李忠節公議奏》

△卷三，光緒十二年四月八日，〈奏拏獲煽結哥老會匪徒景清寅綁赴軍前正法片〉。

《張文襄公全集》

△卷三一，奏議三一，〈拏獲會匪訊明懲辦摺〉。

《辛亥革命前十年間民變檔案史料》上冊。

△蔡少卿、屠雪華，〈論余棟臣起義與哥老會的關係〉。

附錄三　哥老會內屬於游勇之成員一覽表

姓　名	籍　貫	結會起事地點	會中職務	備　　註
沈滄海		福建汀州		藍翔都司銜守備
曾廣八	湖南	湖南湘鄉縣	會首	
唐太春		陝西綏德州	會首	在湖北當勇時結會
謝永青		陝西綏德州	會首	在湖北當勇時結會
黃得潤	江西新開縣	台灣		保至都司
張大源	湖南	福建，台灣		
張鳳翥	湖北		老大哥	
馬幅喜	四川	陝西		遊擊
胡名揚	湖南湘鄉縣	浙江	行堂大頭目	開了十多個山堂
彭　長	湖南湘鄉縣	南京，廣德州	金花坐堂	
劉鈺貴	湖北廣濟縣		金花營務處	隨處放飄
米澗安	湖南鳳凰廳	安徽蕪湖	龍頭	
李世瀆	湖南湘鄉縣	江南，山西天津，廣東	頭目	
楊海泰	湖南湘鄉縣	貴州貴陽府	頭目	保至總兵
歐陽珍	廣東連州	貴州貴陽府		保至都司
劉美六	湖南祁陽縣	貴州貴陽府		
楊　滿	貴州安化縣	貴州下江縣永從縣	黑地大王	
朱洪祚	湖南長沙縣	貴州威寧州桐梓縣	會首	
景清寅	四川三台縣	貴州南關		各處遊蕩
易學寅	湖北孝感縣	湖北應城縣	頭目	當勇時已入會
胡金朋	湖北雲夢縣	湖北應城縣	頭目	當勇時已入會
蕭　茫	湖北應城縣	湖北應城縣		
易　瀚	湖南湘鄉縣	浙江，江蘇	正龍頭	保至把總
馬福益	湖南醴陵縣		正龍頭	曾參與自立軍之役與長沙之役，活動區很廣
龔春台	湖南醴陵縣	湖南，江西	正龍頭	萍瀏醴之役主要領導人之一

鄧雲輝	湖南長沙縣	湖南醴陵縣		遣散後到處遊蕩
鄧海山	湖南長沙縣	江西萍鄉縣	正龍頭	遣散後以教拳棒度日，萍鄉大安里內頭目
李金山	湖南醴陵縣	山東濟寧州	會首	萍鄉大安里外頭目
趙吉發	湖南醴陵縣	福建泉州	禮堂	在湖南放飄
樊復興			頭目	屢次開堂
汪殿臣	湖南臨湘縣	湖南巴陵縣臨湘縣	會首	
李　典	湖南安化縣	湖南，湖北福建，安徽	龍頭	開過四個山堂
濮雲亭	貴州松桃廳	江蘇，安徽	頭目	
陳華魁	湖北江夏縣	江蘇，安徽	頭目	
溫元和	湖南醴陵縣	福建，江西	正龍頭	遣撤後開烟館結交會黨
邱海漳	湖南醴陵縣	福建	當家老三	
張國安	湖北	江西崇安縣	總頭目	
熊鼎山	湖南衡州	江西崇安縣	聖賢	遣撤後賣糕餅爲生
黃　祺	湖南長沙縣	甘肅，陝西河南，河北	刑部	共開八個山堂
周　標	湖南湘鄉縣	江蘇	總堂	
楊洪早	湖南湘鄉縣		新輔	在外遊蕩，不在本籍入會
蘇幅臣			當家	遊蕩
梁玉椿			禮堂	遊蕩
張少卿	湖南善化縣		頭目	不在本籍入會
汪玉庭	湖南湘潭縣		副山主	不在本籍入會
楊青山	湖南瀏陽縣		山主	到處糾人入會
唐玉苟			九千歲	遊蕩度日
鐵　通	陝西	河南，安徽	總頭目	
高受田	湖南長沙縣	安徽	副龍頭	
周子意	江西鄱陽縣	安徽	大頭目	遊蕩度日
張洪賓	湖南巴陵縣	福建	頭目	在各省遊蕩
熊海樓	湖南	安徽南陵縣	頭目	革退後到處遊蕩
陶桂有	湖南	安徽南陵縣	頭目	革退後到處遊蕩

陳　三	湖南	安徽南陵縣	頭目	革退後到處遊蕩
姚幗青		安徽南陵縣	頭目	革退後到處遊蕩
曹菁停	湖南	安徽南陵縣	頭目	革退後不安份謀生
嚴鈺城	湖南	安徽南陵縣	頭目	革退後不安份謀生
楊幱堂	湖南	安徽南陵縣	頭目	革退後不安份謀生
覃樹增	湖南	安徽南陵縣	頭目	革退後不安份謀生
鍾少春	湖南	安徽南陵縣	頭目	革退後不安份謀生
林長發	湖南	安徽南陵縣	頭目	革退後不安份謀生
郭文彬	湖南	安徽南陵縣	頭 目	革退後不安份謀生
譚照田	湖南	安徽南陵縣		革退後不安份謀生
余道典	湖南湘鄉縣	江蘇，浙江安徽	大頭目	
龍松年	湖南益陽縣	安徽，湖北	大頭目	革退後託名外科結交會黨，開了三個山堂
劉高升	湖北江夏縣	安徽，江西	大頭目	
李金山	湖南長沙縣	安徽，台灣	老大	混跡輪船扒竊爲生，又在江蘇販私塩，被推爲老大
譚海樓		江南	會首	
朱其相	貴州施秉縣	貴州貴陽府		歷保府經縣丞升用知縣指捐分發廣西
李策卿		湖北長樂縣	頭目	

資料來源見附錄二

附錄四　哥老會成員內容一覽表

姓　名	籍　貫	職　業	結會入會地點	會　中職　務	備　　註
黃九成	貴州沅州			會首	
劉生成	貴州三廳			會首	
明興隆	貴州三廳			會首	
黃三老冒	貴州三廳			會首	
饒嘉賓		營勇		會首	藍翎都司
龍正文		營勇			都司
劉吉芬		營勇			藍翎守備
羅世享		營勇			千總
姚春和		營勇			六品軍功
張國佐		營勇		會首	都司
陽明貴		營勇			副將
唐恩幅		營勇			千總
龍家壽		營勇		大頭目	都司
郭祖漢			甘肅	總頭目	甘肅候選知縣
李桂芳		營勇			都司，與郭祖漢同時倡會
林正太		營勇			軍功，與郭祖漢同時倡會
唐逢桂		營勇		會首	守備
沈恒勝		營勇		會首	把總
朱紫文		營勇		會首	軍功
戴鳳祥		營勇		會首	軍功
賴榮甫	湖南湘鄉縣		湖南湘鄉縣	總堂老帽	
邱志儒	湖南	營勇	湖南瀏陽縣	頭目	
張紫亭	湖南	營勇		頭目	
曹長年	湖南	營勇	湖南	二品	
黃鏡臣	湖南	營勇	湖南	三品	
丁玉龍	貴州	營勇			

鄔宏勝	江西	營勇			
朱德逵		營勇			哨長
蔣宏高		營勇			哨長
石文科		營勇			什長
熊定邦	江西	營勇			哨長
李長林		營勇			
黃上輔	四川	營勇			
曾廣幅		營勇			
葉兆紅		營勇			
劉鴻怡	湖南益陽縣			大頭目	湖北候補縣丞 活動於洞庭西湖
田勝湖	湖南龍陽縣			會首	
劉貫三	湖南龍陽縣			會首	
劉道美	湖南益陽縣			會首	
何春台	湖南益陽縣			會首	
楊竹客	四川彭水縣		湖北宣恩縣	會首	
劉榮先			湖北鄖西縣		武生
蕭斗三		開烟館	江蘇吳縣		
李濚潰		水勇			
成　祥	湖南		浙江台州府	總頭目	
黃發祥	湖南		浙江	正龍頭	
朱雲標		開烟館	浙江		
王敬之	四川				逃到蕪湖一帶
華春祥	江蘇甘泉縣		廣東惠州	新副	
張得勝	貴州普安縣		貴州		
王　潰	貴州桐梓縣		貴州		
何泗海	廣東連州		貴州		
龍進昌	廣西南丹縣	唱戲	貴州		
陳復勝	湖南鎮筸		貴州	藍旗頭目	
曾子川	四川秀山縣		貴　州	黃旗頭目	
蕭建貞	湖北宜都縣		貴州	白旗頭目	
龍大旗	四川秀山縣		貴州	黑旗頭目	

畢香亭	貴州桐梓縣		貴州桐梓縣	開國大元帥	不務正業
田洪山	貴州綏陽縣		貴州桐梓	將軍	不務正業
賴孔炤	貴州仁懷縣		貴州開州	正龍頭	
黃倖鳴	貴州開州		貴州開州	頭目	
李甫亭	湖南龍山縣	裁縫	貴州開州	頭目	
羅玉山	四川江津縣		貴州開州	頭目	
楊滇蕣	四川畢節縣		貴州開州	頭目	
蔣德標	湖南零陵縣		廣西永安州	正龍頭	
覃因祥	廣西永安州		廣西永安州	副龍頭	
莫溢山	廣西永安州		廣西永安州	新副	
陳金萬	廣西永安州		廣西永安州	第三排當家	
賀金籠	廣西永安州		廣西永安州	新副	
林纘庭	廣西永安州		廣西永安州	新副	
海雲峯	雲南			頭目	
唐燕庭	廣西		廣西興安縣	坐堂	
劉緯齋	廣西興安縣		廣西興安縣	巡風	
徐　茂	陝西南鄭縣	傭工	四川		
殷平章	四川		四川	冒頂	
劉天潰	四川閬中縣		陝西合水縣	王	游蕩度日
文在洪	四川閬中縣		陝西合水縣	元帥	
文潮琪	四川		陝西合水縣	總管	文在洪之子
唐得奎	四川		陝西合水縣		
文在治	四川		陝西合水縣		
拜　霖	陝西渭南縣	貿易	陝西渭南縣	大爺	因貧難度起意結會
惠佔敖	甘肅鎮原縣			頭目	游蕩度日，到處放飄
蹇步連		測字		軍師	到處放飄
羅占沅	湖北孝感縣		陝西，河南	龍頭	
黃　濟		和尚	河南信陽州	聖賢第二	
閔達齋	湖北應城縣	貿易	河南信陽州		
李耀亭	四川		河南信陽州		

楊炳笙	四川岳池縣	小本營生	河南信陽州		
張半仙	湖南武陵縣	道士	安徽		
王德運	江西		安徽		
徐添茌	河南安陽縣	道士	河南安陽縣	聖賢二哥	
徐添義	河南安陽縣	道士	河南安陽縣	心腹大哥	
薩 瑞	河南淇縣	和尚	河南安陽縣	賢牌八弟	
鄭自謙	河南鄧州	醫生		營定王	
林金城	河南南陽縣			頭目	
黃建邦	河南新野縣			頭目	
龔桐山	湖北光化縣			頭目	
張文殊	河南鄧州			小頭目	
陳鴻恩	湖北		湖北		武生
楊登峻	湖北來鳳縣			大頭目	被革文生，平素包攬詞訟
徐 輕	貴州銅仁縣		湖北		不務正業，行竊爲生
劉萇受	湖北利山縣		湖北		不務正業，行竊爲生
楊茂林	河南鹿邑縣		安徽阜陽縣		
郭其昌	安徽太和縣		安徽太和縣	正龍頭	武舉
郭嘉昌	安徽太和縣		安徽太和縣		武舉 兄弟
郭昌翎	安徽太和縣		安徽太和縣	聖賢	武舉
郭堯曦	安徽太和縣		安徽太和縣		武舉
李丙甲	安徽太和縣	測字	安徽太和縣	心腹	
周興山	河南信陽縣	木匠	安徽廣德州	大爺	
趙玉南	湖南湘鄉縣	販私塩			散兵，在外入會
聶明賢	湖北穀城縣		安徽建平縣		
郭灤山	湖北宜城縣		安徽建平縣		
曾老大	湖北溼縣	搬運工	安徽寧國縣		
僧本歷	湖北青陽縣	和尚	安徽		
沈宗二	湖北南漳縣		安徽		
田化隴	湖南			總頭目	到處開堂放飄
萬四益				頭目	已革武生

龍老九	湖南桃源縣		湖南武陵縣	老冒	
陳占彪	四川				
蕭南德	湖南慈利縣				
范立太	湖南				
朱　某		裁縫			
劉　某		裁縫			
夏思道		和尚	湖南		
楊金榜			湖南		
王曉村	江蘇	道士	湖南		
劉綱領	湖南		湖南		王
孫月雲	湖南	傭工	湖南		
熊之到	湖南	墾荒	安徽南陵縣		
李發濚	安徽太和縣			副龍頭	被革監生，在外入會
岳　山	安徽太和縣		安徽太和縣	王侯老三	被革皂役
秦添沅	安徽太和縣	賣藥	安徽阜陽縣	心腹	
熊　千	江西				
洪　潘	江西				
曾有群	江西	傭工			
洪　蠢	江西清江縣				
華登和尚		和尚		刑堂	曾習外科，在外遊蕩
陶汶蘭	四川				
劉志和	湖南湘潭縣	開館子	湖南醴陵縣	正龍頭	
盧玉成	湖南湘潭縣	煤礦工	江西	大爺	
姚茳山	江西南昌縣			副山主	革兵，後入警局充暗探
雷決俐	江西南昌縣	煤礦工	湖南瀏陽縣	心腹老大	
羅　富	湖南沅江縣			山主	
羅翊廷	湖南醴陵縣				
徐樹堂	湖南湘陰縣	篾匠	湖南武陵縣	總頭目	
廖星階	湖南澧州		湖南澧州	老五	
高曉峯	湖南常德府			頭目	
姚士林	江西鉛山縣		江西鉛山縣	副龍頭	武生

劉金彪		賣草藥	江西鉛山縣	副龍頭	
馬復良	江西貴谿縣		江西鉛山縣		
江大皮	江西弋陽縣		江西鉛山縣		
魏錫恩	江西袁州				
戴世宗	江西萍鄉縣	做紙	江西	巡風 黑旗五牌	
李寶堂	江西萍鄉縣	行醫算命	江西	右護衛	
易桂林	湖南長沙縣	無			革兵，遊蕩無業
何　壽	湖南長沙縣		江西	巡風	
陳鴻賓	江西武寧縣	開烟館	江西武寧縣	當家	
傅美球	湖南湘鄉縣		江西	禮堂	
彭云山	河南彰德府			都天大元帥	在各處放飄
洪　升	江西高安縣			聖賢	被革武生
傅先大	江西				
傅生遠	江西				
樂興保	江西崇仁縣		江西	總旗	
李卡頭	湖北黃梅縣	撐船	江西	正龍頭	
熊全保	江西湖口縣		江西		
王幅堂	湖南	舵工	江西		
楊四海	湖北	開賭場烟館			
鄒老八		教拳棒		頭目	
何甫喜	江西東鄉縣	做紙	福建崇安縣	第九牌	兼外科醫生
李交貴	浙江常山縣	做紙	福建崇安縣		
余大發	江西船山縣	測字算命	福建崇安縣		
黃雲得	江西上饒縣	做紙	福建崇安縣		
王景山	江西廣豐縣		福建崇安縣		
左福有	江西安仁縣		福建崇安縣		
夏金得	江西鉛山縣	剃頭	福建崇安縣		
李有發	江西鉛山縣	剃頭	福建崇安縣		
吳矮子	江西安仁縣	做紙	福建崇安縣		

劉良棟	四川重慶		陝西，湖北	頭目	
呂世運	湖北鄖西縣		湖北興山縣		
謝忝德	湖北興山縣		湖北興山縣		
李光發	江西金谿縣	行醫 教拳棒	江西饒州	元帥	原爲千總，被降爲把總後未歸標
劉金龍	江西南昌縣	教拳棒	江西饒州	禮堂	
聶二鴿子	江西南昌縣	傭工	江西饒州	把總	
王矮子	江西臨川縣	裁縫	江西饒州	後旗	
魯老八	湖北黃陂縣	工匠	江西	小旗	
朱雲林	江西鄱陽縣	小貿易	江西饒州	九員	革兵
吳　成	江西鄱陽縣	傭工	江西饒州	九員	革兵
喻毛仔	江西臨川縣	貿易	江西吳城		
周　于	江西新建縣	官醫	江西吳城		
唐厚桂	江西新建縣	駕船	江西饒州		
唐厚松	江西新建縣	駕船	江西饒州		
陳　常	江西崇仁縣		江西崇仁縣	頭目	被革文生，平素包攬詞訟，武斷鄉曲
余棟臣	四川大足縣	炭丁	四川大足總	龍頭	
朱矮子	四川漢州		四川	帽頂	
張　標	江西德化縣			頭目	革退捕快，不在本籍入會
廖　鑫	江西德化縣			頭目	革退捕快，不在本籍入會
呂　先	江西德化縣			坐堂大爺	革退捕快，不在本籍入會
吳有楚	湖北黃梅縣			號令大爺	不在本籍糾人入會
吳朝山	湖北		湖北沙市		
胡起城	湖南衡州		湖北沙市		
文義實	湖南來陽縣		湖北沙市		
胡有貴	湖南巴河		湖北沙市		
葉坤山	四川江北廳	開茶館	湖南	副龍頭	
劉鵬博	江西臨川縣		湖北		
高德華	湖北武昌縣		江蘇，湖北		

余啓宇	湖北武昌縣			正龍頭	不在本籍入會
尹中安	湖北大冶縣				不在本籍入會
李紫榮	湖南來陽縣			大哥	
聶海秋	湖北雲夢縣		湖北漢口	頭目	
李朝奎	湖北天門		湖北	頭目	
李朝寅	湖北孝感縣		湖北	頭目	
周克明	湖北潛江縣		湖北	頭目	
李得勝	湖北江夏			新輔大爺	常在襄河一帶搶劫商旅
王耀亭	湖北穀城縣		湖北穀城縣		
王呈祥	湖南長沙縣	木匠	安徽南陵縣	老五	
金老五	湖北光化縣		安徽，湖北	大哥	
高子清	湖北武昌縣	駕船	安徽蕪湖	當家老三	
金　剩	湖南長沙縣		安徽	老五	被革捕役
曾廣全	湖北		安徽		
陳健亭	湖北		安徽		
甯明亮	湖北		安徽		
王之才	湖北		安徽		
張順誠	湖北黃陵縣		營兵	老五	出營入會，不在本籍
徐耀庭	浙江鄞縣	工匠		老五	不在本籍入會，常在輪船上扒竊
熊棟樑	湖南長沙縣		安徽南陵縣	新副	
汪潮瀛	湖南辰州	無業	湖北，安徽	老五	歷在輪船扒竊
張啓堂	河南淅川廳		江蘇		被革營兵
李錦篆	湖南長沙	駕船	安徽		
李義元	湖南長沙	安徽			
李清明	湖北荆門州	鍼匠	安徽安陵縣		
黃有發	湖北鍾祥縣	墾荒	安徽安陵縣		
胡學斌	湖北鍾祥縣	墾荒	安徽安陵縣		
陳希賢	貴州		貴州威甯州	頭目	已革文生

資料來源見附錄二

附錄五　哥老會山堂分佈一覽表

山堂名稱	結會、活動地點	發現地點
蓬萊山	湖北	
天台山	湖北	
五鳳山		福建甌甯縣
萬龍山、公議堂	湖南	
大明山		湖北孝感縣
孔龍山		湖北孝感縣
順天山、洗平堂、仁義香、來江水		湖南益陽縣
五台山、忠義堂、長情香、平安水		湖南龍陽縣
金鳳山		湖南龍陽縣
九龍山		湖南龍陽縣
五龍山		江蘇吳縣
合龍山		江蘇宜興縣
青龍山、白虎堂	貴州郎岱廳	貴州平遠州
忠頂山、積賢堂	貴州威甯州	
忠信山、傑義堂		貴州貴陽
黔清山、西勝堂		貴州貴陽
東南山、西北堂		貴州正安州
九龍山		湖南巴陵縣
天軍山		湖南巴陵縣
中將山、太平堂	湖南平江縣	
龍虎山、中義堂、洞庭水、太平香		湖南龍陽縣
九華山、大新堂		湖南巴陵縣
文星山、武曲堂	貴州義興府	
五洋山、三結堂		浙江仙居縣
玉皇山		浙江杭州府
金鳳山		浙江杭州府
青龍山		浙江杭州府

來龍山		廣東肇慶府
四方山		廣東肇慶府
金龍山		廣東肇慶府
青龍山		廣東肇慶府
寶華山		廣東肇慶府
天寶山		廣東肇慶府
東南山		福建浦城縣
太吉山	湖南武陵縣	
戴公山、結義堂、龍泉水、金蘭香	安徽南陵縣	
九華山、公議堂		安徽
福壽山、仁義堂		安徽
天寶山、王華堂、青龍水、仁義香	湖南臨湘縣	
武獄山、洪福堂		江西萍鄉縣
天全山、合義堂		江西萍鄉縣
中華山、報國堂	江南	
太雄山、忠義堂		浙江
文武山、忠義堂		安徽蕪湖縣
雙龍山、湘中水		福建
漢家山、趙麒堂、三仙水、名華香	江西崇仁縣	
萬里終南山		河南，安徽
天下西雷山、福緣忠義堂、三台鎮江水、五派富貴香		江西
玉龍山		湖南岳州府
金象山		湖南岳州府
飛虎山		湖南岳州府
蓮花山、義順堂、甘露水、普渡香	湖北荊州	
爵華山、仁義堂、綠花水		安徽南陵縣
飛龍山		安徽
龍鳳山		安徽
萬壽山		安徽
金台山		安徽南陵縣

五歸山、名花堂、魯港水	安徽蕪湖縣	
萬福雙龍山、江湖忠義堂、定海水、三江香	安徽建平縣	
楚鄂山、永樂堂、鄖陽香、長江水	湖北樊城	
雙龍山、公議堂、五湖香、四海水		安徽
狼福山、集賢堂		
青山四喜堂	江蘇十二圩	
龍華山、公議堂、長江水		安徽
聖龍山、明義堂	江蘇清江浦	
福壽山		
天順山		
洞君山		浙江仁和縣
九華山		
楚金山、護國堂		
天台山		
北山堂		
北梁山、荊義堂		
天福金龍山	湖北	
大乾坤山	湖北	
天福山	湖北	
楚荆山	江西德化縣	
雀華山		
金台山		安徽南陵縣
四喜堂	湖北	
富貴堂	安徽	
四合山	安徽	
會同堂	台灣	
八卦定君山		安徽南陵縣
英雄山、少懷堂、必成香、長江水		四川
金華山、結議堂	安徽甯國府	
同興九龍山、英雄保國堂	安徽廣德州四安縣	
文武山	安徽甯國府	

覺華山、仁義堂	安徽南陵縣	
金台山	安徽南陵縣	
萬受山	安徽	
天台金龍山	廣西永安州	
國安仁義堂		江西東鄉縣
東南山、仁義堂		福建崇安縣
龍飛鳳舞山、人和忠義堂、共居五湖水、同歸四海香		江西鉛山縣
玉筆山、元勝堂		浙江安吉縣
仁義堂		湖南衡陽縣
中元堂		湖南靖州
乾元堂		沽南邵陽縣
天圓山、忠孝堂		廣西興安縣
五太山、忠義堂		浙江分水縣
崇華山、麒麟堂		浙江永嘉縣
八寶山、忠義堂		浙江、溫州、寧波、江蘇、上海
九龍飛虎山、八卦定君堂	安徽甯國縣	
箭賢山		浙江
九龍山、仁義堂、漢堂香、長江水	陝西	河南信陽州
集賢山、聖星堂、忠孝香、會義水	陝西渭南縣	
玉龍山	江蘇上海	
龍花山	江蘇吳淞	
臨潼山、忠義堂、天下黃河水、西岳華山香		江西新喻縣
九華山、忠義堂、五河水、長壽香	河南安陽縣	
九台山、樂善堂	湖南衡陽縣	
八寶山		湖南
鳳凰山		湖南
精忠山、報國堂		河南
洪燕山		河南
自揚山、福來堂		河南
春寶山、忠義堂		河南
天龍山、五湖四海堂		江蘇

秦龍山、聚興堂		江蘇
太名山、忠信堂		江蘇
聚賢堂		江蘇
天龍山	江蘇	
昆倉山、忠義堂、來如香、去如水	湖南湘潭縣	
迴龍山	湖南	
嶽麓山	江西	
臥龍山	江西	
富有山、樹義堂	天下水、萬國香	江西武甯縣
浮龍山、公議堂		河南
太行山、公議堂		河南
青原山		江西
金華山		江西
西梁山		江西
江爐山		江西
西眞山		江西
文德山、福祿堂、千秋水、萬代香	貴州安順	
孫中山、洪武堂、成功水、肅清香	貴州貞豐	
太白山	陝西	
提籠山	陝西華陰縣	
秦鳳山	陝西鳳翔縣	
定軍山、孝義堂、漢江水、日月明	陝西沔縣略陽縣	
琥珀山、忠義堂、長清水、松柏香	陝西安康縣	
賀蘭山	陝西、寧夏東部	
通統山、同盟堂、梁山水、桃園香	陝西	
復明山	福建福州	
威義山	福建長門	
輔漢山	福建興化縣	
復漢山	福建延平縣	

資料來源

《劉中丞奏議》

△卷七，同治九年十月，〈迭剿會匪仍飭搜捕清查摺〉。

《辛亥革命回憶錄》

△第二冊，張平子，〈我所知道的馬福益〉。

△第三冊，胡壽山，〈自治學社與哥老會〉。

△第五冊，〈陝西辛亥革命中的哥老會〉。

《月摺檔》

△光緒五年二月二十九日，邵亨豫片。

△光緒九年五月八日，卞寶第奏摺。

△光緒十八年九月九日，劉坤一、奎俊奏摺。

《軍機處月摺包》

△第二七二九箱，四一包，一三〇四九山號，光緒二十年一月二十二日，劉樹堂奏摺錄副。

△第二七三〇箱，一三七包，一六五九三一號，光緒三十四年七月二十九日，沈瑜慶奏摺錄副。

《諭旨彙存》

△第二五本，光緒二十五年五月三十日，鄧華熙片，頁4227。

《宮中檔》

△第3輯，光緒十三年七月四日，恩承、薛允升奏摺，頁315。

△第4輯，光緒十四年十二月四日，陳彝附片。

《東華錄》

△光緒十八年四月丙申，(9)，頁3102。

△光緒十八年十月庚申，(9)，頁3166。

△李金強〈清季福州革命運動興起及其革命團體演進初探〉，《辛亥革命研討會論文集》(臺北，中央研究院近代史研究所，民國七十二年六月。)，頁97。

其餘資料見附錄二。

附 件

附件
軍機處月摺包
第一二一一三五號、九包、二七三五箱
光緒八年一月二十一日

朱

林肇元摺　密陳各省會匪情形由

奏

二月初九日

頭品頂戴貴州巡撫臣林肇元跪

奏為密陳各省會匪滋蔓難圖擬請
特旨宥其既往禁厥將來神恩威以弭禍患仰祈
聖鑒採擇事臣竊惟現在天下之大患一為各國外

夷一為哥弟會匪外夷之患顯而共見既設海防以禦之矣會匪之患隱而漸彰其根頗深其蔓甚遠不思所以弭之其患恐更切於外夷臣謹舉其略為我

聖主陳之從來奸宄竊發莫不詭託主名行其詐術以為煽惑人心糾結黨羽之具往代無論矣洪逆秀全結上帝之會為滔天之逆其已事也乃洪逆方平而哥弟會又起創為堂名造發號片結數十百人或數百人為一會稱其首為坐堂大爺別其稱為老冒又連數會或十數會之黨羣尊一首為總老冒其結會之所或深山古寺或僻野人居入會者歃血羅拜屠牛飲酒人領一號片而去亦有先發號片名為放飄收集人數而後聚而為會者每一會必立盟單載名氏於其上弁以悖亂之言納之於老冒堂名不一而所謂口號堂語則無遠近或異也其始一二猾賊倡之無業之游民撤營之游勇從之繼遂轉相煽惑或肆行刦制則守地方之練營保身家之百姓亦從之甚且豪紳武夫入歧途而不悔圖擁衆以為雄則薦紳之家亦為之其聲息

潛通氣勢連結達之數百里數千里而無閡也其彼此傳書遞於官家之置郵其彼此相顧甚於父子之同命臣初從軍由湘而鄂尚未聞此由鄂而川則確見此繼而入黔黔染川習亦復有此昔歲入都來往於兩湖江西大江南北所至察其風土而又知此習之無地不有而大省為尤盛推之西北各省恐亦在所不免其聲息氣勢較洪逆秀全之上帝會尤遠且闊也奸民伏亂一至如此萬一有稍雄桀者出而號召其聞遠近響應禍起蕭牆猝然而莫之備事變之

發於內地視禦外夷為尤急矣夫亦安知不糾約外夷而為內外交攻之計耶而況各省會匪或起或滅之案已防不勝防耶臣聞明者消禍於無形智者防患於未然揚湯而止沸不如釜底抽薪之為愈也夫會匪之鬼蜮其行亦以為蹤跡甚祕人莫我知耳又以為罪犯既深勢難自反耳臣愚以為宜

特頒

詔旨揭其名目悉其情狀伎倆榜示天下使知

日月之明魑魅魍魎不能匿其照其魄已褫而其心

自服又為之宥曰爾匪類之陷於罪皆由地方
官不脩德教無感化以致之也能悔罪自首者
赦弗問倘奉詔之後猶復執迷不悟怙終不悛
則是有心竊法為天下之亂民即為天下所不
容下督撫嚴飭地方官竭力搜捕訊明就地正
法必盡絕根株而後已如此有雨露以宣其恩
有雷霆以示其威匪黨必有所感惕而求於自
改更
敕刑部酌定州縣官功過賞罰有認真舉行保甲設
法化導解散能使匪類革面回心者從優獎勵

其鹵莽僨事與因循釀患諱匿不報者從嚴參
處庶百官儆於下而捕治惟勤亦羣醜懾於心
而芟除較易臣賦性極拙受
恩最深把茲時局之隱憂敬攄愚者之千慮是否有
當伏祈
聖主俯賜採擇不勝感禱惶恐之至所有密陳各情
謹恭摺具
奏伏乞
皇太后

軍機處月摺包

第一三一七六二號、四五包、二七二九箱

光緒二十年二月二十八日　兵部侍郎兼江西巡撫德馨奏摺錄副供單

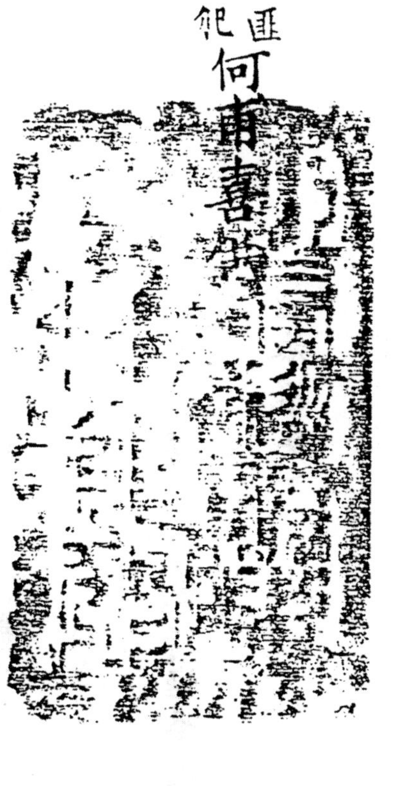

何甫喜供年二十八歲東鄉縣人小的自幼出繼胞伯彩林名下為嗣嗣父已故嗣母田氏存年八十

四歲娶妻魏氏沒生子女小的自幼在福建崇安
縣紙廠學徒滿師後那在崇安縣紙廠內做生意
或在鉛山做紙光緒十一年十一月二十八日小
的在崇安縣曾永興廠內做紙有素識的湖北人
張國安他先在左大人名下吃糧年約四十幾歲
左邊嘴上有一個痣因在崇安縣地方打搶被崇
安縣兵差捉拏張國安就躲在小的紙廠內住了
一夜他說哥老會匪現在糾人起事散給小的布
票一張索錢八百文云可保得身家那票上寫湅

南山仁義堂及小的名字何甫喜第九牌等字其
香水記億不清並告知出門在外撞見會内的人
把髮辮打一結子從左轉右盤上遇到會内人問
那裡來東南來那裡去西北去吃酒把筷子架放
盅子上吃飯筷子放在棹邊吃烟一手遞烟筒將
大二兩個手指勾彎走路吋丐絲其餘口訣均記
不清楚會内老大名龍頭老二名聖賢老三名當家
有上十牌下十牌十五年三月初間有湖南湘鄉
人李金堂也是吃粮的來到小的紙廠内說是張

國安叫他來叫小的幫他賣票賣票一張可得錢
一百文並叫小的刻木板一塊小的當去洋一元
刻就現存票板隨在紙廠內陸續邀集同夥做紙
常山縣人李交貴年約五十幾歲鉛山縣人算命
測字的余大發年約四十幾歲上饒縣人做紙的
黃雲得廣豐縣人做紙的王景山安仁縣人左福
有鉛山縣人剃頭的李有發夏金得安仁縣人做
紙的吳矮子即吳得興連小的一共九人彼此結拜
凡弟每人各出錢一百十六文小的各人都散給

布票一張當時只有王景山余大發李有發吳矮子等給了票錢七百文其餘錢文均約後付十一月間有外科鄱陽縣人劉四發替王景山醫病小的遇見因沒人工雇就拜劉四發為師小的跟他肩負葯箱兼學外科去年七月劉四發因病身故小的就在各處擺葯攤子有東鄉縣人做鉄匠的彭蔦子請小的幫他母親醫病其時左告化子即左善慶也在那裡他看見小的醫病甚好也請小的醫過他的妻子小的與他閒談就把入會前情告知

並說小的是哥老會小頭目山上另有總頭兩三
年後必會起事勸他入會付給布票一張左告化，
子應允左告化子並說東南山現在福建查拏甚
緊不如改為青龍山他也要刊刻票板邀人現在
福建起獲左告化子布票係青龍山並有左連眾
名目大約係左告化子所改小的並不曉得那把
尖刀是防身用的會內總頭目寔是湖北人張國
安係何縣人氏不知其詳至那青龍山開在福建
地方餘黨司烏焦吳託基小的均不認識是否左
告化子後來自己相邀小的不得清楚前在東鄉

所供劉四發邀勸入會各情都是混供的求恩輕

辦是實

全招但

匪犯姚

姚士林即萬而供年三十八歲鉛山縣人譜派是華

亥富貴四字以亥字取名亥依考名仕墟前因縣學紅單誤寫小的名字為步墟以致前供不符父母俱存並沒兄弟娶妻劉氏沒生子女於光緒十年考入縣學武生十五年春間在湖坊街曾姓烟館內會遇熟識賣草藥的劉金彪在那裡吃烟彼此閑談糾邀小的入哥老會過了幾天劉金彪又同孔華仔來到湖坊街叫小的買了布票一張出錢一百餘文票上填寫小的萬而名字叫小的在會做個大九許俟料場後可提升副龍頭並說如果可以多幫會內使用就可提升聖賢會內的人

格外尊敬那票子是白洋布的約有五六寸長兩寸多寬票子上面橫寫龍飛鳳舞、山人和忠義堂兩旁直寫共居五湖本同歸、四海鄉并告知小的內口號杏黃旗上寫大字外口號替天行道第一人中間蓋有方印一股并告知會內有上四牌下四牌没有四七兩牌龍頭老大聖賢老二當家老三三管事老五這是上四牌下四牌巡風老六大九小九老滿又斗老幺並無大八小八名目副龍頭

在堂[illegible]有禮堂刑堂陪堂執堂
坐堂新副等名目[illegible]髮辮打一結子衣服胸。
衿第[illegible]個[illegible]不[illegible]起[illegible]線子坐船叫底子吃
茶[illegible]接茶碗一手用第三指勾彎拿烟袋亦是
如此見面稱是 紅家 人就曉得是會內人 十 五年
八月小的下省 科場十一月纔回家曾見過孔華
仔的面兩次 十七年七月間小的牽馬到梅坪地
方去賣就到司前街孔華仔烟館小的找着了他
並看見戈添發也在那裡未見劉金扈當在司前

街與孔華仔同賣票布十餘張小的經手賣給貴
谿人 馬復良弋陽人江大皮每人各一張每張
得錢六百零八文後來孔華仔交了布票十張與
小的叫小的轉賣小的將馬賣去送了洋錢兩元
與孔華仔就將小的提升副龍頭孔華仔就換了
一張副龍頭的票子與小的隨把那大九的票子
燒燬并說副龍頭要歸正龍頭聖賢所管當時小
的就在孔華仔烟館住了幾天小的 隨即回到湖
坊所領布 票無人 相信故未賣去到十八年 正月

十五日小的因聽聞孔華仔被光澤縣拿獲小的害怕就將自已一張連領得布票十張一併燒燬並沒再行轉賣那劉金彪唐金龍孔華仔都是副龍頭那張炳輝祝宗源二人小的與他並不認識戈添發他是會內巡風老六向做糕餅的那熊鼎山是湖南衡州人先年并當過營勇劉金彪說他是會內聖賢魏錫恩是袁州人劉金彪帶小的在德興縣屬張家塢地方會過今蒙覆訊小的入會先是大九後提升副龍頭僅止賣過布票兩張並無開山立堂情事是實

十五日小的因聽聞孔華仔被光澤縣拿獲小的
害怕就將自己一張連領得布票十張一併燒燬
並沒再行轉賣那劉金彪唐金龍孔華仔都是副
龍頭那張炳輝祝宗源二人小的與他並不認識
戈添發他是會内巡風老六向做糕餅的那熊鼎
山是湖南衡州人先年并當過營勇劉金彪說他
是會内聖賢魏錫恩是袁州人劉金彪帶小的在
德興縣屬張家塢地方會過今蒙覆訊小的入會
先是大九後提升副龍頭僅止賣過布票兩張並
無開山立堂情事是實

十七

軍機處月摺包

第一六五九三一號一三七包、二七三〇箱

光緒三十四年七月二十九日

奏

沈瑜慶懲辦匪首劉志和等由

〇交

八月二十日

護理江西巡撫布政使臣沈瑜慶跪

奏為訪獲匪黨訊明分別懲辦恭摺仰祈

聖鑒事竊照湖廣督臣派駐萍鄉礦局文武委員會

同該署縣張之銑訪獲匪黨劉志和當一案經
礦局委員河南候補道林志熙會同張之銑提
訊錄供議擬稟經湖廣總督趙爾巽批由江西
按察司札委候補知縣彦雲瑜同代理萍鄉縣知
縣汪郁郎會稟訊與原審無異即經批飭將犯
分別懲辦去後茲據議擬由府司覈轉經覆
加查核緣劉志和盧玉成分隸湖南湘鄉湘
潭各縣均充不為匪黨盧玉成向在萍鄉縣屬
安源煤礦充當工頭與劉志和素不認識光緒
二十九年間劉志和在湖南醴陵縣屬清江埠開

設飯店會匪洪江會匪有馬幅益邀令入會劉志和允從馬幅益當令劉志和充當迴龍山老滿三十一年間劉志和因清江埠飯店生意淡薄復至萍鄉縣間設麪館馬幅益潛来萍鄉旋被兵役拏獲解赴湖南訊明正法又經會內匪目蕭克昌接手另開嶽麓臥龍兩山并劉志和為臥龍山老六復與逸匪王春和李柏云劉正鼇四人同升為正龍頭幫辦會內事務劉志和並未開堂放票蕭克昌亦旋被拏獲正法劉志和即畏罪逃匿盧玉成在匪犯袁九勝名下充

當巡風後充馬幅益處升為老三後充蕭亮
昌麾下稱為大爺亦未自開山堂散賣票布據
印委各員覆訊議擬由府司核詳到臣伏查
光緒十八年奏定懲辦會匪章程內開嗣後拏
獲會匪如訊係充會名目較大者審實即行
就地正法如有雖經入會並非會中頭目情罪
稍輕之犯酌定年限監禁等語此案劉老和
雖從湖南先獲正法洪江會匪馬幅益邀令入會
充當迴龍山老滿復經續獲正法之蕭亮昌提
升正龍頭雖未自行開堂放票實與馬幅益等

同惡相濟核與就地正法章程相符臣於核明
後批飭將劉志和一犯就地正法以昭炯戒遵照
辦竟免其傳首示眾業已處決在案毋庸議盡
玉成亦充當巡風復將廖老三稱為大爺供證
游移惟已有悔罪之鄧元發指證似難曲予寬
縱應請將誤犯盡玉成遞回原籍湖南湘潭縣
監禁十年限滿是否安靜守法能否改過自新
由縣察看分別辦理逸匪緝獲另結所有訪獲
匪黨訊明分別懲辦緣由謹會同兩江督臣端方

合詞恭摺具

奏伏乞

皇太后

皇上聖鑒飭部查照施行謹

奏

光緒三十四年十一月二十日奏

硃批法部知道欽此

十一月二十九日

月摺檔
光緒二年二月初六日

湖南巡撫臣王文韶跪

奏為遵
旨議奏恭摺仰祈
聖鑒事竊臣承准軍機大臣字寄光緒元年十月十九日奉
上諭劉坤一奏匪黨潛滋請飭密查妥辦等語等因欽此欽遵到
臣正在查議覆奏間復奉十二月二十日
寄諭以李瀚章有毋庸另立章程之奏飭再體察情形悉心妥議
奏明辦理等因遵
旨寄信前來臣查前哥老會匪名目起自軍營沿及各省軍營之

勇湘匪為多自軍務漸平紛紛遣撤會匪之患侵及鄉閭臣
在湘先後七年於地方諸務首以此事為兢兢既已捻察其
情形亦遂深知其伎倆大抵昔之會匪其目必桀黠也其黨
必悍類也其蓄謀必叵測也其舉事必嚮應也地方隱患實
無逾此今日之會匪則不盡然非必獷悍過人但二三附和
之徒便借此為斂財之地則其目不必桀黠矣非必謀生計
左但聞保護身家之說或藉以為免禍之符則其黨不必悍
類無非必聚奸藏慝日引月深雖結黨數十人而亦思一逞
則其蓄謀不必叵測矣非必密約深期一呼四起或創禍三
五日而立見孤危則其舉事不必響應矣臣自撫湘以來惟
同治十年冬瀏陽之普蹟鎮光緒元年秋新化之橫陽山為

會匪之旋起而旋滅者均經隨時
奏聞有案此外或先事訪聞或就地舉發一以殲渠宥脅之法
行之首惡既除反側自定臣在湘言湘斷不敢稍涉大意致
貽異日無窮之患然竊論會匪於今日其毒已散而不凝其
氣已衰而易竭但期防治無少疎誤其患亦漸止而潛消固
不致如平昔傳聞之足廑
聖慮也至前在軍營將弁或甘為游蕩或迫於饑寒流而為匪誠
所不免然究亦僅見者若冒為收標議給半俸固足廣
朝廷豢養之恩而要非消弭會匪之策李瀚章所奏誠非無見云
然且行之湘省尤難為繼蓋戰功既著保舉最多提鎮且不
可以數計自副參以迄千把更無論矣查湖南投標候補員

弁舊有給發弓箭銀兩章程計臣標左右及長沙協之營每
營副叅游十六名每名按月給銀六兩都守二十四名每名
按月給銀四兩千把四十名每名按月給銀二兩共二百四
十名作為定額既予以練習之資即以示體卹之意行之十
年頗稱如法擬請仍循其舊毋庸另議所有遵
旨議奏緣由理合恭摺覆陳是否有當伏乞
皇太后
皇上聖鑒訓示謹
奏

光緒二年二月初六日軍機大臣奉

旨知道了欽此

月摺檔
光緒八年十月二十七日
頭品頂戴江西巡撫臣李文敏跪
奏為會匪句結黨與潛謀起事先發獲犯審辦恭摺具
奏仰祈
聖鑒事竊查江西界連數省匪徒出沒靡常哥老會蔓延尤廣迭
經拏辦未能盡絕根株臣嚴飭各屬文武隨時認真訪緝不
准稍涉鬆懈俾免伺隙竊發本年九月間接據署饒州營叅
將蔣大周饒州府知府恒裕署鄱陽縣知縣冷鼎亨稟報饒州
營千總張國銘訪有匪徒在該郡糾人謀為不軌情事當即督
飭該千總帶同兵役拏獲會匪盧水仍一名並搜獲偽照一張

小黑旗一面信稿一紙訊據供出匪首李先發等多名景德鎮
餘干安仁省城及吳城鎮均有黨與約期起事饒郡之匪業
已聞拏逃散復派兵役至吳城鎮隨同該鎮文武續獲吳有朋
即老三解郡訊質等情經臣飛飭各縣營寔力協拏一面解
散脅從以免株連並將分駐樂平等處之寶字元字兩哨勇調
赴饒郡駐紮鎮定人心旋據長江水師吳城營右哨都司王德
斌左哨都司池永源吳城鎮同知王維新建縣知縣劉瑞璋吳城
鎮主簿陸疇署吳城汛千總施得元禀報九月二十五日訪得匪
首李先發等現已逃至吳城藏匿唐厚桂家督率兵役漏夜
往拏捕獲唐厚桂唐厚松二名搜獲偽旗等件餘皆聞風逃逸
千總施得元率領兵役跟蹤追至白馬廟地方拏獲喻毛仔

一名復追至二十里外將李光發王矮子聶二鴿子朱雲林吳成五名拏獲署南昌縣知縣賀宏勲拏獲劉金龍魯老八二名新建縣續獲周子一名均當赴南昌府審辦茲據署南昌府知府曹秉濬研訊確實開具供摺由署臬司王嵩齡覆核呈送前來臣詳核各供李光發金谿縣人前經拔補饒州營千總因緝捕不力參劾降為把總並未歸標即在饒州行醫教打拳棒度日光緒八年五月間會遇在逃之樂正龍梁勝邀入哥老會樂正龍推李光發為元帥令梁勝送給黑風帥印四字木偽印一顆黑旗一面會中人均聽調度並傳授詳清二字口號會中隱語叫入會為進香迯事為開花放火為豎江旗桿見會中人遞送茶烟係第二指為暗記李光發糾得四五十人入會劉金龍

南昌縣人向教拳棒營生光緒七年五月聽從在逃之梁勝冷
應龍楊坤婁朋喜入哥老會封為禮堂偽職為者城頭子楊
坤給與旗子邀與得三百餘人入會姓名籌已燒燬記不清楚
聶二鴿子南昌縣人傭工度日光緒八年四月梁勝邀入哥老
會給小黃旗一面經李光發封為把總偽職王矮子即有發臨
川縣人向在饒郡裁縫營生留李光發同往聽從梁勝入會給
小白旗一面封為後旗偽職魯老八即章宏湖北黃陂縣人向
在江西做水烟袋營生八年四月聽從在逃之何高發入哥老
會得有小黑旗一面封為小旗偽職朱雲林吳成俱鄱陽縣人
先充饒州營兵丁設操革伍小貿傭工度日光緒八年七月
李光發邀入哥老會封為九員偽職喻毛仔臨川縣人向在吳

城貿易八年七月何高發邀入哥老會周子即戌生新建縣人在吳城充當官醫生光緒六年九月在逃之萬明剛邀入哥老會給青小旗一面厚桂庚松原俱新建縣人駕船營生八年五月聶二鴿子邀入哥老會給小黑旗一面本年八月間在逃之樂正龍梁勝章用冷應龍黃廷魁二名楊林婁朋喜均至饒郡與李光發在芝山亭上議定約會景德鎮頭子黃勝雁又名老三幸党於九月十七日在鎮上起至饒齊十九日在府前放火起事劉金龍與冷應[龍]婁朋喜幸党於二十日在省城外放火從各官開城出救乘机混入城內起事魯老八糾夥為內應會內人均置有短刀起事時搶取營中搶炮應用臨時用白布包頭為[illegible]號王矮子朱雲林吳成均在場與聞逆謀旋在[被]饒郡文

武訪聞查拏當即逃散偽印等件均各丟棄匪党盧水仂吳

友朋先後被獲李光發王矮子朱雲林吳成聶二鴿子逃至吳

城借住唐厚桂家購買白布做帽從圖起事聶二鴿子與梁

勝章用楊坤何高發糾邀漁船先在樵舍放火經人救熄隨經

吳城鎮文武及南昌新建縣營先後獲犯解府審訊各供前情

不情諱臣查李光發係參劾千總輒敢投入哥老會內結各

處會匪約期起事劉全龍聶二鴿子王矮子即有發魯老八

即章宏朱林吳成或分路糾人或始終助逆同惡相濟厥罪維

均未便稍稽顯戮當飭臬司會同臣標中軍參將督同府縣

將該犯李光發劉全龍聶二鴿子王矮子魯老八朱雲林吳成

七名綁赴市曹處斬傳首各犯事地方懸竿示眾以昭炯戒

其喻毛仔周于即成生唐厚松四犯供情稍輕飭府再行
研訊照例擬辦現在饒郡羈禁之盧水仂吳有明即老三
二犯亦飭提省歸案確審另行辦理逸犯樂正龍等嚴飭
各屬懸賞購線設法緝拿務獲究辦以絕根株此次會匪謀
為不軌經各該地方文武自行破獲功堪掩過均請免其
置議饒州營千總張國銘首先舉發巨案消患將萌保
全地方勞績最著署吳城汛千總施得元奮勇追捕擒獲首
要五名亦屬異常出力相應仰懇
逾格恩施將饒州營千總張國銘署吳城汛千總施得元均以守
備儘先升用先換頂戴新建縣城鎮主簿陸曙巡察精
勤合力拏獲重犯多名應請交部從優議敘署南昌縣事

調補鄱陽縣知縣賀宏勛首先拏獲斬梟重犯二名長江
水師吳城營右哨都司王德斌左哨都司池永源吳城鎮
同知王維新署新建縣事貴溪縣知縣劉瑞璋長江水師
吳城營左哨把總黃全勝右哨把總楊壽營後哨把總趙
趙東亮協獲斬梟重犯五名均請照例議敘以昭激勸所有
會匪糾結黨與潛謀起事先後獲犯審辦緣由臣會同大學士
兩江總督臣左宗棠恭摺具

奏伏乞

皇

太后，

皇上聖鑒訓示謹

奏光緒八年十月二十七日軍機大臣奉

旨　欽此

月摺檔

光緒九年五月初八日

湖北巡撫臣卞寶第跪

奏為拏獲會匪就地正法仰祈

聖鑒竊湖南會匪充斥幾於無縣不有寬縱固屬養癰操切又虞

激變惟有寬猛兼施冀消隱患臣到任後密諭地方州縣及

防營將領隨時訪查遇有匪徒聚眾立即捕拏其散處及被

脅者毋庸窮治並出示曉諭凡被誘入會悔過自首者免罪

身在會中而能指出匪首何日何地結會密報營縣登時拏

獲者將首告之人免罪給賞使之自相猜疑藉消羽黨上年

十二月初七日平江縣屬金盃堰地方有會匪聚集謀為不軌經該管長壽司巡檢施文郁訪聞密派親信人方昱春陳益山二人假意入會各得有飄布一塊探得會首為方雪敖約期九年正月十五日以耍龍燈為名先搶長壽街起萬等情由該巡檢面稟封縣翟秉樞轉稟劉臣當即派令管帶親軍防營提督謝晉鈞星馳往捕先經在籍前雲南臬司李元度派令舊部副將談燮和與巡檢施文郁會同團練吳公剛於十二日將匪首方雪敖設法誘獲其黨方憲映等見事已敗露糾夥一百餘人於十五日在白馬廟殺猪祭旗起事出至漁潭沾逢裏脅人民焚毀房屋適謝晉鈞帶勇赶到該匪知勢不敵遂各逃散謝晉鈞派撥營弁督勇分路追捕一面

解散齊從先後拏獲首要各犯方惠映等解縣隔別研訊據供八年十一月間方雪敖方惠映林積壓相約結會即於十二日方雪敖在金盆塅嶺上草堂內自居中坐稱為坐堂傳授口號有楚平全活水雪映千秋鄉十字暗藏匪名在內林積壓刻就木板上橫刻九龍山三字中刻欽命平邑巡查箭放開花十字旁刻中將山太平堂等字即成紅黃飄布散放同會諸人方惠映稱為副堂林積山稱為行堂鍾攀軒稱為陪堂馮翰周稱為帥旂林萼山黃咸臨稱為紅旂其餘各有么滿底滿名號意欲糾眾造反不料事發方雪敖先被拏獲方惠映等遂於十二月十五日在白馬廟會齊起事同到漁潭一路焚搶旋聞官軍已到各自分路逃語又本年三月二

十七日接據常德府知府高萬鵬稟稱龍陽縣知縣佘良棟
巡查地面在官橋壩盤獲形迹可疑之李玉庭周立詰搜出
刀劍飄布究出會首曹小湖即曹幫蔡在縣屬楊閣老地方
居住常即親往查拏將曹小湖捕獲並起出木印一方上刻
悖逆字句飄板一塊錢九十枚邊鏤日月同休黃綾令旗一
竿三軍司命黃綾令箭套一個飄布十八張上印悖逆字句
中刊八卦及龍虎山中義堂洞庭水太平香等字逆書二本
由縣訊供解府覆審據供曹小湖昔年拜沅江人羅富為師
羅富病故傳伊接手為龍虎山主放飄糾人去年有天台山
會內人宋雲停糾約於今年三月十五日起手造反宋雲停
至今未來周立詰李玉庭領有飄布均係聽從曹小湖輾轉

糾人意欲前往安化縣茶市搶劫就便起事不料先期破獲等語除飭拏宋雲亭務獲究办外查該匪等意圖謀逆情罪重大自應決不待時先後批飭將起獲逆書並木印令旗等件最為悖逆之曹小湖即曹帮蔡照謀反律凌遲處死方雪敖方惠映林積塵林蓼山黄咸臨吴達衢周立誥李玉庭八犯均即正法梟首示衆鍾攀軒馮翰周被脅起事中途脱逃尚知畏法免其一死永遠監禁以貽烱戒此外吴世春林夢星鄧滕南李意宜等被誘入會訊非甘心從逆分别限年禁錮由地方官確查有無不法别情另行酌覈辦理所有在事出力員弁先期查察拏獲首要各犯得以消患於初萌不無微勞足録謹擬保奬數員仰懇

恩施藉資鼓勵另繕清單恭呈
御覽伏乞
皇
太后
皇上聖鑒訓示謹
奏
光緒九年五月初八日軍機大臣奉
旨　欽此

謹將拏獲會匪出力員弁請獎銜名開具清單恭呈

御覽

計開

同知銜龍陽縣知縣余良棟巡緝認真拏獲謀逆要犯擬請

賞加四品頂帶

長壽司巡檢施文郁於會匪謀逆先期覺察并拏獲首犯擬請

旨以縣丞遇缺儘先補用

補用縣丞徐彝督勇追捕拏獲逸犯多名擬請

賞加州同銜

補用副將談燮和花翎知府銜吳公剛誘獲會匪首犯補用

宮中檔

光緒十三年五月初十日

光緒十三年五月　初十　日

安徽巡撫臣陳彝跪

奏為會匪勾結謀逆糾黨劫獄未成肆意搶掠獲
犯審明照章就地嚴辦恭摺仰祈
聖鑒事竊臣前於出省途次風聞宣城南陵之閒有
會匪搶劫重案旋據宣城縣稟報本年三月二
十九日該縣西河鎮出有會匪劫案當經行司
將該縣李應泰摘頂一面飛札行查飭令該地
方官如果獲有為首著名會匪稟道會鎮立予
正法曾於壽州行次附片
奏明在案一面札委候補道孫振銓馳往會同查
辦去後茲據甯國府知府吳湖會同保甲局委
員王懋勳將已獲各犯審錄確供開摺稟由徽
甯道批飭會營提犯將匪首及從逆匪黨熊海
樓等十二名先行就地正法梟示一面會同孫
振銓督府覆查並提文再支等三名研訊明確
一併議擬移由臬司覈議轉詳前來臣詳加確
覈緣熊海樓即熊終又名香樓熊之到陶淮有
李南浦陳澐三即萌山又名瘦山文拳剩劉洪
發謝長春黃紹箕即黃筲箕又名小九黃先潰
徐汶猩姚帼菁即姚四文再支文丙璜秦澐帆
分隸湖南長沙臨湘善化甯鄉及湖北黃陂各
縣熊海樓本係積匪與陶淮有陳澐三姚帼菁
曾當營勇因事斥革到處游蕩滋事熊之到等

均寄住南陵縣以墾荒為名時常窩留匪類早散夜聚素不安分光緒十三年正月不記日期熊海樓在該縣地方會遇素識在逃之何淋王南山商同起意糾黨結會謀為不軌即在黃紹箕家祕造偽印陣圖序規執事會名係戴公山龍泉水金蘭香結義堂對句係五湖英雄齊聚會四海豪傑定家邦執事係龍頭盟證香長坐堂培堂刑堂禮堂執堂新副聖賢當家桓侯紅旗黑旗巡風花管大滿小滿幺滿等名目約定分路誘脅入會糾齊人數擇日開山乘機舉事何淋王南山各稱為總老貓蓋即所謂老帽也已獲之熊之到陶淮有李南浦陳澐三文拳剩劉洪發謝長春黃紹箕黃先濱徐汶猩姚幗菁在逃之熊小樓金剩即金玉堂石喜堂周溢香蕭長菁劉奉降鍾少春被該匪首等先後糾結聽從入會並誘逼已獲之文再支文丙璜泰澐

帆及輾轉糾邀不記姓名人約共百餘名分別給予黃綾白洋布偽印花分派各偽執事用同心協力四字為號四出搶劫不記日期次數及同夥名數姓名所搶贓物呈由老貓派分隨時變賣花用亦不記多寡各事主因被恫喝慮其報復多不報案飭經該縣訪聞拏獲黃紹箕黃先濱徐汶猩姚幗菁四犯訊認聽從入會糾衆迭次行劫不諱稟經批府會同保甲局員研訊懲辦熊海樓即與何淋商調各路會黨起意攻城劫獄一面四處張貼匿名揭帖佈散謠言搖動人心三月二十九日該犯何淋熊海樓分約王南山熊之到陶淮有李南浦陳澐三文拳剩劉洪發謝長春文再支文丙璜泰澐帆熊小樓金剩石喜堂周溢香蕭長菁劉奉降鍾少春及新糾入會不記姓名多人各執刀械並備火把潛至南陵縣城外僻處會齊布圖乘夜下手因

聞黃紹萁等業已解至甯國府城兵役較多巡防嚴密不敢前往熊海樓復起意即於是夜挾衆劫掠西河鎮明目張膽走至西河鎮上街留陶洼有金剩劉洪發蕭長菁陳澐三文拳剩在街頭把風何淋與王南山等一齊擁入分赴各店搶劫拒傷武生玉鑑及店夥數人經該鎮汛弁牛廷珍率兵往捕被匪用刀劈破大帽該弁見匪勢兇悍兵丁無多即退回中街喊集更夫街衆鳴鑼追捕該匪等始攜贓逃散當時追獲劉洪發謝長春二名其文再支文丙璜泰澐帆三名因臨時畏懼未行潛匿中途同時被獲該府縣暨鎮營保甲局員聞信即帶兵役馳往勘驗先行稟報一面帶同文再支等作線跟蹤追拏協同南陵縣兵役續獲匪犯熊海樓李南浦熊之到陳澐三文拳剩陶洼有六名並陸續起獲黃綾偽印花及陣圖序規等逆據解由該府吳潮會督保甲局員王懋勳等提同黃紹萁等隔別研訊各供認前情不諱而其時該府城內多有無名揭帖語言狂悖居民夜不安枕一日數驚經該府等錄供開摺陳明地方恐懼情形請將該匪等從嚴懲辦稟由徽甯道批飭將熊海樓等十二犯先行就地正法梟示文再支等三犯聽候覆訊適該道孫振銓抵蕪即會同徽甯道督府覆查并提文再支等研訊無異一併議擬移司覈議轉詳到臣覆查此案該犯熊海樓以斥革營勇膽敢與在逃之何淋等商立會名倡造陣圖序規分佈黃綾偽印花糾集匪衆迭劫得贓迨黃紹萁等四犯被獲輒行號召夥黨佈散謠言張貼匿名揭帖希圖攻城劫獄又復肆意搶掠多家似此叛迹昭著實屬罪大惡極不容稍稽顯戮陶洼有陳澐三姚帼菁三犯亦係革勇與熊之到李南浦文拳剩劉洪發謝長春黃紹萁黃先潰徐汝猩八犯聽糾謀逆分充大小頭目並迭次糾黨强劫同惡相濟與著

名匪犯無異亦屬罪不容誅查會匪一項新章
本准就地懲辦今該犯熊海樓等十二名既經
該府等於訊明後稟道批飭會營就地正法梟
示應毋庸議文再支文丙璜泰澐帆三名訊係
被誘入會於西河搶劫一案又復畏懼未行獲
案時即經作線拏獲多犯不無可原應請歸於
外結各枷一百枷號一月枷滿折責遞籍管束
在逃首要匪犯何淋等勒限嚴緝獲日另結署
南陵縣德愷署宣城縣李應泰失察疏防均干
例議惟事後隨同獲犯多名尚知奮勉應請均
免置議李應泰前曾摘頂並請給還獲犯出力
兵役已由臣酌量給賞并予外獎以示鼓勵宣
城南陵等處自將各匪犯盡法懲辦後浮言頓
息地方安謐臣仍當飭令該府縣認真查辦保
甲嚴密稽察如有實被誘脅入會並未滋事之
人即令繳出逆據復為良民不咎既往其怙惡
不悛潛藏隱伏之徒仍不動聲色密訪嚴拏以
淨根株續有獲犯另行辦理所有拏獲會匪審
明嚴辦緣由謹會同兩江總督臣曾國荃恭摺
具陳伏乞
皇太后
皇上聖鑒訓示謹
奏
知道了逸犯何淋等仍著勒限
嚴緝務獲懲辦餘依議該部知
道